Panorama francophone

Danièle Bourdais, Sue Finnie
Coordination pédagogique: Jenny Ollerenshaw

	Thèmes et sujets	Aspects couverts	Grammaire	
Chapitre d'introduction : Bienvenue en francophonie	**Environnements urbains et ruraux** Géographie physique	• Les pays francophones • Les symboles de la francophonie • L'alphabet	• Le masculin et le féminin • L'article défini et l'article indéfini : *le/la/les, un/une/des*	5
1 Je me présente	**Individu et société** Relations, Renseignements personnels, apparence et caractère	• Les salutations • Le nom, l'âge, la langue, la nationalité • La famille • Les animaux de compagnie • Les nombres 0–31 • Les mois de l'année, les dates, les anniversaires	• Les adjectifs : masculin / féminin • Les verbes *être* et *avoir* • Les verbes réguliers en -*er* • Les adjectifs possessifs • Le pluriel des noms	11
2 Tu es comment ?	**Individu et société** Renseignements personnels, apparence et caractère	• Le corps, le portrait physique • La personnalité • Les vêtements • Les couleurs • Les goûts	• Les adjectifs : masculin / féminin • Les adjectifs : singulier / pluriel • La place des adjectifs • La négation : *ne… pas* • Les verbes réguliers en -*ir* • Le verbe *aimer*	23
3 La vie quotidienne	**Individu et société** Habitudes quotidiennes **Environnements urbains et ruraux** Voisinage	• L'heure • Les jours de la semaine • La maison • La routine à la maison • Les nombres 32–69	• Les verbes irréguliers : *aller, faire, prendre* • La négation : *ne… jamais* • Les questions • Le futur proche : *aller* + infinitif • Les verbes pronominaux • Le pronom *on*	35
4 Bon appétit !	**Individu et société** Achats, Aliments et boissons **Environnements urbains et ruraux** Ville et services	• Les repas • Les courses • Les commerces et le marché • Au restaurant • Les recettes de cuisine • Les traditions culinaires • Les nombres 70–1 000	• L'article partitif : *du, de la, de l', des* • Le passé composé avec *avoir* • Le passé composé et la négation • Les participes passés irréguliers • La préposition *à* + l'article défini	47
5 En ville	**Environnements urbains et ruraux** Ville et services, Voisinage **Loisirs et travail** Transports	• La ville • Les services • Les directions • Les transports en commun	• Les prépositions • Les prépositions *à/en* + transport • Les participes passés irréguliers • L'impératif • Les adverbes d'intensité	61

Panorama francophone 1 © Cambridge University Press 2

	Thèmes et sujets	Aspects couverts	Grammaire	page
6 Mon paradis sur terre	**Loisirs et travail** Vacances **Environnements urbains et ruraux** Géographie physique, Météo, Voisinage	• Les pays et les régions • Les cartes • Le paysage • Le climat • Les prévisions météo • Les fêtes et coutumes • Les récits de voyage	• Le pronom *où* • Le comparatif des adjectifs • Les verbes impersonnels • Les adverbes en *-ment* • Le passé composé avec *être*	73
7 Temps libre	**Loisirs et travail** Divertissements, Médias, Sport	• Les activités de loisirs • La télévision • La musique • Le sport	• Les pronoms relatifs *qui, que* • *Depuis* • Verbe + préposition • Les verbes pronominaux au passé composé • *C'était* + adjectif • Les connecteurs logiques	83
8 Projets de vacances	**Loisirs et travail** Vacances, Transports, Divertissements **Environnements urbains et ruraux** Géographie physique, Météo	• Les vacances • Les pays • Les transports • L'hébergement • Les activités	• Les prépositions • Le comparatif et le superlatif des adjectifs • Le futur simple • Le futur simple : verbes irréguliers	95
9 Au lycée	**Individu et société** Enseignement **Loisirs et travail** Monde du travail	• La vie scolaire • Les matières • La journée et l'année scolaires • Les locaux et les équipements • Les activités périscolaires • Le règlement • Le personnel du lycée • Les nombres ordinaux	• Les pronoms relatifs *ce qui, ce que* • Le conditionnel • *Pouvoir* au présent de l'indicatif • Les questions	107
10 Faites la fête !	**Loisirs et travail** Divertissements **Individu et société** Aliments et boissons **Environnements urbains et ruraux** Voisinage	• Les fêtes nationales • Les fêtes de famille • Les sorties et les invitations • Les recettes de cuisine • Les plats typiques	• Les pronoms disjoints • Le présent continu : *être en train de* + infinitif • *Devoir* et *vouloir* au présent de l'indicatif • *Devoir, pouvoir, vouloir* au conditionnel	119

anorama francophone 1 © Cambridge University Press 2015

	Thèmes et sujets	Aspects couverts	Grammaire	page
11 La santé pour tous	**Individu et société** Santé physique, Aliments et boissons **Loisirs et travail** Monde du travail	• La santé • Le corps • Les maladies • Les métiers de la santé • La forme physique • Le régime alimentaire • Chez le médecin • Les accidents	• L'imparfait • Les expressions avec *avoir* • Le passé récent : *venir de* + infinitif • La négation : *ne… pas / jamais / rien / plus* • L'imparfait ou le passé composé ?	131
12 L'évolution du shopping	**Individu et société** Achats **Loisirs et travail** Technologie **Environnements urbains et ruraux** Ville et services	• Les différents magasins • Faire des achats • Les fractions • Les achats en ligne	• Le pronom *y* • Les pronoms complément d'objet direct (COD) • L'infinitif à la place de l'impératif	143
13 Nous, les jeunes	**Individu et société** Relations	• Les jeunes dans la société • Les droits et les devoirs • Les amitiés • Les préjugés et les stéréotypes	• Les expressions avec *avoir* • Les verbes suivis d'un infinitif • Les pronoms complément d'objet indirect (COI) • La négation : *ne… personne*, *ne… que* • La conjonction *si*	153
14 Le français dans le monde	**Environnements urbains et ruraux** Géographie physique, Météo, Questions mondiales **Individu et société** Renseignements personnels, apparence et caractère, Habitudes quotidiennes	• L'historique de la francophonie • La vie quotidienne des jeunes francophones	• Le pronom *en*	165

Icônes utilisées dans ce livre

Aspects couverts
* Les pays francophones
* Les symboles de la francophonie
* L'alphabet

Grammaire
* Le masculin et le féminin
* L'article défini et l'article indéfini : *le/la/les*, *un/une/des*

1 **Mise en route**

Regardez les photos. C'est où ?

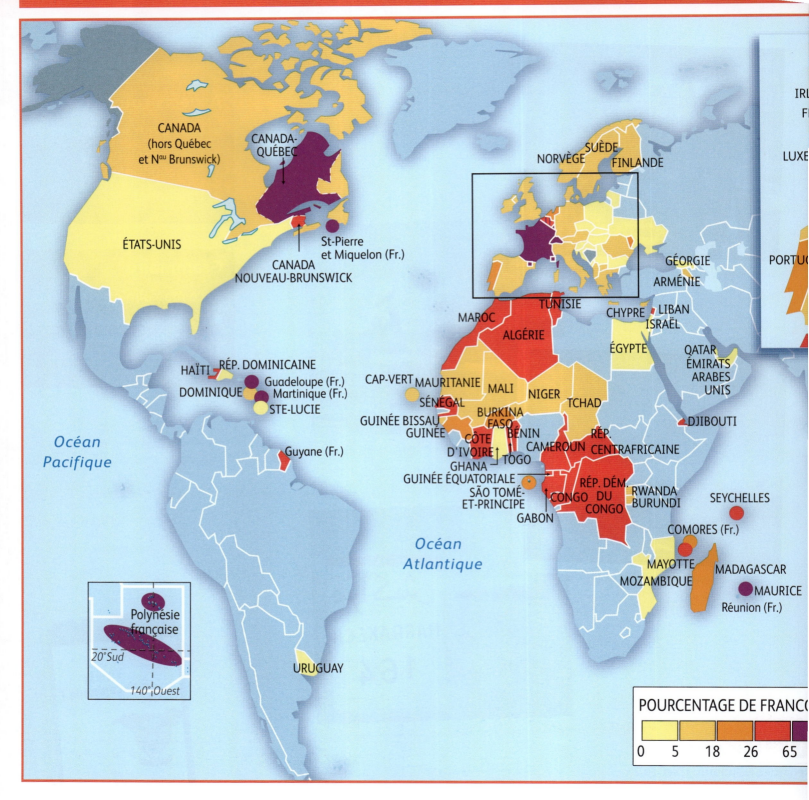

Le monde en français.

1 🎧 Écoutez

Écoutez l'alphabet des prénoms. Il y a les mêmes prénoms dans votre pays ?

	L'alphabet des prénoms de la francophonie				
A	Agnès	J	Julie	S	Simon
B	Benoît	K	Katia	T	Théo
C	César	L	Louise	U	Ulysse
D	Déborah	M	Mathieu	V	Véronique
E	Eugénie	N	Natasha	W	Warda
F	Fleur	O	Omar	X	Xavier
G	Guillaume	P	Pélagie	Y	Yannick
H	Hamid	Q	Quentin	Z	Zoé
I	Idriss	R	Raphaële		

2 🎧 💬 Écoutez et parlez

Répétez l'alphabet ! *A comme Agnès, B comme Benoît,…*

3 💬 Parlez

Regardez la carte. Nommez les pays francophones.

4 📖 Lisez

Complétez le nom de pays avec les bonnes lettres.

1. L'île M_ _r_c_, c'est en Afrique, dans l'océan Indien.
2. La G_y_n_, c'est en Amérique du Sud.
3. Le _ué_e_, c'est en Amérique du Nord.
4. Le V_ _tn_m, c'est en Asie.
5. Le B_rk_n_ F_s_, c'est en Afrique.

> **le** Vietnam = masculin
>
> **la** Guyane = féminin
>
> **le** ou **la** devant une voyelle → **l'**   l'île Maurice
>
> Voir l'encadré *Grammaire en contexte*, page 9.

5 💬 Parlez

À deux : l'élève A épelle le nom d'un pays. L'élève B devine.

Exemple

Élève A : *M-a-r-…*

Élève B : *Maroc !*

C'est ça, la francophonie !

A Un monument
1. le château de Versailles
2. le Château Frontenac

la France ou le Québec ?

B Une spécialité
1. le couscous
2. les moules-frites

la Belgique ou le Maroc ?

C Une boisson
1. le rhum
2. le vin

les Antilles ou la France ?

D Un produit
1. les parfums
2. les montres Rolex

la France ou la Suisse ?

E Un instrument de musique
1. l'accordéon
2. le djembé

le Sénégal ou la France ?

F Une célébrité
1. la chanteuse Céline Dion
2. l'actrice Marion Cotillard

la France ou le Québec ?

1 Testez vos connaissances

1. Trouvez la bonne légende pour chaque photo : 1 ou 2.
2. C'est quel pays francophone ?

Exemple : **A** *Un monument = 1 le château de Versailles, la France*

G Un animal symbolique
1 le coq
2 le castor

la France ou le Québec ?

H Une musique
1 le zouk
2 le zydeco

les Antilles ou la Louisiane ?

I Un arbre
1 le baobab
2 le palmier

le Sénégal ou le Maroc ?

J Un sport traditionnel
1 le surf
2 le hockey

Tahiti ou le Québec ?

K Un grand événement sportif

le Tournoi de Roland-Garros

le Grand Prix de Formule 1

L Un festival
1 le toka
2 le carnaval de Binche

le Vanuatu ou la Belgique ?

Grammaire en contexte

Masculin et féminin

Apprenez chaque nom avec son article : *le/la*, *un/une*.

	article défini		article indéfini	
masculin	le	le château	un	un château
	l'	l'accordéon		un accordéon
féminin	la	la boisson	une	une boisson
	l'	l'actrice		une actrice
pluriel M/F	les	les montres	des	des montres

La France métropolitaine.

1 Parlez

À deux : regardez la carte de France. L'élève A dit le nom d'une ville. L'élève B dit le nom de la région. Attention, prononcez bien !

Prononciation

En général, on ne prononce pas les consonnes finales ni le -e final.

Exemple : Bordeaux, Corse

Point info

La France métropolitaine est divisée en régions et en départements.

Il y a aussi des régions outre-mer : la Martinique et la Guadeloupe aux Antilles, la Guyane en Amérique du Sud, la Réunion et Mayotte dans l'océan Indien.

Aspects couverts

* Les salutations
* Nom, âge, langue, nationalité
* La famille
* Les animaux de compagnie
* Les nombres 0–31
* Les mois de l'année, les dates, les anniversaires

Grammaire

* Les adjectifs : masculin / féminin
* Le verbe *être*
* Le verbe *avoir*
* Les verbes réguliers en *-er*
* Les adjectifs possessifs
* Le pluriel des noms

Mise en route

Trouvez trois salutations en français.

Regardez l'affiche. Vous êtes d'accord avec le message (en bas à droite)? Pourquoi ?

Premiers contacts pendant une conférence internationale de jeunes francophones.

1 Écoutez et lisez

Trouvez les expressions pour dire le prénom, la nationalité, la langue.

Exemple : le prénom – je m'appelle

1 ....

Nathan	Bonjour ! Ça va ?
Léa	Salut ! Oui, ça va.
Nathan	Je m'appelle Nathan. Tu t'appelles comment ?
Léa	Je m'appelle Léa.

2 ....

Léa	Tu es de quelle nationalité ?
Nathan	Je suis canadien.
Léa	Moi, je suis belge. Tu parles quelles langues ?
Nathan	Je parle français et anglais.
Léa	Moi, je parle français et flamand. Salut, à bientôt !
Nathan	OK. À plus !

Cahier d'exercices 1/1

2 Parlez

1 À deux : lisez les conversations.
2 Adaptez les conversations.

Exemple

– Bonjour ! Ça va ?
– Salut ! Oui, ça va.
– Je m'appelle Rachel. Tu t'appelles comment ?
– Je m'appelle William.

Prononciation

Attention ! Accentuez la dernière syllabe.
Bon**jour** !
Sa**lut** !
Je suis maro**cain**

Vocabulaire

	salutations	adieux
formel	Bonjour Bonsoir	Au revoir Bonne nuit Bonne soirée À plus tard À bientôt
informel	Salut	Salut À plus

Les adjectifs : masculin / féminin

le pays	la nationalité	
	♂	♀
la France	français	française
le Maroc	marocain	marocaine
le Québec	québécois	québécoise
la Tunisie	tunisien	tunisienne
la Suisse	suisse	suisse

Lisez et écrivez

Regardez les badges. Complétez la conversation.

Exemple : 1 tunisien

anglais • arabe • français • français québécoise • tunisien

Idriss	Bonjour ! Ça va ?
Clémence	Salut ! Oui, ça va.
Idriss	Je m'appelle Idriss. Tu t'appelles comment ?
Clémence	Je m'appelle Clémence. Tu es de quelle nationalité ?
Idriss	Je suis __[1]__ Et toi ?
Clémence	Moi, je suis __[2]__ Tu parles quelles langues ?
Idriss	Je parle __[3]__ et __[4]__ Et toi ?
Clémence	Moi, je parle __[5]__ et __[6]__ Salut, à bientôt !
Idriss	OK. À plus !

Écrivez et parlez

Écrivez la conversation entre Faria et Théo.

Lisez la conversation avec un(e) camarade.

5 Lisez

Regardez les badges. Complétez les phrases.

1 Il est tunisien. Il s'appelle…
2 Elle est québécoise. Elle s'appelle…
3 Elle s'appelle Faria. Elle est…
4 Il s'appelle Théo. Il est…
5 Théo parle…
6 Faria parle…

Grammaire en contexte

être

	je	suis
	tu	es
👨	il	est
👩	elle	est
	nous	sommes
	vous	êtes
👨👨👨👩	ils	sont
👩👩	elles	sont

Je suis canadienne.
Ils sont français.

📖 Cahier d'exercices 1/2

6 Compréhension

Lisez les notes. Vrai ou faux ?

> Bonjour.
> Je m'appelle Amina. Je suis sénégalaise.
> Je parle français et wolof.

> Salut ! Moi, je m'appelle Stéphane. Je suis suisse. Je parle français et allemand.

> Bonsoir. Moi, c'est Pierre. Je suis français. Je parle… français !

Exemple : 1 FAUX. Elle est sénégalaise.

1 Voici Amina. Elle est française.
2 Le Français s'appelle Stéphane.
3 Voici Pierre. Il parle français et allemand.
4 Amina, Stéphane et Pierre sont francophones.

7 Écrivez et parlez

1 Présentez-vous : salutation + prénom + nom + nationalité + langue.

Bonjour, je me présente : je m'appelle…

2 Présentez un(e) camarade.

Bonsoir, voici un(e) camarade de classe. Il/Elle s'appelle…

13

Les nombres de 0 à 31.

1	un	11	onze	21	vingt et un
2	deux	12	douze	22	vingt-deux
3	trois	13	treize	23	vingt-trois
4	quatre	14	quatorze	24	vingt-quatre
5	cinq	15	quinze	25	vingt-cinq
6	six	16	seize	26	vingt-six
7	sept	17	dix-sept	27	vingt-sept
8	huit	18	dix-huit	28	vingt-huit
9	neuf	19	dix-neuf	29	vingt-neuf
10	dix	20	vingt	30	trente
				31	trente et un

N'oubliez pas le zéro (0) !

1 Mise en route

1. Que remarquez-vous sur les nombres en vert ? Et en orange ?
2. Vous pouvez deviner les nombres 32–39 ?

2 Écoutez et parlez

Lisez les nombres. Ensuite, écoutez et répétez. Attention à la prononciation !

Cahier d'exercices 1/3

3 Parlez

L'élève A dit des nombres pour traverser la grille. L'élève B écoute et suit la route. C'est quelle destination ? Ensuite, changez de rôle.

Exemple

Élève A : Neuf, onze, treize, trois, vingt-trois, un, huit, onze, seize, quinze, dix.

Élève B : C'est le Maroc !

Élève A : Oui !

Vocabulaire

Les mois de l'année

janvier	mai	septembre
février	juin	octobre
mars	juillet	novembre
avril	août	décembre

4 Lisez

Lisez les noms des mois de l'année. Il y a combien de jours dans les mois en rouge ? En bleu ? En vert ?

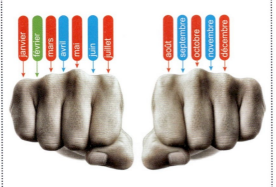

Départ	10		6	14	23	17	8		31	3	→	la France
	18	24	30	3		1	29	11	26	13	22	→	la Suisse
	9	20	13	2	28		25	12	16	7	10	→	le Maroc
	2	11	27		4	21	5	14		15	19	→	le Québec

5 Parlez

Regardez les informations sur ces sportifs francophones.

L'élève A dit la date d'un anniversaire. L'élève B dit le nom de la personne.

Exemple

Élève A : Le cinq juillet.

Élève B : C'est Amélie Mauresmo. / C'est l'anniversaire d'Amélie Mauresmo.

Amélie Mauresmo
(tennis)
5/7
France

Alain Bernard
(natation)
1/5
France

Laura Flessel
(escrime)
6/11
Guadeloupe

Christian Karembeu
(football)
3/12
Nouvelle-Calédonie

1er mai = le premier mai

21 mai = le vingt et un mai

6 Recherchez et parlez

Trouvez l'anniversaire d'autres personnalités francophones.

Présentez les personnalités à la classe.

Exemple : Il s'appelle Camille Lecourt. Son anniversaire, c'est le 22 avril.

Conversations à la conférence.

Aujourd'hui, c'est le 20 mars. C'est mon anniversaire !

Ah ? Bon anniversaire ! Tu as quel âge ?

J'ai dix-sept ans. Et toi ?

J'ai dix-huit ans.

C'est quand, ton anniversaire ?

Mon anniversaire, c'est le 31 juillet.

1 🎧 📖 Lisez et écoutez

Écoutez la conversation et lisez les bulles.

💡 Compréhension

Lisez la conversation et répondez aux questions.

- C'est quelle date aujourd'hui ?
- C'est l'anniversaire de qui aujourd'hui ?
- Faria a quel âge ?
- C'est quand l'anniversaire de Théo ?
- Théo a quel âge ?

💬 Parlez

À deux : adaptez la conversation pour vous.

Exemple

Élève A : Aujourd'hui, c'est le 30 avril. C'est mon anniversaire !

Élève B : Bon anniversaire ! Tu as quel âge ?

4 📖 ✏️ Lisez et écrivez

À deux : reliez les débuts et les fins de phrases.

Exemple : 1 F

1 **Mon anniversaire est en juin** [F]
2 Olivier est français [ ]
3 C'est ton anniversaire aujourd'hui ! [ ]
4 Marine et Julie sont québécoises [ ]
5 Anna parle trois langues [ ]
6 Les jeunes à la conférence [ ]

A et elles ont 17 ans.
B et elle a 10 ans.
C et il a 18 ans.
D ont entre 14 et 21 ans.
E Tu as quel âge ?
F et j'ai 16 ans.

📖 **Cahier d'exercices 1/4**

Grammaire en contexte

Le verbe *avoir*

	j'	ai
	tu	as
👨	il	a
👩	elle	a
	nous	avons
	vous	avez
👨👨👩	ils	ont
👩👩	elles	ont

Juliette a 17 ans.
(**Elle** a 17 ans.)

Paul et Philippe ont 18 ans.
(**Ils** ont 18 ans.)

5 📖 Lisez

Un groupe de rock, Les Rockettes, donne un concert à la conférence. Complétez l'article avec les bons verbes (*être* ou *avoir*).

Salut ! Je me présente : je __[1]__ Lisa, je __[2]__ québécoise.

Léa et Sarah __[3]__ aussi québécoises. Nous __[4]__ de Montréal.

Léa et Sarah __[5]__ 18 ans et moi, j'__[6]__ 17 ans.

Mon anniversaire, c'__[7]__ le 24 octobre.

Notre groupe s'appelle *Les Rockettes*. Nous __[8]__ beaucoup de fans !

Les Rockettes

Marie-Anne interviewe deux personnes à la conférence.

1 📖 🎧 Lisez et écoutez

1. Notez les différences entre les deux interviews ci-contre.
2. Ces différences existent aussi dans votre langue ?

Exemple

Interview 1 – Salut.
Interview 2 – Bonjour, monsieur.

Vocabulaire

 Monsieur

 Madame

tu (pour les enfants, les jeunes, les copains, la famille)

vous (pour les adultes – plus formel)

2 ✏️ Écrivez

Résumez les deux interviews pour le blog de la conférence.

Exemple : Interview 1. Elle s'appelle Karima. Elle…

Interview 1 : avec une jeune déléguée

– **Salut ! Tu t'appelles comment ?**
– Salut ! Je m'appelle Karima.
– **Tu habites où, Karima ?**
– J'habite en France. Je suis française.
– **Tu parles quelles langues ?**
– Je parle français et arabe.
– **Quelle est ton opinion sur la conférence ?**
– La conférence est super !

Interview 2 : avec l'organisateur de la conférence

– **Bonjour, monsieur. Vous vous appelez comment ?**
– Bonjour. Je m'appelle Antoine Lafontaine.
– **Vous habitez où, Monsieur Lafontaine ?**
– J'habite en Suisse. Je suis suisse.
– **Vous parlez quelles langues ?**
– Je parle français, allemand et anglais.
– **Quelle est votre opinion sur la conférence ?**
– La conférence est formidable !

Grammaire en contexte

Les verbes réguliers en *-er*

parler	habiter	s'appeler
je parl**e**	j'habit**e**	je m'appell**e**
tu parl**es**	tu habit**es**	tu t'appell**es**
il/elle parl**e**	il/elle habit**e**	il/elle s'appell**e**
nous parl**ons**	nous habit**ons**	nous nous appel**ons**
vous parl**ez**	vous habit**ez**	vous vous appel**ez**
ils/elles parl**ent**	ils/elles habit**ent**	ils/elles s'appell**ent**

📖 *Cahier d'exercices 1/5*

3 💬 Parlez

Regardez la carte d'identité de Djibril. À deux, imaginez son interview.

REPUBLIQUE DU SENEGAL
CARTE NATIONALE D'IDENTITE

Prénom
DJIBRIL
Nom
DIALLO
Date de naissance   Sexe   Taille
20/07/1997   M   176
Lieu de naissance
DAKAR
Date de délivrance   Date d'expiration
30/4/2013   30/4/2023
Adresse
SALY

No d'identification nationale 1 234 5678 90123

☑ Testez vos connaissances

Vous êtes en France : vous êtes polis ou impolis ? Lisez les questions et choisissez la bonne réponse. Comparez avec votre culture et votre langue.

1 Dans un magasin, vous dites :
  A Eh, salut !
  B Bonjour, monsieur.

2 Dans un bar, vous dites :
  A Un café, s'il vous plaît.
  B Un café !

3 À un jeune Français de votre âge, vous dites :
  A Vous vous appelez comment ?
  B Tu t'appelles comment ?

4 On vous donne un cadeau. Vous dites :
  A OK.
  B Merci !

5 Premier contact avec un jeune en France :
  A Vous ne parlez pas.
  B Vous faites la bise ou vous serrez la main.

6 Premier contact avec un adulte en France :
  A Vous faites la bise.
  B Vous serrez la main.

Point info

Au Québec, on dit « Allô, ça va bien ? » pour dire bonjour.

Au Sénégal, les salutations sont longues, parfois 10 minutes !

En France, on se fait beaucoup la bise : une, deux, trois ou quatre bises !

Au Québec ou en Afrique, on dit « tu » plus facilement qu'en France.

Sylvain, un jeune Français, présente sa famille.

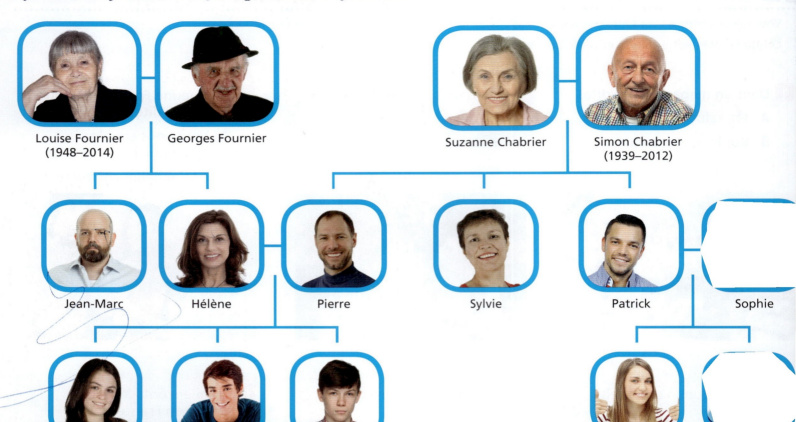

Vocabulaire

♂	♀	
le grand-père	la grand-mère	= les grands-parents
le père	la mère	= les parents
le fils	la fille	= les enfants
le frère	la sœur	
le demi-frère	la demi-sœur	
le beau-père	la belle-mère	
l'oncle	la tante	
le cousin	la cousine	
le mari	la femme	

Je suis fils unique.
Je suis fille unique. } = Je n'ai pas de frères et sœurs.

1 🎧 Écoutez

Écoutez Sylvain. Complétez.

Salut ! Je m'appelle Sylvain. Voici ma __[1]__.

Ma __[2]__ s'appelle Hélène et mon __[3]__ s'appelle Pierre.

J'ai un __[4]__, il s'appelle Antoine et une __[5]__, elle s'appelle Claire.

2 🎧 Écoutez

Écoutez et suivez sur l'arbre généalogique.

3 💬 Parlez

Regardez l'arbre généalogique. Jouez à « Qui suis-je ? »

Exemple

Élève A : Pierre, c'est mon fils.

Élève B : Tu es Simon ?

Élève A : Non, perdu !

Élève B : Alors, tu es Suzanne

Élève A : Oui, gagné !

4 ✏️ Écrivez

Inventez des phrases sur la famille de Sylvain pour un jeu de « vrai ou faux ».

Exemple : Le grand-père de Sylvain s'appelle Georges. **(VRAI)**

Lisez et écoutez

Sylvain discute avec Clémence. Complétez avec les adjectifs possessifs corrects. Ensuite, écoutez pour vérifier.

Exemple : 1 mon

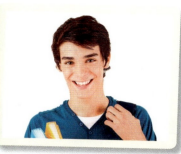 

Sylvain	Tu habites avec qui ?
Clémence	J'habite avec __[1]__ père et __[2]__ mère.
Sylvain	**Tu as des frères et sœurs ?**
Clémence	Oui, j'ai un frère et une sœur. __[3]__ sœur s'appelle Marion.
Sylvain	Et __[4]__ frère, **il s'appelle comment ?**
Clémence	__[5]__ frère s'appelle Léo. Il a dix-neuf ans.
Sylvain	**Tu as encore __[6]__ grands-parents ?**
Clémence	Mes grands-mères, oui. __[7]__ grands-pères sont morts.
Sylvain	**Tu as des oncles et des tantes ?**
Clémence	J'ai une tante. Elle habite à Montréal avec __[8]__ enfants.
Sylvain	**Tu as combien de cousins et cousines ?**
Clémence	J'ai deux cousins et une cousine. Et toi, parle-moi de __[9]__ famille…

Grammaire en contexte

Les adjectifs possessifs

	singulier (M)	singulier (F)	pluriel (M / F)
je	mon	ma	mes
tu	ton	ta	tes
il/elle	son	sa	ses
nous	notre	notre	nos
vous	votre	votre	vos
ils/elles	leur	leur	leurs

Je m'appelle Alex. Voici **mes** parents : **mon** père et **ma** mère.
Voici Anne et Marc. **Ils** habitent avec **leurs** grands-parents.

Cahier d'exercices 1/6, 1/7

6 Parlez

À deux : l'élève A pose les questions **en caractères gras**. L'élève B répond pour Sylvain.

Exemple

Élève A : Tu habites avec qui ?

Élève B : J'habite avec ma mère et mon beau-père.

Grammaire en contexte

Le pluriel des noms

Pour former le pluriel : + -**s**

un cousin / deux cousin**s**

une fille / des fille**s**

Prononciation

Le -*s* du pluriel ne se prononce pas :

cousin → *cousin**s***

fille → *fille**s***

7 Imaginez

Dessinez votre arbre généalogique idéal ! Écrivez 50 mots.

Exemple

Mon grand-père, c'est Nelson Mandela. J'habite avec ma mère. Elle s'appelle Jennifer Aniston. J'ai une sœur. Elle s'appelle Malala.

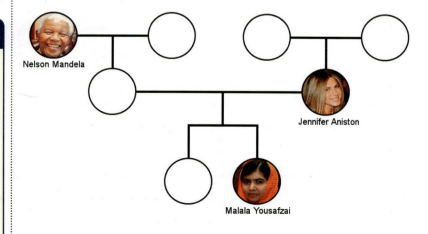

Le thème de la conférence aujourd'hui, c'est les animaux de compagnie.

Les animaux de compagnie

Parmi les animaux* de compagnie préférés en France, il y a…

le chien

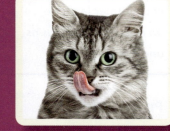
le chat

le poisson rouge

le lapin

le hamster

l'oiseau

* pluriel irrégulier : un animal → des animaux

1  Mise en route

Regardez les photos. Ce sont aussi les animaux préférés dans votre pays ?

2 🎧 Écoutez

Des jeunes délégués de la conférence répondent au sondage.

1. Notez les animaux.
2. Réécoutez et notez le nom et l'âge des animaux.

Sondage

Tu as un animal de compagnie ?

Il/Elle s'appelle comment ?

Il/Elle a quel âge ?

3 💬 Parlez

Répondez aux questions du sondage.

Vocabulaire

Tu as un animal de compagnie ?

Oui, j'ai un/une (+ *animal*)

Oui, j'ai des (+ *animaux*)

Il/Elle s'appelle…

Il/Elle a… ans.

Non, je n'ai pas d'animal.

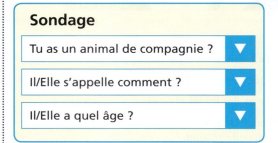

7 💬 📖 Lisez et parlez

Lisez les messages du forum. Inventez des phrases pour un jeu de « vrai ou faux ».

Exemple

Élève A : Lola a un chien.

Élève B : Faux.

8 ✏️ Écrivez

Répondez à Lola sur le forum. Attention, suggérez des animaux appropriés !

Point info

En France, les chiens ont un passeport pour voyager. Et dans votre pays ?

🐾 Forum animaux de compagnie

Accueil **Aide** **Rechercher**

Lola
Messages : 2

07 novembre, 06h46

Je suis française. J'habite à Paris. J'aime ⚠ les animaux, mais je n'ai pas d'animal. Vous avez des idées pour des animaux de compagnie ?

Fabien
Messages : 6

07 novembre, 10h24

Moi, je suis suisse. Mon père a deux chiens, mes frères ont des lapins et moi, j'ai un cochon ! Ma suggestion : un oiseau – à Paris, c'est bien !

Khalida
Messages : 2

07 novembre, 20h18

Je suis algérienne. Nous avons six chats. Notre chatte a cinq chatons ! À Paris, un chat, c'est difficile. Pour toi, un poisson rouge, c'est idéal !

📖 Lisez

Le texte est sur

- A les animaux sauvages
- B les animaux en danger
- C les animaux de compagnie

Trouvez tous les noms d'animaux dans le texte.

Exemple : des chiens

5 🔍 Recherchez

Écrivez les équivalents des noms d'animaux dans votre langue. Vérifiez dans le glossaire ou dans le dictionnaire.

6 💬 Parlez

Discutez en classe. Faites deux listes pour votre pays :

1. les animaux de compagnie appropriés
2. les animaux de compagnie inappropriés

Pierre
Messages : 1

08 novembre, 07h12

J'habite au Luxembourg. Je n'ai pas d'animal. Pour toi, Lola, un animal exotique, par exemple, un serpent ou un singe. Super, non ?

Révisions

Voici l'interview d'une déléguée à la conférence internationale des jeunes francophones.

Marie

La famille de Mar[ie]

Reporter	Bonjour. Tu t'appelles comment ?
Marie	Bonjour, monsieur. Je m'appelle Marie Barreau.
Reporter	Tu es française, Marie ?
Marie	Oui, j'habite à la Guadeloupe.
Reporter	Tu parles quelles langues ?
Marie	Je parle français, créole et anglais.
Reporter	Tu as quel âge, Marie ?
Marie	J'ai dix-sept ans.
Reporter	C'est quand, ton anniversaire ?
Marie	C'est le 28 février.
Reporter	Tu habites avec qui ?
Marie	J'habite avec ma mère Julie, ma grand-mère Lucette, mon beau-père Alain et mes deux demi-frères. Mon père est mort.
Reporter	Tes demi-frères s'appellent comment ? Ils ont quel âge ?
Marie	Ils s'appellent Hervé et Patrick. Hervé a dix ans et Patrick a douze ans. J'ai aussi une sœur, elle s'appelle Cristelle. Elle a vingt-deux ans.
Reporter	Tu as de la famille en métropole* ?
Marie	Oui, il y a ma sœur, deux oncles, deux tantes et six cousins et cousines. Ils habitent à Paris.
Reporter	Tu as des animaux de compagnie ?
Marie	Non, je n'ai pas d'animal.
Reporter	La conférence, ça va, c'est intéressant ?
Marie	Ah oui, c'est super !
Reporter	Merci beaucoup, Marie.
Marie	*Pa ni pwoblem !** Au revoir, monsieur !

* la métropole : la France (en Europe)

* Pa ni pwoblem ! *(créole)* = pas de problème !

1 Lisez

Répondez aux questions. Justifiez avec des éléments du texte.

1 C'est une conversation entre…
  - A deux jeunes.
  - B une jeune et un adulte.
  - C deux adultes.
  - D une jeune et son père.

2 Marie a quel âge ?
  - A 10 ans
  - B 12 ans
  - C 17 ans
  - D 22 ans

3 Lucette est…
  - A la mère de Marie.
  - B la grand-mère de Marie.
  - C la tante de Marie.
  - D la sœur de Marie.

4 Alain est…
  - A le père de Marie.
  - B le frère de Marie.
  - C le beau-père de Marie.
  - D l'oncle de Marie.

5 Cristelle habite…
  - A en métropole.
  - B à la Guadeloupe.
  - C au Canada.
  - D en Asie.

6 Marie a un chien ?
  - A Oui, elle a un chien.
  - B Non, elle n'a pas de chien.
  - C Oui, elle a deux chiens.
  - D Non, mais elle a un lapin.

2 Parlez

Continuez la description de la photo :

Sur la photo, il y a Julie, la mère de Marie,…

3 Écrivez

Écrivez un portrait de Marie et de sa famille pour le blog de la conférence.

Exemple : Voici la déléguée de la Guadeloupe. Elle s'appelle Marie Barreau, elle a…

 Cahier d'exercices 1/8

Qualités de star

LE PHYSIQUE

LES VÊTEMENTS

LA PERSONNALITÉ

LE TALENT

Aspects couverts
* Le corps, le portrait physique
* La personnalité
* Les vêtements
* Les couleurs
* Les goûts

Grammaire
* Les adjectifs : masculin / féminin
* Les adjectifs : singulier / pluriel
* La place des adjectifs
* La négation : *ne… pas*
* Les verbes réguliers en *-ir*
* Le verbe *aimer*

1 🏁 Mise en route

C'est quoi, une star ? Classez les quatre mots par ordre d'importance pour vous.

Exemple : 1 la personnalité

2 💬 Parlez

Regardez la photo. Elle s'appelle comment ? Elle a quel âge ? Elle est de quelle nationalité ?

C'est ça, une star ?

1 🎧 📖 Écoutez et lisez

1 Écoutez et lisez les descriptions. C'est quelle photo ?

1. C'est un acteur français. Il joue Obélix dans les films *Astérix et Obélix*. Il est très grand et très gros. Il est assez moche. Il est blond. Il est assez vieux.

2. C'est une chanteuse française d'origine algérienne. Elle est assez petite et assez grosse. Elle est brune. Elle porte des lunettes. Elle est assez vieille.

3. C'est un chanteur et acteur français d'origine algérienne. Il joue dans *Paris-Manhattan* et aussi dans le film *Les yeux jaunes des crocodiles*. Il est petit et mince. Il est assez beau. Il est brun. Il est assez jeune.

4. C'est une actrice française. Elle joue dans les films de *Harry Potter*. Elle est jeune et elle est très belle. Elle est assez grande et mince. Elle est blonde.

2 Trouvez les adjectifs. On parle du physique ou de la personnalité ?

2 🎧 Écoutez

Écoutez la description de quatre stars. C'est qui ? Gérard, Patrick, Clémence ou Juliette ?

3 💬 Parlez

Décrivez votre star préférée, avec les mots de l'encadré *Grammaire en contexte*. Attention ! Un homme → adjectif masculin, une femme → adjectif féminin.

📖 *Cahier d'exercices 2/1*

Gérard Depardieu

Patrick Bruel

Clémence Poésy

Juliette

Les adjectifs : masculin / féminin

il est… 🧍	elle est… 🧍‍♀️
grand	grande
petit	petite
brun	brune
blond	blonde
gros	grosse
beau	belle
vieux	vieille

Clémence Poésy est blonde.

Gérard Depardieu est gros.

Les adjectifs identiques au masculin et féminin :

il/elle est…
mince
moche
jeune

Il est jeune.

Elle est jeune.

👓 *Elle porte des lunettes.*

Prononciation

Attention !

Le -e du féminin change la prononciation.

il est petit	elle est petite
il est blond	elle est blonde
il est gros	elle est grosse

💬 Parlez

Qu'est-ce que vous regardez d'abord sur le visage d'une star ?

Exemple : Moi, je regarde les yeux.

Vocabulaire

Le visage

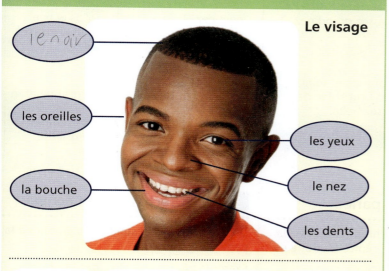

- les oreilles
- la bouche
- les yeux
- le nez
- les dents

 les yeux gris

 les yeux bleus

 les yeux verts

 les yeux marron

Attention au pluriel irrégulier :

le cheveu → les cheveu**x**   l'œil → les yeux

Grammaire en contexte

Les adjectifs : singulier / pluriel

	masculin	féminin
singulier	court	courte
	bleu	bleue
	long	longue
pluriel	courts	courtes
	bleus	bleues
	blonds	blondes

Attention !

	masculin	féminin
singulier	beau	belle
pluriel	beaux	belles

5 💬 Parlez

Vous préférez quel genre de coiffure pour Flo ?

Exemple : Je préfère les cheveux courts et verts.

les cheveux roux et raides

les cheveux mi-longs et blonds

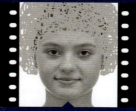
les cheveux bouclés et gris

les cheveux courts et verts

les cheveux frisés et noirs

les cheveux longs et bruns

Grammaire en contexte

La place des adjectifs (1)

La règle générale : nom + <u>adjectif</u>.

les yeux <u>bleus</u>

les yeux <u>verts</u>

les cheveux <u>frisés</u>

les cheveux <u>courts</u>

6 💡 Compréhension

Regardez les photos, page 24. Trouvez et corrigez les erreurs dans les phrases suivantes.

Exemple : Clémence Poésy a les cheveux courts. → Clémence Poésy a les cheveux <u>longs</u>.

1. Juliette a les cheveux blonds, mi-longs et frisés.
2. Patrick Bruel a les cheveux courts, raides et gris.
3. Gérard Depardieu a les cheveux noirs, longs et bouclés.
4. Clémence Poésy a les cheveux roux, longs et frisés.

7 💬 Parlez

Décrivez un(e) camarade. La classe devine qui c'est.

Exemple

Élève A : Elle a les cheveux blonds, longs et bouclés.

Classe : C'est Catherine ?

Élève A : Oui !

📖 *Cahier d'exercices 2/2*

C'est vous, la star !

AGENCE DE CASTING
Recherche doublures de stars

Vous ressemblez à Bérénice Merlohe ou Jean Dujardin ?

★★★★★★

Vocabulaire

assez grand — grand — très grand

: Je suis petit et mince. J'ai les cheveux courts, raides et blonds. J'ai les yeux bleus. J'ai un assez gros nez, une grande bouche et de petites oreilles.

Asif Ziani : Je suis petit et mince. Je suis brun, j'ai les cheveux courts et frisés. J'ai les yeux marron et un assez grand nez.

Julie Legrand : Je suis grande et mince. J'ai les cheveux longs et bruns. J'ai des yeux marron. Je suis assez belle.

Maxime Monod : Je suis grand et gros. Je suis brun et j'ai les cheveux courts et frisés. J'ai les yeux marron. J'ai un grand nez et une petite bouche. J'ai de grandes oreilles.

Emma Martin : Je suis petite et très mince. J'ai de grands yeux bleus et un petit nez. J'ai de petites oreilles et une grande bouche. Je suis blonde. J'ai les cheveux mi-longs et bouclés.

Coralie Dupont : Je suis très grande et mince. J'ai les cheveux roux et les yeux verts. J'ai les cheveux courts et raides. J'ai un assez grand nez, une grande bouche et de grandes oreilles.

1 Lisez et parlez

Lisez les descriptions en haut. Choisissez la bonne doublure pour Bérénice Merlohe et Jean Dujardin. Discutez.

Exemple : Je choisis Asif. Il est brun comme Jean Dujardin.

2 Lisez

Répondez oui ou non aux questions. Ne regardez pas la page 24 !

1. Patrick Bruel a les yeux bleus ?
2. Juliette a de petits yeux et des lunettes ?
3. Clémence Poésy a les cheveux courts ?
4. Depardieu a un grand nez et de grandes oreilles ?
5. Patrick Bruel a les cheveux longs ?
6. Juliette est brune avec les cheveux frisés ?

Grammaire en contexte

La place des adjectifs (2)

Attention ! Exceptions à la règle générale.

Certains adjectifs (grand, petit, gros, beau, jeune, vieux) se placent *avant* le nom :

une <u>grande</u> bouche

un <u>petit</u> nez

de <u>beaux</u> yeux

3 Recherchez et écrivez

Décrivez les quatre stars francophones à la page 24.

Exemple : Juliette est très petite et très grosse…

4 Recherchez et écrivez

Choisissez et décrivez une autre star francophone.

5 Imaginez

Recopiez et complétez la fiche et écrivez votre description.

Je m'appelle

Je suis la doublure idéale de

Je suis

J'ai

Futures stars de bande dessinée ?

1 🏁 Mise en route

Regardez les images. Décrivez le physique d'un des personnages. La classe devine qui c'est.

Exemple : Elle est grande et mince. Elle a les cheveux…

Drack est intelligent. Il est très courageux. Il est assez têtu mais il est sympathique.

Vampierrick est l'ami de Drack. Il n'est pas très intelligent mais il est gentil. Il est timide et romantique. Il est assez paresseux et très gourmand.

Professeur Danger est très intelligent et très sérieux. Il est très travailleur. Il est calme, assez autoritaire (surtout avec Vampierrick) mais il est généreux.

Madame Lenoir n'est pas très gentille : elle est très autoritaire. Elle est intelligente et très organisée.

Vampirette est autoritaire mais compréhensive et tolérante. Elle est assez capricieuse.

Bella est sociable, assez superficielle mais elle n'est pas égoïste. Pour Vampierrick, c'est la femme idéale !

Drack   **Vampierrick**   **Professeur Danger**   **Vampirette**   **Bella**

2 🎧 📖 Écoutez et lisez

Écoutez et lisez les textes. Trouvez les adjectifs de personnalité. C'est quoi, dans votre langue ? Vérifiez dans le dictionnaire ou le glossaire.

3 ✏️ Écrivez

À votre avis, les adjectifs sont positifs ou négatifs ? Faites deux listes.

Grammaire en contexte

La négation : *ne… pas*

ne + verbe + **pas**

je suis calme

*je **ne** suis **pas** calme*

Attention :

ne ⟶ **n'** devant a, e, i, o, u, y, h.

il est timide

*il **n'**est **pas** timide*

4 ✏️ Écrivez

Trouvez trois exemples de phrases négatives dans les textes.

5 💬 Parlez

Faites des phrases sur les six personnages pour un jeu de « vrai ou faux ».

Exemple

Élève A : Madame Lenoir est gentille.

Élève B : Faux, Madame Lenoir n'est pas gentille.

📖 Cahier d'exercices 2/4

6 ✎ Écrivez

Faites le portrait de votre personnage de BD préféré.

Exemple : Superman est très intelligent. Il est calme et très courageux…

7 🔍 Recherchez

Trouvez des personnages de bandes dessinées francophones célèbres. Répondez aux questions.

- Il/Elle s'appelle comment ?
- Il/Elle est de quelle nationalité ?
- Il/Elle est comment physiquement ?
- Comment est sa personnalité ?

Point info

Tous les ans depuis 1974, il y a un festival de la bande dessinée à Angoulême (France). Les Français adorent la BD !

Les stars : des modèles à suivre ?

LILIAN THURAM : UN BON MODÈLE POUR LES JEUNES ?

Il s'appelle Lilian Thuram. Il est né le 21 janvier 1972 à la Guadeloupe.

À l'âge de neuf ans, il va habiter à Paris avec sa mère et ses frères et sœurs. En France, il est victime de racisme.

Sa passion, c'est le foot. Lilian n'est pas paresseux : il est très travailleur et il est vite champion de football !

Lilian est une star mais il n'est pas superficiel et il n'est pas prétentieux : il est très intelligent et très sérieux. Il n'est pas timide : il est courageux Il est tolérant et généreux.

Il est contre le racisme. Il met son image de star au service de l'anti-racisme avec la Fondation Lilian Thuram. Bravo, Monsieur Thuram, vous êtes une vraie star !

1 📖 Lisez

Lisez l'article sur Lilian Thuram. Choisissez et recopiez la bonne phrase.

Exemple : 1 Il est travailleur.

1 Il est travailleur. / Il n'est pas travailleur.
2 Il est superficiel. / Il n'est pas superficiel.
3 Il est prétentieux. / Il n'est pas prétentieux.
4 Il est sérieux. / Il n'est pas sérieux.
5 Il est timide. / Il n'est pas timide.
6 Il est très tolérant. / Il n'est pas très tolérant.

Vocabulaire

M – / F -e
intelligent / intelligente
têtu / têtue
gourmand / gourmande
organisé / organisée
tolérant / tolérante

M -eux, -eur / F -euse
peureux / peureuse
courageux / courageuse
paresseux / paresseuse
sérieux / sérieuse
généreux / généreuse
capricieux / capricieuse
travailleur / travailleuse

M – / F double consonne + -e
gentil / gentille
superficiel / superficielle

M -if / F -ive
compréhensif / compréhensive

M et F
sympathique
timide
romantique
calme
autoritaire
sociable
égoïste

📖 *Cahier d'exercices 2/5*

2 💬 Parlez

En classe ou à deux : jouez à « Ni oui ni non ». L'élève A pose une question. L'élève B répond.

Exemple

Élève A : Lilian Thuram est égoïste ?
Élève B : Il n'est pas égoïste.
Élève A : Il est courageux ?
Élève B : Oui…
Élève A : Perdu !

Prononciation

Intonation pour une question simple : la voix monte.

Tu es timide ?

Intonation pour une réponse : la voix descend.

Non, je ne suis pas timide.

3 ✎ Écrivez

Qui est votre star idéale ? Décrivez son physique et sa personnalité.

Exemple : Ma star préférée, c'est… Il/Elle est…

Attention :

et : Elle est calme **et** (+) timide.

mais : Elle est calme **mais** (≠) elle n'est pas timide.

Un look de star ?

QUE CHOISIR À MOINS DE 30 EUROS ?

A le jean bleu 15€

B le pantalon vert 15€

C le short bleu 6€

D la robe rouge 12€

la jupe rose 17€

F la chemise blanche et verte 11€

G le t-shirt blanc 4€

H le pull vert et blanc 13€

la veste noire 16€

J le manteau gris 25€

K les baskets bleues et orange 17€

L les chaussures blanches 16€

les sandales marron 9€

N les bottes violettes 19€

Vocabulaire

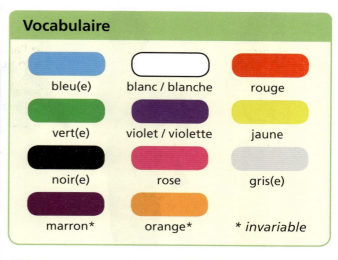

- bleu(e)
- blanc / blanche
- rouge
- vert(e)
- violet / violette
- jaune
- noir(e)
- rose
- gris(e)
- marron*
- orange*
- * invariable

1 Écoutez

Six jeunes choisissent des vêtements. Notez les lettres pour chacun.

Exemple : 1 D,…

2 Parlez

À deux : l'élève A dit les vêtements. L'élève B dit la couleur, de mémoire.

Exemple

Élève A : la jupe

Élève B : rose

3 Écrivez

Vous choisissez quels vêtements pour aller en vacances…

1 en hiver au Québec ?

2 en été à la Guadeloupe ?

3 au printemps à Paris ?

Exemple : 1 Pour aller au Québec en hiver, je choisis un manteau,…

Faites trois listes. Cherchez le nom d'autres vêtements dans le dictionnaire.

Grammaire en contexte

Les verbes réguliers en -ir

choisir	
je choisis	nous choisissons
tu choisis	vous choisissez
il/elle choisit	ils/elles choisissent

Elle choisit la robe rouge.

Vous choisissez le pantalon noir ?

Cahier d'exercices 2/7

4 📖 Lisez

Faites correspondre les textes à la bonne personne ci-dessus.

1 Il porte une chemise blanche, une veste orange, un pantalon noir et des chaussures marron.
2 Elle porte une robe jaune et des chaussures noires.

5 ✏️ 💬 Écrivez et parlez

1 Décrivez deux autres personnes sur l'image ci-dessus.
2 Lisez votre texte. Votre camarade dit qui c'est.

6 ✏️ Écrivez

En général, qu'est-ce que tu portes pour aller au lycée ? À une fête de famille ?

Cherchez des mots dans le dictionnaire.

Exemple : En général, pour aller au lycée, je porte un pull, un jean,…

7 🎧 📖 Écoutez et lisez

Écoutez le défilé de mode pour les tenues de fête et complétez les textes.

Exemple : 1 robe

Voici Lou et Quentin. Ils sont français. Aujourd'hui, Lou porte une __[1]__ grise, des __[2]__ grises, un collier et des boucles d'oreilles. Quentin porte une __[3]__ blanche, un __[4]__ noir, des __[5]__ noires, des bretelles rouges et un nœud papillon.

Voici Adama et Lissah. Elles sont sénégalaises. Aujourd'hui, elles portent de robes sénégalaises. Adama porte une robe bleue, __[6]__ et __[7]__. Lissah porte une robe __[8]__, rouge et __[9]__.

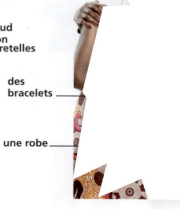

8 ☁️ Imaginez

Inventez et décrivez votre costume pour le défilé de mode des tenues de fête.

Exemple : Pour le défilé, je porte une robe longue blanche et noire,…

Tu as les passions et la personnalité d'une star ?

Jeu-test : Star discrète ou bling-bling ?
Fais le jeu-test !

1 Tu préfères quel look ?
- A Les cheveux longs et bouclés.
- B Les cheveux courts et raides.

2 Tu aimes quels vêtements ?
- A Un pantalon noir et une veste élégante – je n'aime pas le look sportif.
- B Un jean et un vieux pull – je n'aime pas les vêtements élégants.

3 Le week-end, tu aimes faire du shopping ?
- A Oui, j'adore la mode et le shopping.
- B Non, je n'aime pas ça.

4 À une fête, qu'est-ce que tu aimes faire ?
- A J'adore danser.
- B J'aime discuter.

5 Un reporter prend ta photo – tu es content(e) ?
- A Oui ! J'adore les photos.
- B Ah non ! Je ne suis pas content(e). Je déteste les photos.

6 Tu choisis quel ami ?
- A Une personne cool et sociable – je n'aime pas les gens timides.
- B Une personne intelligente et sérieuse – je n'aime pas les gens superficiels.

7 Pour ton anniversaire, qu'est-ce que tu demandes ?
- A Des chaussures de marque.
- B Un don à la Croix-Rouge.

8 Tu choisis quel animal de compagnie ?
- A Un animal exotique (serpent, etc.).
- B Un petit chat noir.

9 Tu aimes quelle star de cinéma ?
- A Un acteur élégant, beau et romantique.
- B Un acteur moche mais intelligent et drôle.

1 📖 Lisez

Faites correspondre les six images aux questions du jeu-test. Attention ! Trois questions n'ont pas d'image.

Exemple : A 4

Relisez et trouvez les phrases négatives.

Exemple : Je n'aime pas le look sportif.

2 💬 Parlez

À deux, faites le jeu-test. L'élève A pose les questions. L'élève B répond. Ensuite, changez de rôle.

B

C

D

A

F

Réponses au jeu-test

Un maximum de réponses **A** : Tu es une star « bling bling ». Le look est très important pour toi. Attention : on n'aime pas les stars capricieuses et superficielles !

Un maximum de réponses **B** : Tu es une star « discrète ». La mode n'est pas importante pour toi. Tu es sérieux/sérieuse et généreux/généreuse. Attention : on aime les stars amusantes !

3 📖 ✏️ Lisez et écrivez

Lisez les messages du forum. Recopiez et complétez la grille.

	😊	☹️
Alima	le sport, …	le football, …
Samuel		

Le hockey sur glace est le sport national du Québec

Forum des jeunes francophones

Accueil — **Discussion** — **Inscription** — **Aide**

Nico
Quelles sont vos passions ? Moi, j'adore le football, la mode et le cinéma. Et vous ?

Alima
J'aime le sport, mais je n'aime pas le football. Je déteste la lutte, le sport national de mon pays, le Sénégal. Ma passion ? J'adore la mode. J'ai de belles robes et j'ai 25 paires de chaussures ! J'aime lire : j'aime la littérature, mais je lis aussi les magazines de mode. Je n'aime pas le cinéma.

Samuel
Ici, au Québec, nous aimons le sport, mais le football européen n'est pas très populaire. Je n'aime pas ça. Notre sport national, c'est le hockey sur glace. J'adore le hockey. Je suis fan de l'équipe les Canadiens de Montréal. Je déteste la mode – je porte toujours un vieux t-shirt et un jean. Au cinéma, j'aime les films d'action.

Vocabulaire

le sport   la télé   les jeux vidéo
le cinéma   la lecture   les réseaux sociaux
le shopping   la musique
  la mode
  la politique

4 💬 Parlez

L'élève A regarde sa grille de l'activité 3 et dit ce qu'Alima aime (ou n'aime pas) avec une erreur.

L'élève B ferme le livre, écoute et trouve l'erreur. Changez de rôle pour Samuel.

5 ✏️ Écrivez

Préparez une grille et complétez la colonne 1 selon vos goûts (le sport ? le cinéma ? la politique ?).

6 💬 Parlez

Posez des questions pour trouver des personnes qui aiment les mêmes choses que vous. Notez les noms dans la colonne 2.

Exemple

Élève A : Tu aimes le cinéma ?

Élève B : Oui, j'adore ça.

Grammaire en contexte

Le verbe *aimer*

aimer	❤️
j'aime + *nom*	J'aime **les réseaux sociaux**. Je n'aime pas **la télé**.
j'aime + *infinitif*	J'aime **danser**. Je n'aime pas **lire** les magazines.
j'adore	❤️❤️❤️
j'aime beaucoup	❤️❤️
je n'aime pas	❌
je déteste	❌❌

7 ✏️ Écrivez

Répondez à Nico sur le forum.

Exemple : Moi, j'aime beaucoup… mais je n'aime pas…

📖 *Cahier d'exercices 2/8*

De futures stars.

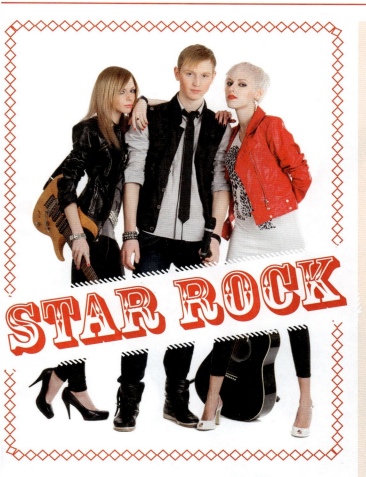

STAR ROCK

Zoé a 17 ans. Elle est assez grande et mince. Elle est blonde, avec des cheveux mi-longs et raides. Elle a des yeux bleus. Elle est très jolie ! Sur la photo, elle porte une veste noire.

Ses qualités ? Zoé est très sérieuse et un peu timide ! Elle est très organisée. C'est super pour le groupe !

♥ Zoé aime le sport et elle adore la lecture.

Déborah a 18 ans. Elle est grande et assez mince. Elle a les cheveux courts, raides et… blancs ! Elle a de beaux yeux marron. Elle est très belle. Aujourd'hui, elle porte une petite veste rouge et des chaussures blanches.

Ses qualités ? Déborah est sociable et sympathique. Elle n'est pas paresseuse.

♥ Elle aime la mode et le shopping. Elle aime le look star !

Romain a 18 ans aussi. Il est grand et mince. Il est blond. Il a les cheveux courts. Il a de beaux yeux bleus. Il porte un jean et des bottes noires.

Ses qualités ? Romain est très travailleur mais très autoritaire. C'est bien pour le groupe.

♥ Romain adore les animaux et la politique, mais il déteste les photos !

Nos musiciens

La bassiste : Aurélie

19 ans, rousse, cheveux longs et bouclés, pas très calme, très amusante ! Aime les jeux vidéo, les réseaux sociaux et jouer de la basse pour Star Rock.

Le batteur : Simon

16 ans, assez petit, mince, cheveux châtains, romantique, mais très têtu ! Aime le cinéma et jouer de la batterie avec Star Rock.

1 Compréhension

Vous êtes Zoé, Déborah ou Romain. Répondez aux questions.

Exemple : Je m'appelle Zoé. J'ai 17 ans. Je suis assez grande…

1. Tu t'appelles comment ?
2. Tu es comment physiquement ?
3. Tes cheveux sont comment ?
4. Et tes yeux ?
5. Tu aimes quels vêtements ?
6. Décris ta personnalité.
7. Qu'est-ce que tu aimes ?

2 Écrivez

Écrivez un paragraphe pour Aurélie et Simon.

Exemple : Aurélie a 19 ans. Elle est rousse,…

3 Imaginez

Vous êtes une star (de la chanson ou du cinéma). Écrivez votre page Facebook.

Révisions

Voici les stars de « Jours de Gloire », une nouvelle série télévisée.

1 Imaginez

1 Regardez la photo. Décrivez les stars et imaginez leur personnalité.

2 Répondez aux questions pour chaque personne.

1 Il/Elle s'appelle comment ?
2 Il/Elle a quel âge ?
3 Il/Elle est comment physiquement ?
4 Ses cheveux sont comment ?
5 Et ses yeux ?
6 Qu'est-ce qu'il/elle porte ?
7 Imaginez sa personnalité.

Aspects couverts

* L'heure
* Les jours de la semaine
* La maison
* La routine à la maison
* Les nombres 32–69

Grammaire

* Le verbe *aller*
* La négation : *ne… jamais*
* Les questions
* Le verbe *faire*
* Le futur proche : *aller* + infinitif
* Les verbes pronominaux
* Le pronom *on*
* Le verbe *prendre*

1 Mise en route

Regardez la photo et trouvez le réveil.

1. Il est deux heures.
2. Il est quatre heures.
3. Il est cinq heures.
4. Il est sept heures.
5. Il est dix heures.

2 Parlez

L'élève A dit l'heure indiquée sur d'autres réveils. L'élève B trouve le réveil.

35

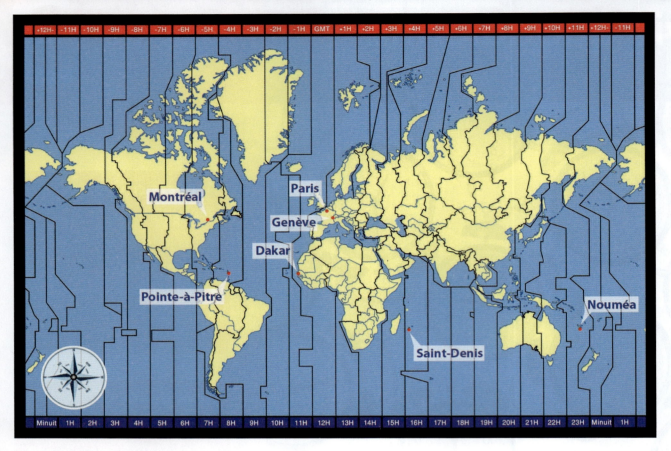

L'association Jeunes Reporters organise des webinaires sur la vie quotidienne dans les pays francophones.

Quand il est dix heures en France, il est neuf heures au Sénégal et vingt heures en Nouvelle-Calédonie.

1 Parlez

L'élève A dit où il/elle est. L'élève B dit l'heure.

Exemple

Élève A : Je suis à Paris.

Élève B : Il est une heure.

2 Écrivez

Le webinaire numéro 1, c'est samedi 30 septembre à 11 heures, heure de Paris.

C'est à quelle heure dans les autres villes sur la carte ? Ça va pour tout le monde ?

Exemple : À Montréal, le webinaire est à 5 heures.

- Paris (France)
- Genève (Suisse)
- Dakar (Sénégal)
- Montréal (Québec)
- Pointe-à-Pitre (Guadeloupe)
- Saint-Denis (Réunion)
- Nouméa (Nouvelle-Calédonie)

3 Écoutez

Recopiez et complétez la grille pour les webinaires 2 à 5.

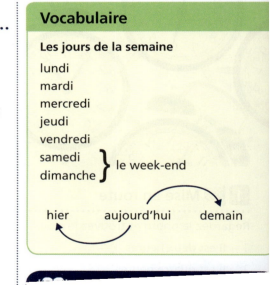

Vocabulaire

Les jours de la semaine

lundi
mardi
mercredi
jeudi
vendredi
samedi
dimanche } le week-end

hier   aujourd'hui   demain

Des jeunes reporters vont faire des reportages pour les webinaires dans différents pays francophones. Ils sont à l'aéroport.

1 🎧 📖 Lisez et écoutez

Complétez les conversations avec le verbe *aller*.

Exemple : vais

Conversation 1

César   Salut Manon ! Moi, je ***Exemple : vais*** à Montréal. Tu __[1]__ où ?

Manon   Je __[2]__ à Genève.

César   Et Julie ? Elle __[3]__ où ?

Manon   Julie et Simon __[4]__ à Pointe-à-Pitre. Super, non ?

César   Ton avion est à quelle heure ?

Manon   À onze heures cinquante-deux.

César   Bon voyage !

Conversation 2

Sophie   Yann ! Yann ! Salut !

Yann   Sophie… salut ! Tu __[5]__ où ?

Sophie   Je suis avec Zoé. Nous __[6]__ à Yaoundé. Et tu es avec Ali, non ?

Yann   Oui…

Sophie   Vous __[7]__ où ?

Yann   On __[8]__ en Afrique aussi. Nous __[9]__ à Dakar. Notre avion est à midi vingt-cinq.

Grammaire en contexte

Le verbe *aller*

je vais	nous allons
tu vas	vous allez
il/elle/on va	ils/elles vont

Vocabulaire

30 trente (trente et un, trente-deux, trente-trois, trente-quatre, etc.)

40 quarante (quarante et un, quarante-deux, quarante-trois, etc.)

50 cinquante (cinquante et un, cinquante-deux, cinquante-trois, etc.)

60 soixante (soixante et un, soixante-deux, soixante-trois, etc.)

📖 *Cahier d'exercices 3/2*

2 🎧 Écoutez

Regardez le panneau des départs. Écoutez six reporters et notez leurs destinations.

Exemple : 1 P (Pointe-à-Pitre)

3 💬 Parlez

À deux posez des questions.

Exemple

Élève A : L'avion pour Bruxelles est à quelle heure ?

Élève B : À onze heures quarante-six.

Vocabulaire

Il est quelle heure ?

14:00 deux / quatorze heures
14:05 deux / quatorze heures cinq
14:10 deux / quatorze heures dix
14:15 deux / quatorze heures quinze
14:20 deux / quatorze heures vingt
14:25 deux / quatorze heures vingt-cinq
14:30 deux / quatorze heures trente
14:35 deux / quatorze heures trente-cinq
14:40 deux / quatorze heures quarante
14:45 deux / quatorze heures quarante-cinq
14:50 deux / quatorze heures cinquante
14:55 deux / quatorze heures cinquante-cinq
☀️ 12:00 Il est douze heures.
🌙 00:00 Il est zéro heure.

📖 *Cahier d'exercices 3/3, 3/4*

Les jeunes reporters arrivent à leur destination. Manon est chez Luc. Luc habite dans une maison, près de Genève.

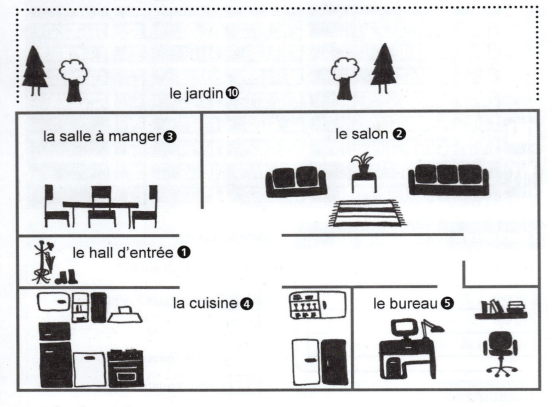

rez-de-chaussée

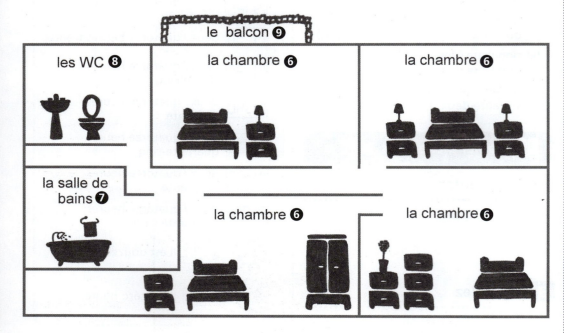

premier étage

1 Écoutez

Notez les parties de la maison dans l'ordre.

Exemple : 1, …

2 🔍 Recherchez

Trouvez le nom d'autres pièces et endroits possibles dans une maison.

Exemple : le garage, la véranda, le sous-sol…

3 ✏️💬 Écrivez et parlez

Dessinez le plan de votre maison / appartement. Décrivez votre plan à un(e) camarade.

Exemple : Voici ma maison / mon appartement : (au rez-de-chaussée,) il y a…

> **Vocabulaire**
>
> Voici ma maison / mon appartement.
> ✓ Il y a un salon / une salle à manger.
> ✓ Il y a des toilettes.
> ✗ Il **n**'y a **pas de** balcon.

 Cahier d'exercices 3/5

Lisez

Voici les notes de Manon sur la maison de Luc (page 38). Complétez avec les mots de l'encadré. (Révisez les adjectifs, pages 24–26 !)

Exemple : 1 maison

Luc habite dans une grande __[1]__ traditionnelle en Suisse. C'est un __[2]__ chalet mais il est très __[3]__ et les pièces sont immenses et très __[4]__.

Chez Luc, au __[5]__, il y a une entrée, une cuisine __[6]__, un très grand __[7]__, une __[8]__ salle à manger et un bureau.

Au premier étage, __[9]__ quatre __[10]__ chambres, une __[11]__ et des toilettes.

À l'extérieur, il y a un __[12]__ balcon et un jardin.

belle • confortables • grandes • il y a
joli • maison • moderne • petit
rez-de-chaussée • salle de bains
salon • vieux

Parlez

Comparez votre maison avec la maison de Luc.

Exemple : Chez Luc, il y a un jardin mais chez moi, il n'y a pas de jardin.

Des jeunes reporters vont chez Aline et chez Samuel.

Montréal, Québec

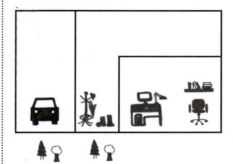
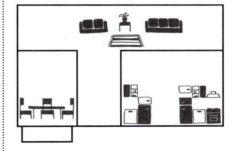
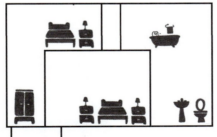

1 Lisez

Lisez les notes de Julie. Elle est où, à Pointe-à-Pitre ou à Montréal ?

> Chez Aline, c'est très traditionnel. C'est assez vieux mais très joli.
>
> Il n'y a pas de garage mais il y a un très grand jardin. Il n'y a pas d'étage. Il y a une jolie véranda à l'avant de la maison.
>
> La cuisine est dans la véranda. Il y a un grand salon et une salle à manger. Il y a aussi deux petites chambres, une salle de bains et des toilettes.

2 Compréhension

Vrai ou faux ? Corrigez les phrases fausses.

1. Aline habite dans un appartement assez moderne.
2. Il y a un petit garage.
3. Le jardin est immense.
4. La cuisine est dans le garage.
5. Les chambres ont un balcon.

3 Écrivez

Décrivez l'autre maison. Regardez la photo et le plan.

Exemple : Chez Samuel, c'est…

4 Imaginez

Imaginez et décrivez la maison idéale pour vos vacances.

Exemple : Voici ma maison de vacances idéale. Il y a un joli jardin et une grande piscine…

Pointe-à-Pitre, Guadeloupe

Les jeunes reporters proposent un questionnaire pour un reportage sur les tâches ménagères.

Qu'est-ce que tu fais pour aider à la maison ?

A tous les jours, **B** de temps en temps, **C** jamais

1 Est-ce que tu fais la cuisine ?

2 Est-ce que tu fais les courses ?

3 Est-ce que tu fais le ménage ?

4 Est-ce que tu fais la lessive ?

5 Est-ce que tu fais le repassage ?

6 Est-ce que tu fais la vaisselle ?

7 Est-ce que tu ranges ta chambre ?

8 Est-ce que tu fais ton lit ?

9 Est-ce que tu fais le jardin ?

1 Écoutez

Manon pose les questions à Luc. Notez ses réponses.

Exemple : 1 B

2 ✏️ Écrivez

Et chez vous ? Répondez au questionnaire.

Exemple : 1 C Je ne fais jamais la cuisine.

📖 **Cahier d'exercices 3/6**

Grammaire en contexte

La négation : *ne… jamais*

ne + <u>verbe</u> + jamais

Je **ne** <u>fais</u> **jamais** mon lit.

Je **ne** <u>range</u> **jamais** ma chambre.

3 💬 Parlez

Posez des questions à un(e) camarade. Notez ses réponses et donnez des points :

A tous les jours = 2 points

B de temps en temps = 1 point

C jamais = 0 point

Exemple

Élève A : Qu'est-ce que tu fais pour aider à la maison ?

Élève B : Je fais la lessive de temps en temps et je range ma chambre tous les jours.

Élève C : OK, trois points. Est-ce que tu fais les courses ?

Question	Réponse
Est-ce que… ?	Oui / Non
Est-ce que tu fais le ménage ?	Oui, je fais le ménage. Non, je <u>ne</u> fais <u>pas</u> le ménage.
Qu'est-ce que… ?	Information
Qu'est-ce que tu fais ?	Je fais la cuisine.

📖 **Cahier d'exercices 3/7**

Les jeunes reporters Yann et Ali sont au Sénégal. Ils écrivent un e-mail sur la vie quotidienne chez Fatima.

Fatima a 14 ans. Elle habite dans une petite maison traditionnelle, dans un village près de Dakar, avec son père, sa mère, sa sœur et ses deux petits frères. Chez elle, il y a trois pièces : au rez-de-chaussée, il y a une grande pièce (c'est la cuisine et la salle à manger) et la petite chambre des parents. Au premier étage, il y a une grande chambre pour les enfants. Les toilettes sont à l'extérieur et il n'y a pas de salle de bains.

Fatima aide beaucoup à la maison. Tous les jours, elle range, elle fait le ménage et la cuisine avec sa mère et sa sœur. Son père et ses frères ne font jamais le ménage. Ils ne font jamais la cuisine non plus. Le samedi, elle fait les courses au marché. Le dimanche, elle fait la lessive et de temps en temps, elle aide sa mère au jardin. C'est dur !

1  Lisez

Lisez l'e-mail et trouvez :

1 quatre membres de la famille
2 deux jours de la semaine
3 quatre pièces de la maison
4 six tâches ménagères

2 Écrivez et parlez

Préparez six phrases « vrai / faux » sur Fatima et sa famille. Échangez avec un(e) camarade. Il/Elle corrige les phrases fausses.

Exemple

Élève A : *Fatima fait les courses tous les jours.*

Élève B : *Faux – Fatima fait les courses le samedi.*

Grammaire en contexte

Le verbe *faire*

je fais	nous faisons
tu fais	vous faites
il/elle fait	ils/elles font

Les jeunes reporters font des recherches sur les tâches ménagères en France.

LES HOMMES ET LES TÂCHES MÉNAGÈRES

En 2013, sept Françaises sur dix __[1]__ plus de tâches ménagères que leur mari. Messieurs les Français, vous ne __[2]__ pas le ménage chez vous ?!

Un Français sur huit dit : « Je ne __[3]__ jamais de ménage ! »

Mais attention, les choses changent !

50% des hommes de 18 à 24 ans disent : « Nous __[4]__ 50% des tâches ménagères à la maison ». Alors, qu'est-ce qu'ils __[5]__ ? Le Français typique aime bien passer l'aspirateur et il __[6]__ la vaisselle mais il ne __[7]__ pas le ménage dans la salle de bains ou les toilettes. Il n'aime pas du tout ça !

1 Lisez

Complétez l'article ci-dessus avec le verbe *faire* à la bonne forme.

Exemple : 1 font

2 Compréhension

Lisez l'article et répondez aux questions.

1 Ce sont les hommes ou les femmes qui font le plus de tâches ménagères en France ?
2 Combien de Français ne font jamais le ménage ?
3 Qu'est-ce que les hommes aiment bien faire à la maison ?
4 Qu'est-ce qu'ils détestent faire à la maison ?

3 Écrivez et parlez

Avec le questionnaire page 40, faites un sondage en classe.

Ce sont les filles ou les garçons qui font le plus de tâches ménagères ?

4 Écrivez

Qui fait quoi chez vous ? Vous trouvez ça juste ? Écrivez un e-mail pour le webinaire.

Exemple : Chez moi, ma mère fait… Mon frère ne fait jamais… Ce n'est pas juste.

C'est le 1er janvier, le jour des bonnes résolutions en France !

1 🎧 Écoutez

Regardez la grille. Écoutez : trois résolutions ne sont pas mentionnées. Lesquelles ?

2 💬 Parlez

« La Traversée » : jouez à deux. Regardez les images et dites les résolutions pour traverser la grille.

Exemple : Je vais faire la cuisine plus souvent.

Vocabulaire

+ plus (souvent)
− moins (souvent)

3 ✏️💬 Écrivez et parlez

1 L'élève A choisit et écrit six résolutions (avec *aller* + infinitif).
2 L'élève B devine.

Exemple

Élève B : Tu vas faire la vaisselle plus souvent ?

Élève A : Non, je ne vais pas faire la vaisselle plus souvent !

Grammaire en contexte

Le futur proche : *aller* + infinitif

Phrase positive :

Je vais faire la vaisselle.

Phrase négative :

*Je **ne** vais **pas** jouer aux jeux vidéo.*

4 📖✏️ Lisez et écrivez

Lisez le message sur Twitter. Écrivez une réponse (140 caractères).

Martin Dupont
@MartinD01

Bonne année !
Mes résolutions : je vais ranger ma chambre de temps en temps. Je ne vais pas regarder la télé tous les jours. Et vous ?

...uc décrit sa journée type en Suisse.

Écoutez et lisez

...egardez les images. Écoutez et lisez.

Le matin

1	07:00	Il est 7h00. Je me lève. Je regarde mon portable.
2	07:15	Il est 7h15. Je vais dans la salle de bains. Je fais ma toilette.
3	07:30	Il est 7h30. Je prends mon petit déjeuner.
4	07:45	Il est 7h45. Je vais au lycée en bus.
5	08:05	À 8h05, je vais en cours. J'aime le français et le sport.

L'après-midi

6	12:20	À 12h20, je déjeune à la cantine. Après, je joue au tennis.
7	14:00	À 14h00, je retourne en cours.
8	17:30	Il est 17h30. Je rentre à la maison.
9	17:50	Il est 17h50. Je fais mes devoirs –

Le soir

10	20:00	À 20h00, c'est l'heure du dîner. Je mange dans la cuisine avec ma famille.
11	20:45	À 20h45, je regarde la télé ou je vais sur Internet.
12	23:00	Il est 23h00. Je me couche. Bonne nuit !

Écrivez

...épondez aux questions pour Luc.

...xemple : 1 Je me lève à 7h00.

1. Tu te lèves à quelle heure ?
2. Tu prends ton petit déjeuner à quelle heure ?
3. Tu vas au lycée à quelle heure ?
4. Tu vas en cours à quelle heure ?
5. Qu'est-ce que tu fais à midi vingt ?
6. Tu rentres à la maison à quelle heure ?
7. Tu fais tes devoirs à quelle heure ?
8. Le soir, tu manges à quelle heure ?
9. Qu'est-ce que tu fais le soir ?
10. Tu te couches à quelle heure ?

Grammaire en contexte

Le verbe *prendre*

je prends	nous prenons
tu prends	vous prenez
il/elle/on prend	ils/elles prennent

3 Parlez

Posez les questions de l'activité 2 à votre partenaire. Ensuite, répondez à ses questions.

Exemple

Élève A : Tu te lèves à quelle heure ?

Élève B : Je me lève à sept heures dix.

Sophie fait un reportage sur la vie de Rosine, au Cameroun.

La vie quotidienne de Rosine

Rosine a 16 ans. Elle habite dans un petit village traditionnel, au Cameroun.

Le matin

Elle se lève tous les jours à cinq heures et demie. D'abord, elle fait le ménage. Ensuite, à six heures vingt, elle fait sa toilette et elle prend le petit déjeuner avec ses deux sœurs.

À six heures quarante, les trois filles vont à l'école à pied (c'est à 4 kilomètres). Elles portent un uniforme bleu.

Elles vont en cours à sept heures et demie. L'école est petite mais assez moderne. Rosine adore l'école.

L'après-midi

Rosine déjeune à midi et elle retourne en cours à midi et demi.

À trois heures et demie, elle rentre à la maison. À quatre heures et demie, elle se repose. Il fait 30 degrés. Elle aime lire ou dormir.

À cinq heures et demie, elle travaille dans le jardin. Après, elle fait la cuisine avec sa mère.

Le soir

La famille mange à sept heures, et ensuite, les filles font la vaisselle. À huit heures, Rosine fait ses devoirs. Finalement, à neuf heures et demie, Rosine se couche.

Vocabulaire

D'abord…
Ensuite…
Après…
Finalement…

1 Compréhension

Répondez aux questions.

1. Rosine se lève à 5h30. Qu'est-ce qu'elle fait d'abord ?
2. Elle prend son petit déjeuner à 6h20. Qu'est-ce qu'elle fait avant ?
3. Rosine rentre à la maison à 16h30. Qu'est-ce qu'elle fait d'abord ?
4. À 17h30, elle travaille dans le jardin. Qu'est-ce qu'elle fait après ?
5. Le soir, Rosine fait ses devoirs. Qu'est-ce qu'elle fait ensuite ?

Les verbes pronominaux

Attention aux pronoms !

se coucher	
je me couche	nous nous couchons
tu te couches	vous vous couchez
il/elle/on se couche	ils/elles se couchent

Léo se couche à neuf heures.

Zoé ne se couche pas à neuf heures.

2 Lisez et parlez

Relisez bien le reportage sur Rosine. L'élève A dit une heure, l'élève B dit l'activité de Rosine de mémoire !

Exemple

Élève A : Il est 7h30.

Élève B : Rosine va en cours.

Élève A : Oui.

3 Parlez

1. Comparez la journée de Luc (page 43) et la journée de Rosine. Quelles sont les différences ?

Exemple : Luc se lève à 7h00 et d'abord, il regarde son portable. Rosine se lève à 5h30 et d'abord, elle fait le ménage.

2. Ensuite, comparez avec votre journée.

4 Écrivez

Décrivez votre journée typique.

Cahier d'exercices 3/8

Pour le dernier webinaire, Manon prépare une fiche-info : une journée à Paris.

Les élèves __[5]__ une pause-déjeuner d'une ou deux heures. Ils mangent à la cantine. Les employés de bureau vont au restaurant ou mangent un sandwich.

Les employés de bureau __[6]__ le bus ou le métro pour rentrer à la maison. Les lycéens __[7]__ leurs devoirs.

📖🔍 Lisez et recherchez

Lisez la fiche-info. Dans le dictionnaire ou le glossaire, cherchez les mots nouveaux.

2 📖 Lisez

Complétez la fiche à gauche avec les verbes de l'encadré.

Exemple : 1 se lève

> font • font • prend • prennent
> regarde • se couche • se lève
> • va • vont • vont

Grammaire en contexte

Le pronom *on*

1   *on* signifie *les gens*

2   *on* signifie *nous*

Après *on*, la forme du <u>verbe</u> est comme pour *il/elle* :

Il <u>se lève</u> et il <u>fait</u> sa toilette.

On <u>se lève</u> et on <u>fait</u> sa toilette.

3 📖 Lisez

Trouvez des exemples du pronom *on* dans la fiche-info.

4 ✏️ Écrivez

Recopiez et complétez la grille.

		à Paris	dans mon pays
1	On se lève à quelle heure?		
2	On va en cours à quelle heure ?		
3	À quelle heure est-ce que les employés arrivent dans les magasins et les bureaux ?		
4	On fait une pause-déjeuner à quelle heure ?		
5	Les magasins ferment à quelle heure ?		
6	Le soir, on mange à quelle heure ?		

5 ✏️ Écrivez

Comparez la vie quotidienne à Paris et dans votre pays.

Exemple : À Paris, on mange à midi mais dans mon pays, on mange à…

Prononciation

Un verbe au pluriel qui se termine en *-ent* ? Attention ! Ces lettres ne se prononcent pas. À l'oral, *il se lève* et *ils se lèvent* ont la même prononciation.

Révisions

Lisa a 18 ans. Elle est québécoise et elle est fille au pair en France, chez les Dumas.

L'emploi du temps de Lisa

	lundi	mardi	mercredi	jeudi	vendredi	samedi	dimanche
8h00	lever + petit déjeuner	lever + petit déjeuner	lever + petit déjeuner	lever + petit déjeuner	lever + petit déjeuner		
9h00	Arthur école	Arthur école	Arthur piscine	Arthur école	Arthur école		
10h00							
11h00	cours de français	cours de français	Arthur devoirs	cours de français	cours de français		
12h00						LIBRE : sport	
13h00	déjeuner	déjeuner	cuisine + déjeuner avec Arthur	déjeuner			
14h00		LIBRE	parc avec Arthur				LIBRE : cinéma, shopping, etc.
15h00	ménage	Arthur école		lessive et repassage			
16h00			courses avec M. Dumas				
17h00	Arthur école	Arthur devoirs		Arthur école			
18h00	Arthur devoirs		Arthur devoirs	Arthur devoirs		LIBRE	cuisine + dîner avec Arthur
19h00	dîner / famille	cuisine + dîner avec Arthur	dîner / famille	dîner / famille			
20h00	TV, lecture, Internet, etc.	baby-sitting	TV, lecture, Internet, etc.	TV, lecture, Internet, etc.		baby-sitting	
21h00							
23h30	coucher		coucher	coucher			

1 Lisez

Regardez les images et l'emploi du temps. Quelles phrases sont vraies pour Lisa ?

1 Ma chambre est au rez-de-chaussée.
2 Je fais le repassage dans la cuisine.
3 Du lundi au vendredi, je me lève et je prends mon petit déjeuner à huit heures.
4 Je ne prends pas de cours de français le mercredi.
5 Je fais du baby-sitting le mardi et le samedi.
6 Je dîne avec la famille le vendredi soir.

2 Écrivez

Répondez aux questions.

1 Est-ce que Lisa fait la cuisine tous les jours ?
2 Lisa se couche à quelle heure ?
3 Aujourd'hui, c'est lundi. Qu'est-ce qu'elle fait ?
4 Demain, c'est mercredi. Qu'est-ce qu'elle va faire ?
5 Est-ce que Lisa est libre le week-end ?
6 Qui fait les courses ?

3 Écrivez

Lisez l'e-mail de la mère de Lisa. Imaginez les réponses de Lisa.

> Bonjour Lisa !
> Ça va ? C'est comment, chez toi ? Qu'est-ce que tu fais pendant la semaine ? Et le week-end ? Tu aimes bien ton emploi du temps ?
> J'attends ta réponse !
> Bises
> Maman

Bon appétit !

Chapitre 4

La Semaine du Goût® est une manifestation française créée en 1990, qui a pour vocation l'éducation et la transmission du goût. Cette semaine est très populaire. Des chefs et des artisans des métiers de bouche dispensent des Leçons de Goût dans les classes primaires, dans les amphithéâtres des universités. Les restaurants gastronomiques proposent des tarifs attractifs pour tous les publics notamment les étudiants. La Semaine du Goût se déroule tous les ans au mois d'octobre. Désormais elle existe aussi au Japon.

Aspects couverts
* Les repas
* Les courses
* Les commerces et le marché
* Au restaurant
* Les recettes de cuisine
* Les traditions culinaires
* Les nombres 70–1 000

Grammaire
* L'article partitif : *du, de la, de l', des*
* Le passé composé avec *avoir*
* Le passé composé et la négation
* Les participes passés irréguliers
* La préposition *à* + l'article défini

Mise en route
gardez l'image. Qu'est-ce que c'est ?
- Un plan ?
- Une carte d'identité ?
- Une affiche ?

2 Recherchez
Dans un dictionnaire, trouvez le nom des aliments sur l'image. Est-ce qu'on mange ça dans votre pays ?

Pendant la Semaine du Goût, on discute des aliments qu'on aime manger.

Vocabulaire

❤ J'aime
❤❤ J'adore
❌ Je n'aime pas
❌❌ Je déteste

le poulet	la salade	les fruits (m)
le riz	la viande	les gâteaux (m)
		les hamburgers (m)
		les légumes (m)
		les moules (f)

1 Lisez

Trouvez les photos des aliments mentionnés par Sam, Malika et Hugo.

Exemple : Sam F, G,…

J'adore les hamburgers. J'aime aussi la salade et les légumes mais je n'aime pas les fruits. Je préfère les gâteaux et les desserts.

Sam, 16 ans, France

J'adore le couscous, une spécialité algérienne, c'est délicieux. J'aime aussi le poulet et la viande. Je déteste les hamburgers – beurk !

Malika, 17 ans, Algérie

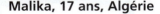

Je suis belge, mais je n'aime pas la spécialité belge : les moules-frites. J'adore les frites, mais je déteste le poisson et les moules. J'aime les pâtes, surtout les spaghettis.

Hugo, 18 ans, Belgique

2 Compréhension

Vrai ou faux ? Corrigez les phrases fausses.

1 Sam adore les fruits et les légumes.
2 Malika aime beaucoup le couscous.
3 Malika n'aime pas la viande.
4 Hugo aime le poisson.
5 Sam déteste les gâteaux.

3 Recherchez

Trouvez d'autres noms d'aliments et faites une liste. Vous trouvez combien de noms en trois minutes ?

Exemple : les œufs, les oranges, les épinards…

4 Écrivez et parlez

1 Regardez les photos et votre liste d'aliments. Recopiez les noms dans deux colonnes :

J'aime… / Je n'aime pas…

2 Discutez avec un(e) camarade.

Exemple

Élève A : Est-ce que tu aimes les moules ?

Élève B : Oui, j'aime les moules. Non, je n'aime pas les moules.

Prononciation

 Cahier d'exercices 4/1

48

Re : Qu'est-ce que tu manges normalement, au dîner ?

Sam (France)

06 mai, 14h06

Normalement, au dîner, je mange de la viande et des pommes de terre ou des légumes verts, avec du pain. Je mange du pain tous les jours, au déjeuner et au dîner, et je bois de l'eau. Je mange avec mes parents dans la salle à manger.

Claire (Québec)

06 mai, 09h35

Chez moi, on ne mange jamais de pain au dîner. Normalement, on mange du poisson ou du poulet avec des frites. On boit du soda. Et il y a un dessert tous les jours. Le soir, c'est relax : on mange dans la cuisine.

Aziz (Burkina Faso)

06 mai, 06h58

Je ne mange pas de pain tous les jours. Normalement, le soir, on mange du riz avec une sauce et des légumes. De temps en temps, il y a des œufs et on fait une omelette. On boit du lait le matin au petit déjeuner, et le soir au dîner. On mange dans la véranda.

Grammaire en contexte

L'article partitif : *du, de la, de l', des*

de + le → du
de + la → de la
de + l' → de l'
de + les → des

	article défini (tout l'ensemble)	article partitif (une partie de l'ensemble)
M singulier	le riz	**du** riz
F singulier	la viande	**de la** viande
M / F singulier + a e i o u h	l'ananas	**de l'**ananas
	l'eau	**de l'**eau
M / F pluriel	les frites	**des** frites

Après un verbe à la forme négative, on n'utilise pas *du / de la / de l' / des*. On utilise *de* ou *d'*.

Tu bois **du** lait ? → Non, je ne bois pas de lait.

Elle mange **de la** viande ? → Elle ne mange jamais de viande.

Cahier d'exercices 4/2, 4/3

5 Lisez

Lisez les messages. Regardez les photos. Trouvez l'assiette de Sam, de Claire et d'Aziz : **A**, **B**, **C** ou **D** ?

A

B

C

D

6 Lisez et écrivez

Relisez les messages et notez le nom de 10 aliments, trois boissons et trois endroits dans la maison.

7 Écoutez

Écoutez la conversation. Qui décrit la quatrième assiette : Ali ou Marion ?

8 Parlez

Interviewez votre partenaire.

Exemple

Élève A : Qu'est-ce que tu bois (le matin) ?

Élève B : Normalement, le matin, je bois du / de la / des...

Élève A : Est-ce que tu manges (de la viande) ?

Vocabulaire

les repas

le matin : le petit déjeuner

le midi : le déjeuner

l'après-midi : le goûter

le soir : le dîner

Cahier d'exercices 4/4

49

La Semaine du Goût, c'est pour apprendre à manger et à boire équilibré.

1 🏁 Mise en route

Regardez l'image des groupes d'aliments et répondez aux questions.

1. Est-ce que vous mangez tous ces aliments ?
2. Qu'est-ce que vous mangez normalement au petit déjeuner ? au déjeuner ? au goûter ? au dîner ?

Exemple : Au petit déjeuner, je mange du pain et je bois du jus de fruit.

Grammaire en contexte

Le passé composé avec *avoir*

Le passé composé = auxiliaire *avoir* au présent + participe passé du verbe.

	avoir au présent	+ participe passé du verbe		
		manger manger → mangé	choisir choisir → choisi	vendre vendre → vendu
je/j'	ai	mangé	choisi	vendu
tu	as	mangé	choisi	vendu
il/elle/on	a	mangé	choisi	vendu
nous	avons	mangé	choisi	vendu
vous	avez	mangé	choisi	vendu
ils/elles	ont	mangé	choisi	vendu

Attention au participe passé irrégulier : boire → j'ai bu

2 🎧 📖 Écoutez et lisez

Écoutez Mathieu et Samia. Trouvez et notez tous les verbes différents. Que remarquez-vous ?

Exemple : tu as mangé, j'ai mangé, j'ai bu

Mathieu, qu'est-ce que tu as mangé hier ?

Hier, au petit déjeuner, j'ai mangé du pain avec de la confiture et j'ai bu un café noir.

À midi, j'ai acheté un sandwich au fromage. Après, j'ai mangé une glace et j'ai bu un coca.

L'après-midi, au goûter, j'ai mangé un gâteau et j'ai bu un jus de fruits.

Le soir, j'ai mangé de la viande avec des légumes, un gâteau au chocolat et j'ai bu de la limonade.

Samia, qu'est-ce que tu as mangé hier ?

Hier, au petit déjeuner, j'ai mangé des céréales et une banane dans du yaourt et j'ai bu du lait.

À midi, à la cantine, j'ai choisi une salade de légumes avec du pain et une pomme. J'ai bu de l'eau.

Pour le goûter, j'ai acheté un makroud (un gâteau tunisien) et j'ai bu du thé.

Le soir, au dîner, j'ai mangé un tagine de poisson : c'est du poisson avec des légumes et des pommes de terre. J'ai mangé une glace et j'ai bu de l'eau.

3 📖 💬 Lisez et parlez

Relisez et comparez les repas de Mathieu et Samia. Qui a mangé les repas les plus équilibrés ? Discutez en classe.

Exemple : Le matin, Mathieu a mangé du pain et de la confiture mais Samia a mangé des céréales, un fruit et du yaourt. C'est plus équilibré.

4 ✏️ Écrivez

Qu'est-ce que vous avez mangé hier ?

Exemple : Hier, au petit déjeuner, j'ai mangé… et j'ai bu… Au déjeuner,…

5 💬 Parlez

À deux, comparez. Qui a mangé le plus équilibré ?

📖 Cahier d'exercices 4/5

Pendant la Semaine du Goût, on découvre des aliments insolites.

du lapin

des escargots

des insectes

de l'autruche

de la langouste

du sirop d'ortie

1 Parlez

Regardez les photos. À deux, posez des questions.

Exemple

Élève A : Tu as déjà mangé (du lapin) ?

Élève B : Oui, j'ai mangé (du lapin). C'est bon ! / Ce n'est pas bon !

Élève B : Non, je n'ai pas / je n'ai jamais mangé de (lapin). Beurk !

Grammaire en contexte

Le passé composé et la négation

✔ J'<u>ai mangé</u> *du* lapin / *de la* langouste / *des* moules.

✘ Je *n'<u>ai</u> pas* <u>mangé</u> *de* lapin / *de* langouste / *de* moules.

✔ J'<u>ai mangé</u> *de l'*autruche / *des* escargots.

✘ Je *n'<u>ai</u> jamais* <u>mangé</u> *d'*autruche / *d'*escargots.

2 Écoutez et lisez

Écoutez l'interview et notez les réponses d'Alex : A ou B ? Est-ce qu'il aime les aliments insolites ?

Exemple : 1 A

1. **A** J'ai mangé du lapin.
   B Non jamais ! Je ne mange pas d'animal de compagnie !
2. **A** Beurk ! Non, je n'ai jamais mangé d'escargots.
   B Oui, j'ai mangé des escargots au restaurant.
3. **A** Des insectes ? Jamais ! C'est dégoûtant.
   B Oui, j'ai goûté des insectes. J'ai bien aimé !
4. **A** Je n'ai jamais mangé d'autruche, mais pourquoi pas ?
   B Je n'ai jamais mangé d'autruche. C'est un animal sauvage !
5. **A** Ah oui, j'ai goûté de la langouste et c'est délicieux.
   B Je n'ai jamais mangé de langouste.
6. **A** Du sirop d'ortie ? Je n'ai jamais goûté ça !
   B Oui, j'ai goûté du sirop d'ortie mais je n'ai pas aimé.

3 Parlez

Est-ce que vous connaissez bien votre camarade ? Imaginez ses réponses. Vérifiez.

Exemple

Élève A : Toi, tu as mangé du lapin.

Élève B : Vrai, j'ai mangé du lapin. /
Faux, je n'ai jamais mangé de lapin.

4 Recherchez et parlez

Trouvez d'autres aliments insolites. Notez et discutez avec un(e) camarade.

Exemple

Élève A : Tu as déjà mangé des cuisses de grenouille ?

Élève B : Des cuisses de grenouille ? Ah non, je n'ai jamais mangé de cuisses de grenouille.

Point info

On mange des insectes dans les pays africains et asiatiques.

En France, à l'avenir, on va peut-être manger plus d'insectes et moins de viande !

Pendant la Semaine du Goût, il y a des concours de spécialités locales. Des jeunes Français ont préparé une spécialité de leur région.

A

B

C

D

la crêpe complète ?
la salade niçoise ?
la quiche lorraine ?
le poulet basquaise ?

Grammaire en contexte

Les participes passés irréguliers

infinitif	participe passé	exemple
faire	fait	j'ai fait
mettre	mis	j'ai mis
prendre	pris	j'ai pris

1 Lisez

1. Lisez les textes et trouvez la photo de la spécialité de Gwen et d'Estebe.
2. Cherchez les mots dans le dictionnaire ou le glossaire et présentez les plats dans votre langue.

Je m'appelle Gwen Lebraz. J'ai choisi la crêpe complète parce que c'est une spécialité de ma région, la Bretagne. D'abord, **j'ai fait** une crêpe avec de la farine, un œuf et de l'eau. Ensuite, sur la crêpe cuite, **j'ai mis** un œuf, du fromage et du jambon et j'ai laissé cuire quelques minutes. C'est délicieux avec un verre de cidre.

Je m'appelle Estebe Lizarazu. Moi, je suis basque et du poulet basquaise, une spécialité de ma région, parce que c'est mon plat préféré. D'abord, un gros poulet et j'ai ajouté des légumes : des tomates, des poivrons et des oignons. Puis du jambon, du vin blanc et des herbes dans la sauce. J'ai laissé cuire pendant une heure. C'est excellent avec du riz.

2 Écoutez

1. Écoutez Elsa Becker et Enzo Robino. Ils sont de quelle région ?
2. Notez les principaux ingrédients de leur plat. C'est quelle photo ?

3 Parlez

1. Choisissez une des spécialités. Expliquez.
2. Votez en classe : quelle spécialité gagne ?

Exemple

J'ai choisi… parce que j'aime le / la / les… / j'ai goûté et c'est délicieux.

Je n'ai pas choisi… parce qu'il y a du / de la / des… / je n'aime pas le poisson.

4 Écrivez

Imaginez que vous participez à un concours de spécialités. Présentez une spécialité française ou de votre pays.

Exemple : J'ai choisi le couscous parce que c'est le plat typique du Maroc. D'abord, j'ai pris…

Pour expliquer, utilisez *parce que* (*parce qu'* devant *a, e, i, o, u*) :

J'aime ça **parce que** c'est bon !

Léa ne mange pas ça **parce qu'**elle n'aime pas.

Pendant la Semaine du Goût, on essaie de nouvelles recettes.

1 🗨 Parlez

L'élève A choisit un plat (voir colonne bleue à droite de la grille) et dit des nombres pour traverser la grille.

L'élève B écoute et suit le chemin. L'élève A prend quel plat : une entrée, un plat principal, un dessert ? Changez de rôle.

Vocabulaire

60 soixante

70 soixante-dix, 71 soixante et onze, 72 soixante-douze, 73 soixante-treize,…

80 quatre-vingts, 81 quatre-vingt-un, 82 quatre-vingt-deux, 83 quatre-vingt-trois,…

90 quatre-vingt-dix, 91 quatre-vingt-onze, 92 quatre-vingt-douze, 93 quatre-vingt-treize,…

100 cent, 200 deux cents, 300 trois cents

101 cent un, 102 cent deux, 103 cent trois

999 neuf cent quatre-vingt-dix-neuf

1 000 mille, 2 000 deux mille

	80		96	90		93	70			74	94	→	l'entrée
Départ	60	92	250	780	71	81	97	91	76	99	75	→	le plat principal
	100	78	73	89	98		79	77	85	72	370	→	le dessert

2 💡 Compréhension

Regardez les listes d'ingrédients pour trois recettes. C'est quoi l'entrée ? Le plat principal ? Le dessert ?

Trouvez dans les listes : une viande, quatre légumes, trois fruits, quatre boissons.

3 🎧 Écoutez

Arthur explique son menu. Recopiez les trois listes d'ingrédients. Écoutez et notez les quantités, comme dans l'exemple.

4 🔍 ✏ Recherchez et écrivez

En groupe, choisissez un plat d'un pays francophone ou de votre pays pour la Semaine du Goût. Faites la liste des ingrédients.

Exemple : le croque-monsieur
Il faut : 200 g de fromage, des tranches de pain, 50g de beurre et 100g de jambon

5 🗨 Parlez

Présentez votre plat à la classe.

Exemple : Nous avons choisi le croque-monsieur. C'est une entrée ou un plat principal en France. Il faut du pain,…

Vocabulaire

Les quantités
g = un gramme
cl = un centilitre (1cl = 10 ml)

Taboulé
Il faut :
675 g de semoule de couscous
___ g de tomates
___ g de concombre
___ g de menthe
___ cl d'huile d'olive
___ cl d'eau
___ cl de jus de citron
sel et poivre

Clafoutis aux cerises
Il faut :
___ g de cerises
___ cl de lait
___ cl de crème fraîche
___ g de beurre
___ g de farine
___ g de sucre
___ œufs
___ g de levure

Bœuf bourguignon
Il faut :
___ g de bœuf
___ cl de vin rouge
___ g de carottes
___ g d'oignons
___ g de margarine
___ g de champignons
___ g de farine
ail et persil

On fait les courses.

le marché	la boucherie
la boulangerie	la charcuterie
la pâtisserie	la poissonnerie
la crèmerie	l'épicerie

1 | Mise en route

Vous voyez quels aliments sur les photos ? Cherchez les mots nouveaux dans le dictionnaire. Qui a la liste la plus longue ?

2 | Lisez

Écoutez et reliez le nom des magasins de l'encadré vert aux photos.

Exemple : **A** *le marché*

> Cahier d'exercices 4/8

3 | Parlez

Jouez à un jeu de mémoire !

Élève A : Hier, j'ai acheté du pain à la boulangerie.

Élève B : Hier, j'ai acheté du pain à la boulangerie et des gâteaux à la pâtisserie…

4 | Parlez

Est-ce qu'il y a des marchés dans votre ville ? Quels jours ? Est-ce que vous aimez faire les courses au marché ? Pourquoi ?

La préposition à + l'article défini

à + le → au
à + la → à la
à + l' → à l'
à + les → aux

Je vais **au** marché.

On va **à la** boulangerie.

Vous allez **à l'**épicerie ?

Ils vont **aux** magasins.

Point info

En Afrique du Nord, un marché s'appelle un souk.

Au souk, il faut marchander : discuter des prix pour payer moins cher.

Normalement, on ne marchande pas en France.

54   Panorama francophone 1 © Cambridge University Press 201

es quantités.

✏️ Écrivez

...ez les quantités aux aliments et écrivez
...iste de courses.

...mple : *un paquet de pâtes,…*

Vocabulaire

...es quantités

...50 grammes de / d'
...n kilo de / d'
...n litre de / d'
...ne bouteille de / d'
...ne tranche de / d'
...n morceau de / d'
...n pot de / d'
...ne boîte de / d'
...n paquet de /

2 🎧 📖 Écoutez et lisez

Écoutez et lisez la conversation. Notez les informations suivantes :

1. le lieu
2. ce qu'on achète
3. les phrases pour demander quelque chose (x 3)
4. la phrase pour demander le prix

Au marché

– Bonjour, madame. Vous désirez ?
– **Bonjour. Je voudrais <u>un kilo de pommes</u>, s'il vous plaît.**
– Et avec ça ?
– **<u>250 grammes de cerises</u>, s'il vous plaît.**
– Ah désolé, je n'ai pas de <u>cerises</u>.
– **Alors, je vais prendre <u>des abricots</u>.**
– C'est tout ?
– **Oui, c'est tout Ça fait combien ?**
– Ça fait <u>11,75 euros</u>, s'il vous plaît.
– **Voilà. Merci. Au revoir !**
– Au revoir. Bonne journée !

4 ✏️ 💬 Écrivez et parlez

1. Choisissez un magasin et écrivez vos réponses aux questions du commerçant.
2. Jouez les conversations avec un(e) camarade. Ensuite, changez de rôle.

3 📖 💬 Lisez et parlez

Complétez la conversation avec les mots de l'encadré. Ensuite, jouez la conversation avec un(e) camarade.

– Bonjour ! Vous __[1]__ ?
– **Je __[2]__ une bouteille de jus de pomme, __[3]__.**
– Ah __[4]__, je n'ai pas de jus de pomme.
– **Alors, vous __[5]__ du jus d'orange ?**
– Oui, voilà, et avec ça ?
– **Je vais __[6]__ un litre de lait, s'il vous plaît.**
– Voilà. C'est tout ?
– **Oui. Ça fait __[7]__ ?**
– __[8]__ 19,45 euros, s'il vous plaît.
– **Voilà, __[9]__.**
– Au revoir. __[10]__ !

avez • Bonne journée • Ça fait
Combien désirez • désolé(e) • merci
s'il vous plaît • prendre • voudrais

5 💬 Parlez

Regardez la liste de courses de l'activité 1. À deux, imaginez les conversations. Utilisez toutes les quantités de la liste !

Exemple : À l'épicerie. Élève A : Bonjour! Vous désirez ? Élève B : Je voudrais un paquet de pâtes, s'il vous plaît…

 Cahier d'exercices 4/9

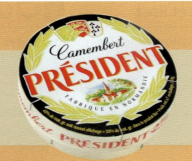

1 + 1 GRATUIT

Les 2 **2,94€**	Soit	**1,47€**
Prix payé en caisse		Le pack

6x1L
Par 1 : 2,94€
Soit le L : 0,49€
Les 2 : 2,94€ au lieu de 5,88€
Soit le L : 0.25€

2ème PRODUIT −50% REMISE IMMEDIATE EN CAISSE

Les 2 **2,77€**	Soit	**1,39€**
Prix payé en caisse		La pièce

Camembert PRÉSIDENT
20% M.G. dans le produit fini, 250g
Prix à l'unité 1,85€
Soit le kg : 7,40€
Les 2 : 2,77€ au lieu de 3,70€
Soit le kg : 5.54€

Mâche & Roquette

1,53€
Le sachet de 100g

Mâche & Roquette BONDUELLE
Le sachet de 100g
Soit le kg : 15,30€

AU RAYON FRUITS ET LÉGUMES

Tomates

5,90€
La barquette de 800g

Tomates farcies
800g.
Soit le kg : 7,38€
Existe aussi en courgettes farcies.

2 + 1 GRATUIT

Les 3 **8€**	Soit	**2,67€**
Prix payé en caisse		La pièce

Bar d'élevage
La pièce de 300g minimum
Par 1 : 4€
Soit le kg : 13,33€
Les 3 : 8€ au lieu de 12€
Soit le kg : 8,89€

−30% REMISE IMMEDIATE EN CAISSE

5,50€ La bouteille de 75cl Prix payé en caisse	Soit	**3,85€** La bouteille

AOC Bordeaux
CHÂTEAU LA CROIX DE ROCHE
Rouge 2010, 75cl

Les offres spéciales au supermarché.

1

Lisez et recherchez

1 Cherchez ces mots dans le dictionnaire ou le glossaire :
1 gratuit
2 une remise
3 une caisse
4 un rayon
5 la pièce / l'unité

2 Lisez et trouvez les mots s les annonces.

 Compréhension

Répondez aux questions.
1 Ce sont des annonces pou quels produits ?

Exemple : eau, …

2 Trouvez dix mots pour décrire les quantités.

Exemple : kilo

3 Il n'y a pas de remise sur deux produits. Lesquels ?
4 C'est quel produit ?

Deux __[1]__ pour le prix d'un.

Trois __[2]__ pour le prix d deux.

Quand on achète du __[3]__, on paie trente po cent moins cher.

3 Parlez

Répondez aux questions.
1 Combien coûtent 12 litres d'eau ?
2 Combien pèse un camembert ?
3 Combien pèse une barquette de six tomates avec du riz ?
4 Combien coûte le vin normalement ? La remise est de combien ?
5 Combien coûte le kilo de poisson avec la remise ?

Pendant la Semaine du Goût, on va manger au restaurant.

AU PETIT RICHE
(depuis 1854)

25 rue le Peletier (9e)

M° Richelieu-Drouot ou Peletier.

Tél: 01 47 70 68 68.

Cuisine traditionnelle française.

12h–14h30 et 19h–minuit (dim. 22h30).

Menus 29,20€ et 35,50€

BOUILLON CHARTIER

7 rue du Faubourg Montmartre (9e)

Tél 01 47 70 88 29

M° Grands Boulevards.

Depuis 1896.

Serveurs typiquement parisiens !

Tlj de 11h30 à 22h

Plats 8,60€–13,50€

BRASSERIE MOLLARD

113 rue St Lazare (8e)

01 43 87 50 22

Spécialités: poissons, huîtres

Ouvert tlj jsq 1h

Formule à 28,25€ : 1 entrée + 1 plat ou 1 plat + 1 dessert

LA POULE AU POT

9 rue Vauvilliers (1er)

M° Les Halles

01 42 36 32 96

Cuisine traditionnelle, spécialité poulet

Du mardi au dimanche, de 19h à 5h

Plats 23€ à 67€

Vocabulaire

Les abréviations

€	euros
h	heure(s)
jsq	jusqu'à
m	station de métro
tél	numéro de téléphone
tlj	tous les jours

1 Lisez

Lisez les annonces pour quatre restaurants à Paris. Répondez aux questions.

1 Pour manger du poisson, on choisit quel restaurant ?
2 Est-ce que le restaurant *Au Petit Riche* est ouvert à dix-huit heures quarante-cinq ?
3 Au restaurant la *Poule au Pot*, est-ce qu'il y a un plat à soixante-sept euros ?
4 Au restaurant *Chartier*, est-ce qu'il y a un plat à sept euros quatre-vingt-dix ?
5 Quel restaurant sert des repas depuis mille huit cent quatre-vingt-seize ?
6 Cent treize se trouve dans l'adresse de quel restaurant ?

Point info

En France, on aime la gastronomie, mais depuis 2012, les Français préfèrent la restauration rapide (ou le fast-food). Ils sont les deuxièmes consommateurs au monde de MacDo et de pizza.

2 Parlez

L'élève A choisit un restaurant et dit le numéro de téléphone. L'élève B écrit le numéro et trouve le restaurant.

Exemple

Élève A : Zéro un, quarante-sept...

Élève B : 01 47...

3 Parlez

Regardez les images ci-dessous. Au fast-food : l'élève A est l'employé(e), l'élève B commande. Ensuite, changez de rôle.

Exemple

Élève A : Vous désirez ?

Élève B : Je voudrais un croque-monsieur, s'il vous plaît.

Élève A : Ça fait 7,50 euros, s'il vous plaît.

Élève B : Voilà. Merci. Au revoir.

A 7,50€
B 5,95€
C 3,75€
D 2,00€
E 2,65€
F 4,90€

4 Parlez

On aime le fast-food dans votre pays? Discutez en classe.

Un repas au restaurant.

1 🏁 Mise en route

Regardez le menu à droite. Vous choisissez du poulet dans une sauce au vin : qu'est-ce que vous allez demander ?

2 📖🎧 Lisez et écoutez

Recopiez la fiche ci-dessous. Écoutez et lisez le dialogue au restaurant, à droite. Imaginez : vous êtes le serveur et vous notez les commandes.

LES ENTRÉES	
La soupe	1
La salade	
Les escargots	
LES PLATS	
La blanquette de veau	
Le coq au vin	
Le saumon	
LES DESSERTS	
La mousse	
La tarte	
Glaces / sorbets	

3 📖 Lisez

Relisez et trouvez les expressions pour :
1. attirer l'attention
2. commander (x 4)
3. demander une explication

4 📖💬 Lisez et parlez

À deux, jouez la conversation.

5 ✏️💬 Écrivez et parlez

Adaptez la conversation. Commandez pour vous et un(e) ami(e).

Au restaurant (1)

– **Monsieur, s'il vous plaît !**

– Oui. Vous avez choisi ?

– **Deux menus à vingt-deux euros, s'il vous plaît.**

– Qu'est-ce que vous allez prendre comme entrée ?

– **Nous allons prendre une soupe à l'oignon et une assiette d'escargots.**

– Très bien. Et comme plat principal ?

– **C'est quoi, la blanquette de veau ?**

– C'est de la viande de veau, cuite avec des champignons, des oignons, des carottes, de la crème et du vin blanc.

– **D'accord, je vais prendre ça. Et mon ami va prendre le coq au vin.**

– Et comme dessert ?

– **Une tarte aux pommes et une mousse au chocolat, s'il vous plaît.**

– Vous voulez quelque chose à boire ?

– **Une carafe d'eau, s'il vous plaît.**

la blanquette de veau

6 💭 Imaginez

Écrivez un menu pour un nouveau restaurant international, avec trois entrées, trois plats et trois desserts. Avec un(e) camarade, inventez une conversation basée sur votre menu.

7 🎧📖 Écoutez et lisez

1 Écoutez la conversation. C'est au début ou à la fin du repas ?

2 Réécoutez et lisez. Complétez avec les mots de l'encadré.

– Vous avez __[1]__ ?

– Oui, c'était très bon. __[2]__, s'il vous plaît.

– __[3]__, madame, 57 euros, s'il vous plaît.

– Merci. Ah, il y a une __[4]__ : deux fois 22, ça __[5]__ 44 euros, plus 3 euros de supplément pour les escargots. Donc, ça fait 47 euros au total.

– Ah oui, __[6]__. Je vais changer ça tout de suite.

> l'addition • erreur • excusez-moi
> fait • fini • voilà

8 💬 Parlez

Jouez la conversation avec un(e) partenaire.

Un repas que j'ai aimé et un repas que j'ai détesté.

Paul : J'ai mangé dans un restaurant marocain. Comme entrée, j'ai pris une salade d'oranges aux olives noires délicieuse. Ensuite, j'ai mangé du couscous, avec du mouton et des légumes. J'ai vraiment beaucoup aimé. J'ai bu du thé à la menthe – très bon.

Léo : Pendant la Semaine du Goût, j'ai mangé dans un restaurant vietnamien. J'ai goûté de la soupe pho. C'est une soupe traditionnelle, avec de très fines tranches de bœuf et des nouilles, des herbes et des épices. J'ai beaucoup aimé.

Lisa : J'ai mangé dans un restaurant italien. J'ai mangé des pâtes avec une sauce au poisson mais je n'ai pas aimé. Comme dessert, j'ai pris une tarte aux fruits horrible – beurk !

Amina : J'ai mangé des nems dans un restaurant asiatique. Un nem est fait avec de la viande, du crabe ou des crevettes, des champignons noirs, des oignons, du soja, des œufs et des épices. Les ingrédients sont roulés dans du papier de riz. C'est excellent. J'ai adoré ça ! On a mangé avec des baguettes.

1 Lisez

Classez les bulles : opinion positive ou opinion négative ?

2 Compréhension

Lisez les bulles et regardez les photos : qui a mangé ça ?

A

B

3 Parlez

Est-ce qu'il y a des plats et des restaurants d'origine étrangère dans votre pays ? Discutez en classe.

Exemple : Ici, il n'y a pas de restaurants vietnamiens, mais il y a des restaurants chinois. Je n'ai jamais mangé de couscous, mais…

4 Écrivez

Répondez aux questions (avec des phrases complètes).

1. Est-ce que vous avez mangé dans un restaurant asiatique ?
2. Est-ce que vous avez mangé dans un restaurant marocain ?
3. Est-ce que vous avez mangé avec des baguettes ?
4. Est-ce que vous avez bu du thé à la menthe ?

5 Écrivez

Décrivez un repas que vous avez aimé ou un repas que vous avez détesté. (Inventez si vous préférez !)

J'ai mangé du / de la / des…

J'ai bu du / de la / des…

J'ai aimé le / la / les…

Je n'ai pas aimé le / la / les

Révisions

Quinze questions.

1 📖 Lisez et écrivez

Répondez aux questions sur vos habitudes et opinions personnelles.

1. Qu'est-ce que tu as mangé comme plat français ?
2. Est-ce que tu aimes la nourriture française ? Quoi en particulier ?
3. Est-ce que tu as mangé dans un restaurant français ? Dans quelle ville ?
4. Est-ce que tu as mangé du coq au vin ? Tu as aimé ?
5. Quelle est ta cuisine étrangère préférée ?
6. Qu'est-ce que tu aimes manger ?
7. Qu'est-ce que tu aimes boire ?
8. Quel est ton plat préféré ?
9. Qu'est-ce que tu n'aimes pas manger / boire ?
10. Qu'est-ce que tu prends au petit déjeuner ?
11. Tu manges quels fruits et légumes régulièrement ?
12. Qu'est-ce que tu préfères, le fast-food ou les plats traditionnels ?
13. Tu fais les courses au marché ou au supermarché ?
14. Qu'est-ce que tu as mangé hier ?
15. Qu'est-ce que tu vas manger demain ?

2 💬 Parlez

Posez les questions à un(e) camarade. Il/Elle répond. Mais attention ! Il/Elle va donner certaines réponses fausses. À vous de deviner si c'est vrai ou faux ! Puis changez de rôle.

Exemple

Élève A : Qu'est-ce que tu as mangé comme plat français ?

Élève B : J'ai mangé de la blanquette de veau.

Élève A : C'est vrai ?

Élève B : Eh non, c'est faux ! Je n'ai jamais mangé de blanquette de veau !

Aspects couverts
* La ville
* Les services
* Les directions
* Les transports en commun

Grammaire
* Les prépositions
* Les prépositions à/en + transport
* Les participes passés irréguliers
* L'impératif
* Les adverbes d'intensité

Mise en route
egardez la photo. C'est quelle ville ançaise ?

Recherchez
ville est jumelée avec d'autres villes. t-ce qu'elles sont toutes dans des pays ancophones ?

3 Parlez
Un jumelage, c'est une relation d'amitié entre deux villes similaires. Est-ce que votre ville est jumelée ? Avec quelle(s) ville(s) ?

Des villes candidates pour un jumelage.

1 🔍 Recherchez

Lisez l'encadré *Vocabulaire*. Trouvez les mots nouveaux dans le dictionnaire. Associez les mots aux photos.

Exemple

Verbier : une petite ville,…

Vaiea : une ville au bord de la mer, …

2 📖 Lisez

Trouvez la photo pour chaque message du forum de jumelage, page 63.

Exemple : Justine – Verbier

Montréal, Québec

Verbier, Suisse

Marseille, France

Durbuy, Belgique

Vaiea, île de Maupiti, Polynésie française

Vocabulaire

C'est quoi ?

une petite / grande ville

un village

C'est où ?

au centre-ville

en ville

dans la banlieue

à la montagne

à la campagne

au bord de la mer

C'est comment ?

calme

moderne

pittoresque

joli(e)

animé(e)

rural(e)

traditionnel(le)

industriel(le)

beau / belle

vieux / vieille

Point info

La capitale de la province du Québec au Canada, c'est la ville de Québec (517 000 habitants) mais la ville de Montréal est trois fois plus grande que Québec (1 650 000 habitants au centre-ville et 4 millions avec la banlieue).

| Créer une discussion | Créer un compte | Aide |

Justine

posté le 6 octobre à 08h26

J'habite à [_ ?_]. C'est une petite ville à la montagne.
En général, ici, on habite dans des maisons traditionnelles : ça s'appelle des chalets. La ville est pittoresque et elle est très animée en hiver.

Florian

posté le 6 octobre à 11h47

J'habite à [_ ?_]. C'est à la campagne. C'est une petite ville calme et rurale. C'est très joli. Il y a beaucoup de maisons traditionnelles en pierre.

Margot

posté le 8 octobre à 06h58

J'habite à [_ ?_]. C'est un assez grand village sur une petite île, alors on habite tous au bord de la mer ! Il n'y a pas de grands immeubles. Les maisons sont simples, modernes ou traditionnelles. La mer est belle et le village est joli.

Baptiste

posté le 8 octobre à 07h30

J'habite à [_ ?_]. C'est une grande ville au bord de la mer. C'est un port important. Au centre-ville, c'est vieux et pittoresque et on habite dans des appartements situés dans de petits immeubles. Dans la banlieue, il y a des quartiers avec de grands immeubles mais aussi des quartiers résidentiels avec de belles maisons. Il y a aussi des quartiers industriels.

Léa

posté le 8 octobre à 19h33

J'habite à [_ ?_]. C'est une très grande ville, la deuxième ville francophone du monde après Paris. C'est une ville moderne et animée. La ville est située sur une île. Au centre-ville, il y a de grands immeubles avec des appartements et dans la banlieue, il y a de belles maisons avec des jardins.

3 Compréhension

Recopiez et complétez la grille pour chaque personne du forum.

	Ville ou village ?	C'est où ?	Quel type de logements ?	C'est comment ?
Justine	petite ville – Verbier			
Florian		à la campagne		
Margot			maisons simples, modernes ou traditionnelles	
Baptiste				
Léa				très grand, moderne, animé

4 Écoutez

Écoutez Fleur, Sam, Audrey et Ludovic. Pour chaque personne, notez :

– Ville ou village ?
– C'est où ?
– C'est comment ?

5 Recherchez

Dans un dictionnaire, trouvez d'autres mots pour décrire un village ou une ville. Comparez avec un(e) camarade.

Exemple : touristique, pollué(e),…

6 Imaginez

Regardez la photo. Écrivez une description pour le forum.

Exemple : J'habite à Marigot. C'est…

Marigot, île de St Martin (Antilles)

7 Écrivez et parlez

Décrivez votre ville / village / quartier.

– C'est quoi?
– C'est où?
– C'est comment ?

Qu'est-ce qu'il y a dans votre quartier ?

 1 une auberge de jeunesse
 2 un camping
 3 un centre commercial
 4 un centre sportif

 5 un château
 6 un cinéma
 7 un cybercafé
 8 un hôtel

 9 un jardin public
 10 une boîte de nuit
 11 un musée
 12 un parc d'attractions

 13 une piscine
 14 un restaurant
 15 une salle de spectacle
 16 un zoo

1 ✏️🎧 Écrivez et écoutez

Jouez au loto. Écrivez le nom de huit endroits, par exemple : un hôtel, un musée.

Écoutez et cochez les noms sur votre liste. Qui est le premier à cocher les huit noms ?

Recommencez avec huit autres noms.

📖 **Cahier d'exercices 5/1**

2 💬 Parlez

Regardez les 16 endroits. Discutez avec un(e) camarade. Qu'est-ce qu'il y a pour les jeunes ? Les familles avec de jeunes enfants ? Les personnes âgées ? Les amateurs de culture ? Les sportifs ?

Exemple : Pour les jeunes, il y a une auberge de jeunesse, un cybercafé,…

Prononciation

Attention à l'intonation dans une liste :

Il y a un hôtel, un musée, un camping

et une piscine.

Lisez

Qu'est-ce qu'on peut faire dans le quartier ? Reliez les définitions aux noms d'endroits, page 64. Il y a plusieurs possibilités.

Exemple : **A** : 14 : un restaurant / 8 : un hôtel

- Ici, on peut manger.
- Ici, on peut voir un film.
- Ici, on peut faire des courses.
- Ici, on peut faire du sport.
- Ici, on peut dormir.
- Ici, on peut visiter.
- Ici, on peut aller sur Internet.
- Ici, on peut aller à un concert.
- Ici, on peut voir des animaux.
- Ici, on peut danser.

Recherchez

Trouvez d'autres endroits intéressants pour faire des activités. Expliquez.

Exemple : *Une patinoire, c'est bien. On peut faire du patinage à la patinoire.*

Grammaire en contexte

Les prépositions

 dans

 devant

 derrière

 entre

 à côté de l' / du / de la

 en face de l' / du / de la

Des jeunes francophones présentent leur ville à un comité de jumelage.

Une petite ville idéale !

Nous habitons dans une jolie petite ville rurale, en Bretagne, en France. C'est assez animé.

Ici, il y a beaucoup à faire pour les jeunes. On peut faire du sport : à côté de la piscine, il y a un stade. Devant le stade, il y a un bowling.

À la sortie de la ville, il y a un café. Derrière le café, il y a une salle de spectacle : on peut voir des pièces de théâtre et aller à des concerts. C'est bien parce qu'il n'y a pas de cinéma ici.

Au centre-ville, il y a une vieille église. En face de l'église, il y a un supermarché. Entre le supermarché et le jardin public, il y a un hôtel sympa. Il y a aussi un bon restaurant derrière l'église.

Lucie Doumet, 16 ans

1 Lisez

1. Lisez la description de Lucie et trouvez :
   1. 10 endroits dans la ville
   2. 6 prépositions
2. Relisez et imaginez le plan de la ville. Dessinez et comparez avec un(e) camarade.

2 Écoutez

Clément décrit son quartier. Regardez le plan de la rue principale ci-dessous. Écoutez bien et notez le nom des endroits.

 Cahier d'exercices 5/2

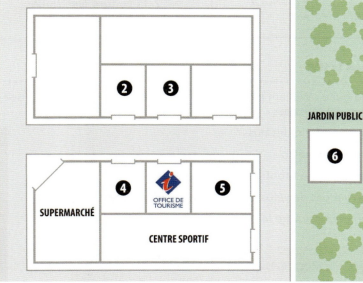

3 Parlez

Regardez le plan pendant deux minutes. De mémoire, décrivez le quartier !

Exemple : Devant le camping, il y a une piscine.

4 Écrivez

Qu'est-ce qu'il y a dans votre village ou votre quartier ? Qu'est-ce qu'on peut faire ?

Écrivez une courte description.

Les transports en ville.

1 Mise en route

Regardez les photos. Mémorisez le nom des transports en commun : vous avez une minute ! Fermez le livre. Dites le nom des transports de mémoire. Votre camarade vérifie. Gagnez un point par transport correct.

2 Écoutez

Notez les transports dans les villes de Léo, Amir, Faïza et Valentine.

Exemple : Léo: 2,…

1 le bus (ou l'autobus)

2 le métro

3 le tram

4 le train

5 le taxi

6 le vélo (en libre-service)

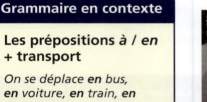
7 la voiture électrique (en libre-service)

8 le bateau

9 le pousse-pousse

Grammaire en contexte

Les prépositions à / en + transport

*On se déplace **en** bus, **en** voiture, **en** train, **en** bateau, **en** taxi, etc.*

*On se déplace **à** vélo, **à** pied.*

---

3 Lisez

Lisez la bulle : William parle des transports à Montréal. Ensuite, lisez les phrases 1–5. Vrai ou faux ? Justifiez vos réponses.

1 William parle des bus.
2 Il aime le métro.
3 Les métros à Montréal sont fréquents.
4 Il n'y a pas de vélos en libre-service à Montréal.
5 On peut prendre le tram.

> J'habite à Montréal, au Canada. Ici, on prend le métro. Il y a des métros toutes les cinq minutes. Le métro, c'est super en hiver ! On peut aussi prendre un bixi – c'est un vélo en libre-service. Le nom est la contraction de <u>bi</u>cyclette et ta<u>xi</u> !
>
> On n'a pas de trams, mais c'est en projet pour 2021. Moi, d'habitude, je me déplace à pied ou à vélo dans mon quartier.

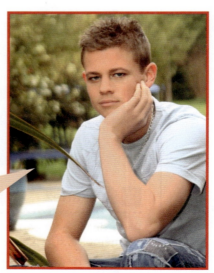

William, 17 ans

4 Écrivez

Qu'est-ce qu'il y a comme transports dans votre ville ?

Exemple : Je prends… Il y a aussi… On peut prendre…

Léo, Amir et Faïza ont visité des villes candidates pour un jumelage.

Bonjour de Paris !

Ce matin, j'ai visité la ville. C'est une grande ville animée mais c'est assez pollué. Il y a beaucoup de monuments historiques. J'ai vu l'arc de Triomphe et la tour Eiffel. C'est beau ! Il y a aussi de super attractions pour les jeunes et beaucoup de boîtes de nuit.

Ici les transports en commun sont super ! J'ai pris le métro – c'est rapide.

J'ai trouvé des auberges de jeunesse, mais je n'ai pas vu de camping.

Bises, Léo

Salut !

Je suis à Fort-de-France, en Martinique. C'est une grande ville au bord de la mer.

Hier, j'ai d'abord pris le bateau pour aller à Pointe-du-Bout, puis j'ai nagé dans la mer. Ensuite, j'ai fait une promenade au centre-ville et j'ai vu la cathédrale Saint-Louis et la bibliothèque Schoelcher. J'ai bien aimé mais il n'y a pas beaucoup d'activités pour les jeunes ici.

À bientôt, Amir

1 Lisez

Lisez les cartes postales de Léo et Amir. Répondez aux questions.

1. Léo a visité quelle ville ?
2. Qu'est-ce qu'il a vu ?
3. Qu'est-ce qu'il a aimé ?
4. Il a voyagé comment dans la ville ?
5. Où est Fort-de-France ?
6. Amir a pris quel moyen de transport ?
7. Qu'est-ce qu'il a fait au centre-ville ?

Grammaire en contexte

Les participes passés irréguliers

Verbe régulier :

trouver → j'ai trouvé

Verbe irrégulier :

voir → j'ai vu

2 Lisez et parlez

Avec un(e) camarade, notez les aspects positifs et négatifs de chaque ville, selon les cartes postales.

Exemple

	Paris	Fort-de-France
aspects positifs	ville animée,…	
aspects négatifs	assez polluée,…	

3 Lisez

Complétez la carte postale de Faïza avec les verbes de l'encadré ci-dessous. Mettez les verbes au passé composé.

Un grand bonjour du Québec !

Hier, j'____[1]____ le train et le bus et j'____[2]____ le petit village de la Trinité-des-Monts. C'est un joli village, mais c'est très calme. Le matin, j'____[3]____ du kayak sur la rivière Rimouski, et à midi, j'____[4]____ dans un bon petit restaurant. L'après-midi, à la montagne, j'____[5]____ des skieurs et j'____[6]____ la nature.

Grosses bises, Faïza

admirer • faire • manger • prendre • visiter • voir

 Cahier d'exercices 5/3

4 Écrivez

Un jeune francophone a visité votre ville. Imaginez la carte postale qu'il/elle écrit après sa visite.

Bienvenue à Vannes !

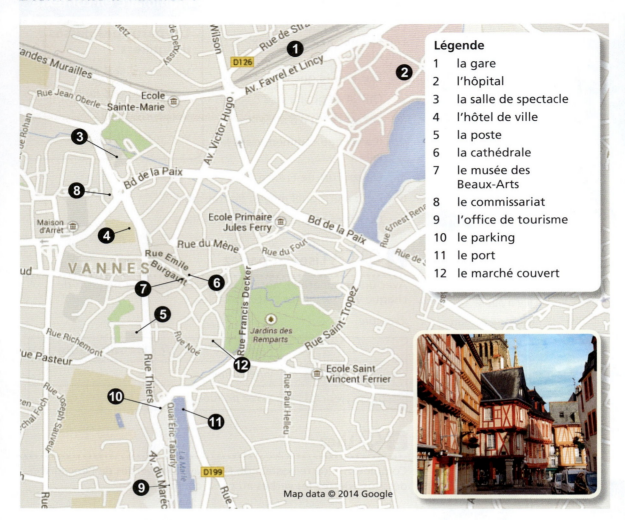

Légende
1. la gare
2. l'hôpital
3. la salle de spectacle
4. l'hôtel de ville
5. la poste
6. la cathédrale
7. le musée des Beaux-Arts
8. le commissariat
9. l'office de tourisme
10. le parking
11. le port
12. le marché couvert

1 Lisez et écoutez

1 Écoutez et complétez les questions avec le nom de l'endroit.

Exemple : 1 l'hôpital

1. ___, c'est par ici, s'il vous plaît ?
2. Où est ___, s'il vous plaît ?
3. Pour aller à ___, s'il vous plaît ?
4. Excusez-moi, où est ___ ?
5. Pardon, pour aller à ___ ?
6. Est-ce qu'il y a ___ par ici ?
7. Pour aller à ___, s'il vous plaît ?
8. ___, c'est par ici ?
9. Est-ce qu'il y a ___ par ici ?
10. Où est le grand ___, s'il vous plaît ?

2 Réécoutez. Regardez l'encadré *Vocabulaire* et notez les lettres qui correspondent aux indications.

Exemple : 1 A + I

Vocabulaire

A	↑	Allez tout droit	H	Continuez / Allez jusqu'à… / jusqu'au bout de la rue
B	↱	Tournez à droite		
C	↰	Tournez à gauche	I	C'est sur votre droite
D	←	Prenez la première (rue) à gauche	J	C'est sur votre gauche
E	←	Prenez la deuxième (rue) à gauche	K	C'est (tout) près
F		Traversez la rue	L	C'est (assez) loin
G		Traversez la place		

2 Lisez

Relisez les questions 1–10. Trouvez et notez quatre façons de demander son chemin.

Exemple : X, c'est par ici ?

L'impératif

infinitif	impératif		
	(tu)	*(nous)*	*(vous)*
aller	va… !	allons… !	allez… !
prendre	prends… !	prenons… !	prenez… !
tourner	tourne… !	tournons… !	tournez… !

Va tout droit !   **Ne** *tournez* **pas** *à gauche !*
Tournez à droite !   **N'***allez* **pas** *tout droit !*

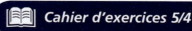
Cahier d'exercices 5/4

Une visite guidée à Vannes.

1 📖 Lisez

Voici un extrait d'une visite guidée. Suivez les indications sur le plan, page 68. Vous arrivez à quel endroit indiqué sur la légende ?

Hôtel de ville

Cathédrale

Jardin des Remparts

Marché, place des Lices

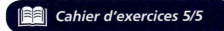
Cahier d'exercices 5/5

2 🎧 Écoutez

Suivez les trois itinéraires du podcast avec le doigt sur le plan de la ville, page 68. Vous arrivez où ?

Exemple : 1 la cathédrale

3 💬 Parlez

Regardez le plan (page 68). L'élève A indique un chemin. L'élève B devine la destination.

Exemple

Élève A : *Tu es au port, la mer est derrière toi. Tourne à droite, continue tout droit,...*

4 ✏️💬 Écrivez et parlez

Trouvez ou dessinez un plan de votre village / quartier. Préparez un itinéraire de visite. Écrivez et enregistrez.

Ma ville : carte d'identité.

Nom de la ville :	Terre-de-Haut, île des Saintes
Pays :	Guadeloupe, France
Nombre d'habitants :	1 500 habitants
Superficie :	6 km²
Type d'environnement :	au bord de la mer (mer des Caraïbes)
Transports :	le bateau, l'avion, le minibus. Il y a un port et un petit aéroport.
Attractions :	un monument historique et un musée (le fort Napoléon), un jardin botanique, des maisons traditionnelles (cases créoles), des plages, des sports nautiques, des petits hôtels et des restaurants de spécialités de poisson

Nom de la ville :	Marrakech
Pays :	Maroc
Nombre d'habitants :	1 million
Superficie :	230 km²
Type d'environnement :	à la campagne, entre le désert (à 180 km), la montagne (à 75 km) et l'océan Atlantique (à 150 km)
Transports :	des bus, des taxis, des taxis collectifs. Il y a une gare, une gare routière et un aéroport très moderne.
Attractions :	tourisme dans les quartiers historiques (la Médina), les jardins publics, les mosquées, les musées, shopping dans les marchés (les *souks*), dégustation de couscous au restaurant, activités sportives au stade

1 Lisez et parlez

Répondez aux questions pour chaque ville.

1. C'est où ?
2. On peut se déplacer comment ?
3. Qu'est-ce qu'il y a à voir ?
4. Qu'est-ce qu'on peut faire ?

Les adverbes d'intensité

assez
beaucoup (de)
bien
très
trop
vraiment

C'est **assez** beau.

C'est **trop** touristique.

2 Lisez

Reliez les opinions 1–6 à l'une des deux villes. (Terre-de-Haut = TH, Marrakech = M)

Exemple : 1 TH

C'est comment ? Donnez votre opinion.

1
C'est une petite ville assez intéressante, mais **pour moi**, c'est trop calme. **Je n'aime pas** beaucoup.

2
J'adore ma ville. **À mon avis**, elle est super parce qu'elle est très grande, très belle et vraiment animée.

3
Le centre-ville est très vieux. **Je trouve** les petites rues très pittoresques. Par contre, j'habite dans une banlieue assez moderne et elle n'est pas vraiment jolie.

4
Je ne trouve pas ma ville très intéressante. **À mon avis**, ici, il n'y a rien à faire.

5
Oui, il y a beaucoup à faire parce qu'on peut manger au restaurant, aller en boîte, visiter des musées et faire du shopping, **j'aime bien**. Mais, **à mon avis**, c'est aussi une ville beaucoup trop touristique.

6
Pour moi, ici, c'est le paradis parce que **j'aime beaucoup** habiter au bord de la mer ! C'est très beau. **J'aime** surtout les maisons créoles parce qu'elles sont vraiment très jolies. Ici il n'y a pas de grands immeubles.

3 Compréhension

Est-ce que chaque bulle exprime une opinion positive, négative ou les deux ?

Exemple : 1 les deux

4 ☁ Imaginez

Vous habitez à Clermont. Vous trouvez la ville comment ? Écrivez un message avec votre opinion. Utilisez des adverbes d'intensité et des expressions d'opinion.

Exemple : J'aime beaucoup… parce que… Pour moi, c'est trop…

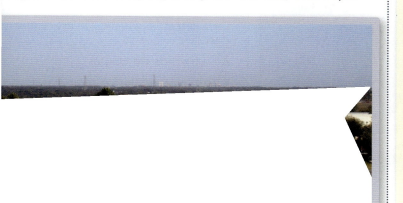

la rivière, la forêt, la bibliothèque, l'aréna (la patinoire), le parc industriel

Vocabulaire

Pour donner votre opinion

pour moi…

à mon avis…

je trouve / je ne trouve pas…

j'adore / j'aime / je n'aime pas / je déteste…

Prononciation

Mettez l'accent sur l'adverbe d'intensité :

c'est **très** beau

une banlieue **assez** moderne

ce n'est **vraiment** pas joli

5 ✏🗨 Écrivez et parlez

Donnez votre opinion sur votre ville ou village.

Que pense la majorité de la classe ? Lisez votre paragraphe. Comptez : il y a combien d'opinions positives ? Combien d'opinions négatives ?

 Cahier d'exercices 5/6

6 📖🎧 Lisez et écoutez

Émilie et Alice discutent de la ville idéale pour un jumelage. Qui choisit Marrakech ? Qui choisit Terre-de-Haut ? Expliquez pourquoi.

Émilie	Pour moi, la ville idéale pour notre jumelage, c'est Marrakech, parce que c'est une ville très intéressante et très animée. Et il y a un aéroport vraiment moderne et de bons transports en commun.
Alice	À mon avis, Marrakech est beaucoup trop grande parce qu'il y a un million d'habitants et notre ville est petite… deux mille habitants !
Émilie	Par contre, il y a beaucoup d'attractions : des marchés, des musées, des jardins publics…
Alice	J'aime Terre-de-Haut. Pour moi, c'est la ville jumelle idéale, parce que la ville est assez petite et c'est au bord de la mer, comme nous.
Émilie	Ah non, je ne suis pas d'accord. Il n'y a pas de quartiers historiques, seulement un monument historique. Et je trouve ça trop calme !

7 🗨 Parlez

Choisissez une ville jumelle pour votre ville : Terre-de-Haut, Marrakech ou Clermont. Discutez en classe ou avec un(e) camarade.

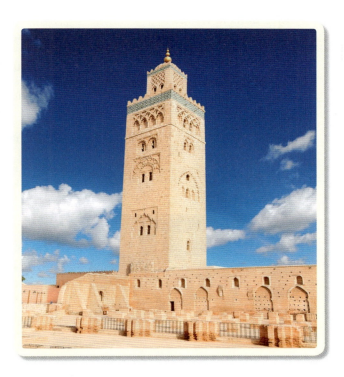

Révisions

Bienvenue à Dakar !

DAKAR

Capitale du Sénégal
Ville culturelle et historique de 3 millions d'habitants
Au bord de l'océan Atlantique

Bienvenue à l'aéroport international Léopold-Sédar-Senghor !
Pour aller au centre-ville ?
Prenez un bus Dakar Dem Dikk, un car rapide ou un taxi officiel (jaune et noir).

Découvrez la vieille ville coloniale !
Le palais présidentiel et son jardin tropical, l'hôtel de ville et la cathédrale.

Voyagez dans le temps !
Prenez le bateau pour l'Ile de Gorée et visitez la Maison des Esclaves.

Découvrez la culture sénégalaise !
Les musées et les galeries d'art africain, les salles de concert et les cinémas.

Buvez une *gazelle* et allez sur Internet dans un cybercafé (des centaines dans la ville !)

Goûtez les spécialités africaines au restaurant !
Mangez un *tiep bou djen* dans un *maquis*.

Faites la fête dans une boîte de nuit africaine !
Écoutez du *mbalax* et dansez tous les soirs !

Faites du sport !
Allez voir un match de football au stade *Léopold-Sédar-Senghor* ou essayez *la lutte sénégalaise* !

Faites du shopping !
De nombreux marchés: Colobane, Kermel, HLM 5, etc.

Commentaires de visiteurs

A J'ai mangé au restaurant chez Loutcha ! J'ai trouvé ça vraiment excellent !

B On a dansé au Sahel, à côté du supermarché et du commissariat. Pour moi, c'est une boîte super.

C Nous avons écouté un concert de musique traditionnelle à l'Institut Franco-Sénégalais. J'ai adoré !

D On a visité une île historique. À mon avis, l'histoire des esclaves est très intéressante.

Maison des Esclaves, Gorée

1 Lisez

Lisez le texte à gauche. Qu'est-ce que c'est ?

A un article de journal
B un prospectus
C une carte postale

2 Compréhension

1 Lisez et trouvez le nom (*en italique* dans le texte) :

1 d'un type de restaurant sénégalais traditionnel
2 d'une spécialité locale (riz et poissons)
3 d'une bière sénégalaise
4 d'une musique sénégalaise très rythmée
5 d'un sport typiquement sénégalais
6 d'un Sénégalais célèbre

2 Reliez les commentaires des visiteurs (**A, B, C, D**) à une partie du prospectus.

Exemple : A Goûtez les spécialités africaines au restaurant !

3 Écrivez

À vous de préparer un prospectus sur votre village / ville / quartier pour un jumelage.

Prenez le prospectus sur Dakar comme modèle.

- Parlez de la situation de votre ville, des transports, des attractions, de ce qu'on peut faire.
- Imaginez les commentaires des visiteurs.
- Composez et imprimez votre prospectus.

Mon paradis sur terre

Chapitre 6

CONCOURS GAGNEZ UN VOYAGE !

Décrivez votre paradis sur terre
sa géographie • son climat • ses coutumes • sa cuisine

Aspects couverts
* Les pays et les régions
* Les cartes
* Le paysage
* Le climat
* Les prévisions météo
* Les fêtes et coutumes
* Les récits de voyage

Grammaire
* Le pronom *où*
* Le comparatif des adjectifs
* Les verbes impersonnels
* Les adverbes en *-ment*
* Le passé composé avec *être*

1 Mise en route

Quelle photo correspond à la **géographie** ? Au **climat** ? Aux **fêtes et coutumes** ? À la **cuisine** ?

Qu'est-ce que vous voyez sur ces photos ?

Panorama francophone 1 © Cambridge University Press 2015

73

Vous aimez quel genre de paysage ? Consultez ces extraits de guides touristiques.

La Réunion

L'île de La Réunion est située dans l'océan Indien. Les îles voisines sont l'île Maurice (à 200 km à l'est), Madagascar (à 944 km à l'ouest) et les Seychelles plus au nord.

La Réunion est une belle île où l'on trouve des paysages fantastiques et divers. On peut voir des volcans et des montagnes au centre, mais il y a aussi des plaines, des forêts, des cascades et de jolis petits villages.

Au pied des montagnes, au bord de la mer, on trouve de longues plages (surtout dans le sud-ouest, où elles sont protégées par une barrière de corail).

L'Algérie

L'Algérie est un grand pays d'Afrique du Nord constitué de trois parties : le Tell au nord, les hauts plateaux et les montagnes de l'Atlas au centre et le désert du Sahara au sud.

Le Tell est moins sauvage que le centre. Il est constitué de plaines fertiles (où habite la majorité de la population algérienne), de rivières, de vallées et de montagnes.

Le Sahara (où il y a des dunes de sable et aussi des plaines de pierres) couvre 85% du pays.

Vocabulaire

C'est où ?
au nord / au sud / à l'est / à l'ouest

Qu'est-ce qu'il y a ?
une cascade
un désert
une dune
une forêt
une île
un lac
la mer / l'océan
une montagne
une plage
une plaine / un plateau
une rivière / un fleuve
une vallée
un volcan

1 🔍 Recherchez

Cherchez dans le dictionnaire le vocabulaire nouveau dans l'encadré *Vocabulaire*.

2 ☁ Imaginez

1 Dessinez un symbole pour chaque mot dans l'encadré.
2 Votre camarade regarde vos symboles et devine les mots.

3 📖 Lisez

Lisez les extraits des guides touristiques ci-contre. Trouvez les mots qui se trouvent dans l'encadré *Vocabulaire*.

Exemple : une île,...

Grammaire en contexte

Le pronom *où*

1 *où* (pronom interrogatif) dans une question :

   C'est où ? / Où est la Réunion ?

2 *où* (pronom relatif) pour relier deux phrases ou parties de phrases :

   C'est une île où l'on trouve des paysages fantastiques.

   Le Tell est constitué de plaines fertiles où habite la majorité de la population algérienne.

☼ Compréhension

Relisez les extraits de guides touristiques à la page 74 et les phrases 1–4 ci-dessous. Vrai ou faux ? Justifiez vos réponses.

Exemple

Il y a un volcan à la Réunion. VRAI : « On peut voir des volcans. »

1. À la Réunion, les plages sont plus nombreuses dans le nord.
2. En Algérie, le nord est moins montagneux que le centre.
3. Le désert est au sud des montagnes de l'Atlas.
4. En Algérie, le désert est moins grand que les plaines fertiles.

Grammaire en contexte

Le comparatif des adjectifs

		Exemples
+	**plus** + adjectif + **que**	Le centre est **plus** montagneux **que** le sud.
		Une mer est **plus** petite **qu'**un océan.
–	**moins** + adjectif + **que**	Le désert est **moins** fertile **que** les plaines.
		Les rivières sont **moins** grandes **que** les fleuves.

Attention ! Après *plus / moins*, l'adjectif s'accorde avec le nom qu'il décrit (masc./fém., sing./pl.).

Cahier d'exercices 6/2

5 Parlez

Inventez des phrases « vrai / faux » sur les deux textes de la page 74 pour votre partenaire.

Exemple

Élève A : Les montagnes de l'Atlas sont plus hautes que les plaines.

Élève B : Vrai.

6 Écoutez

À votre avis, est-ce que les jeunes, Azza, Paul, Magali et Farid habitent en Algérie ou à la Réunion ? Justifiez vos réponses.

7  Parlez

C'est comment, l'endroit où vous habitez ? Répondez aux questions de votre partenaire. Utilisez les mots de l'encadré *Vocabulaire* (page 74).

Exemple

Élève A : Il y a un désert ?

Élève B : Non, il n'y a pas de désert.

Élève A : On peut voir un volcan ?

Élève B : Oui, dans le nord du pays.

8  Écrivez

Décrivez la géographie de votre pays pour un guide (entre 40 et 60 mots).

Exemple

Le Luxembourg est un petit pays de l'Europe de l'ouest. Il n'est pas au bord de la mer mais il y a deux fleuves importants : la Moselle et la Sûre. Le pays est constitué de deux régions géographiques : le nord est plus montagneux que le sud.

Point info

Sur l'île de la Réunion, il y a le Piton des Neiges (3 071 mètres de haut : 3 millions d'années). Plus au sud, il y a une montagne volcanique plus petite et plus récente, mais aussi plus active : le Piton de la Fournaise (2 632 mètres de haut ; 500 000 années).

Le Piton de la Fournaise

Il fait quel temps dans votre paradis sur terre ?

1 ✏️ 💬 Écrivez et parlez

1 Regardez l'encadré *Vocabulaire* à droite. Faites deux listes :

– J'aime quand… (il pleut, il y a du vent, etc.)

– Je n'aime pas quand … (il neige, il fait froid, etc.)

2 Comparez avec un(e) camarade.

Exemple

Élève A : Tu aimes quand il pleut ?

Élève B : Non, je n'aime pas quand il pleut. Tu aimes quand il neige ?

Élève A : Oui, j'aime assez.

2 🎧 💬 Écoutez et parlez

1 Écoutez. C'est le bulletin météo pour quelle carte, **A** or **B** ?

2 Donnez la météo pour l'autre carte.

Exemple : Dans l'ouest, il y a des nuages.

📖 Cahier d'exercices 6/3

3 ✏️ Écrivez

Imaginez le temps dans votre paradis. Décrivez les quatre saisons… en 65 mots ! (Utilisez des connecteurs et des adverbes pour obtenir 65 mots exactement.)

Exemple : Au printemps, il fait beau. Il y a du soleil mais il ne fait pas très chaud…

4 📖 💬 Lisez et parlez

Lisez le texte sur le portable ci-dessous et répondez aux questions.

1 Ce texte est :
  A un article de journal.
  B un bulletin météo.
  C une carte postale.

2 Il fait beau où ?
3 C'est quelle saison ?
4 Il fait très froid où ?
5 C'est quel mois ?
6 Il va faire quel temps vers midi à Paris ?

A

B

Aujourd'hui

Belle matinée dans la partie sud du pays : il y a du soleil et il fait assez chaud pour la saison mais avec des risques d'orage en fin d'après-midi près de la mer Méditerranée.

À l'ouest, l'automne est bien là. Tout est gris près de l'océan Atlantique. Attention sur les routes : il y a beaucoup de brouillard.

Temps d'hiver dans tout l'est du pays avec un vent glacial : il gèle dans les vallées et il neige en montagne dans les Alpes.

Au nord, il ne fait pas beau mais c'est un temps de saison pour octobre. Il fait frais, et il va pleuvoir en fin de matinée sur la capitale.

Vocabulaire

Il y a… / Il n'y a pas (de/d')…

 1 du soleil

 2 du vent

 3 du brouillard

 4 des nuages

 5 de l'orage

Il fait… / Il ne fait pas…

 6 beau

 7 chaud

 8 frais

 9 froid

Il… / Il ne… pas

 10 pleut

 11 neige

 12 gèle

le printemps / **au** printemps   l'été / **en** été

l'automne / **en** automne   l'hiver / **en** hiver

Quel est le moment idéal pour visiter les pays francophones ? Voici des réponses sur un forum.

| Suivre cette discussion | Partager | Similaires | Imprimer |

Magali
La Réunion

28 janvier à 10:37

Re : Quel est le moment idéal pour visiter les pays francophones ?

Répondre

J'aime le climat ici, il est tropical. De mai à novembre, c'est la saison fraîche : il fait toujours beau et il ne pleut pas beaucoup. Par contre, au centre, dans les montagnes, il fait assez froid : il gèle en haute montagne en juillet et août (c'est l'hiver ici, on est dans l'hémisphère sud !).

De novembre à avril, c'est la saison chaude. Il y a de gros nuages, des orages et il pleut très souvent, surtout à l'est. Il y a aussi des cyclones de temps en temps.

Le temps idéal ici, c'est en décembre. Il faut aller sur la côte ouest où il fait beau et où la mer est chaude !

Farid
Algérie

30 janvier à 14:13

Re : Quel est le moment idéal pour visiter les pays francophones ?

Répondre

Au nord, au bord de la mer et dans les plaines du Tell, l'été est chaud (juin, juillet, août) et il ne pleut pas. En hiver, il pleut de temps en temps et il fait frais. L'automne (septembre et octobre) et le printemps (de mars à mai) sont plus agréables parce qu'il ne fait pas trop chaud.

Dans le sud du pays, le climat est différent : il est désertique. Il fait très chaud le jour (40°C ou 50°C) et très froid la nuit (−5°C). Il pleut rarement !

Le moment idéal pour venir ici, c'est en été dans le nord, et de novembre à février dans le sud : il faut avoir des t-shirts mais aussi un gros pull pour la nuit !

François
Québec

01 février à 07:55

Re : Quel est le moment idéal pour visiter les pays francophones ?

Répondre

Ici, au printemps (de mars à juin), il pleut et il fait frais. En été (juillet et août), il fait assez chaud le jour et frais la nuit. En automne (septembre–octobre), il pleut de temps en temps, il fait froid mais il y a aussi du soleil. Dans les montagnes et dans le nord du pays, il neige. L'hiver commence en novembre : il neige beaucoup et il gèle. De décembre à février, il fait très, très froid (jusqu'à −40 ou −50°C !), surtout dans le nord.

Le moment idéal pour venir au Québec, c'est deux semaines en automne (fin-septembre à mi-octobre) : c'est l'été indien. C'est fantastique ! Les couleurs des arbres sont extraordinaires !

1 Compréhension

Lisez les messages sur le forum. Regardez les photos. C'est où ? C'est quand ?

 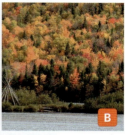

A   B

Grammaire en contexte

Les verbes impersonnels

Les verbes impersonnels s'utilisent généralement avec *il* :

- il pleut / il neige, etc.
- il fait froid / il fait beau, etc.
- il faut (+ *infinitif*)
- Il est huit heures.
- Il y a un volcan.

2 Lisez

Il y a combien de verbes impersonnels dans les textes ? Comparez avec votre partenaire.

Cahier d'exercices 6/4

3 Lisez et parlez

Trouvez les destinations idéales pour ces personnes : la Réunion, l'Algérie ou le Québec ? Discutez avec un(e) camarade.

1. Killian : « J'aime les pays froids et je déteste quand il pleut. Je voudrais partir au mois de décembre. »

2. Zoé et Lucas : « On peut partir entre septembre et décembre. On n'aime pas quand il fait trop chaud ni trop froid. On aime bien quand il pleut. »

3. Paul : « Mes parents vont partir en juillet ou en août. Ils aiment quand il fait très chaud. Ils détestent quand il pleut. »

4 Écrivez

Postez un message sur le forum sur le climat de votre pays. C'est quand, le moment idéal pour une visite ?

6 Mon paradis sur terre

*Faire la fête, c'est important pour vous ?
Ces sites web donnent des informations
sur quelques fêtes francophones.*

Accueil | **Festivals** | Aventure | Musique

La Fête des Neiges de Montréal

Ce grand festival canadien a lieu pendant trois week-ends en janvier et février au parc Jean-Drapeau, sur l'île Sainte-Hélène à Montréal.

La grande attraction, c'est probablement le Village des neiges : venez visiter ce village tout de glace, avec son hôtel, son restaurant, son bar de glace et ses bâtiments basés sur les bâtiments célèbres de Montréal et ses sculptures de neige. Le village reste généralement ouvert jusqu'en mars.

Vous êtes sportifs ? Alors faites du sport : le patinage, le ski de fond, la raquette ou le traîneau à chiens – ou bien prenez un traîneau à cheval pour vous détendre, tout simplement !

Vous êtes gourmands ? Alors, il faut participer à la compétition de tartes au sucre : préparez ou dégustez cette spécialité québécoise, tellement bonne quand il fait très froid !

Avec la Fête des Neiges de Montréal, l'hiver n'est jamais triste !

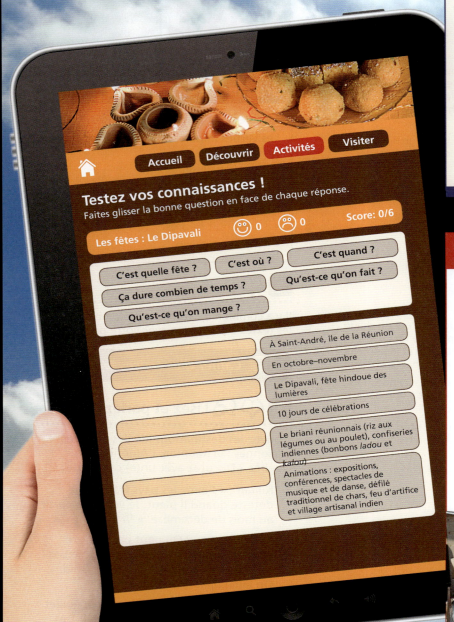

Accueil | Découvrir | **Activités** | Visiter

Testez vos connaissances !
Faites glisser la bonne question en face de chaque réponse.

Les fêtes : Le Dipavali   😊 0   ☹ 0   Score: 0/6

C'est quelle fête ?   C'est où ?   C'est quand ?
Ça dure combien de temps ?   Qu'est-ce qu'on fait ?
Qu'est-ce qu'on mange ?

À Saint-André, île de la Réunion

En octobre–novembre

Le Dipavali, fête hindoue des lumières

10 jours de célébrations

Le briani réunionnais (riz aux légumes ou au poulet), confiseries indiennes (bonbons *ladou* et *kalou*)

Animations : expositions, conférences, spectacles de musique et de danse, défilé traditionnel de chars, feu d'artifice et village artisanal indien

Accueil | Histoire | Culture | **Fêtes**

Bienvenue en Martinique !

Le Grand Carnaval est une fête martiniquaise très populaire. Dans notre capitale, Fort-de-France, le carnaval est un spectacle traditionnel à voir absolument !

Il va sûrement faire beau et chaud, alors mettez un masque et un costume et venez faire la fête avec nous. Cette année, la fête va durer dix jours !

Le dimanche gras (le premier dimanche de mars), c'est le Grand Carnaval au centre-ville, où vous allez certainement voir le Roi du carnaval, appelé Vaval, et les jolies reines, mini-reines et reine-mères du carnaval.

N'oubliez pas de passer au marché pour goûter aux délicieux beignets de carnaval : beignets à la banane, pomme, ananas, etc.

Suivez la musique des tambours et les groupes déguisés dans toute la ville. Ici, on appelle ces parades « les vidés ». Il y a même un vidé en pyjama !

Venez tous vous amuser au Grand Carnaval de Martinique en mars !

🏁 Mise en route

Regardez les pages web sur les fêtes et coutumes, page 78. Cherchez au maximum huit mots nouveaux dans le dictionnaire. Discutez avec des camarades.

2 📖 ✏️ Lisez et écrivez

Regardez le site de la Réunion (Testez vos connaissances !). Reliez les six questions aux réponses.

Exemple

C'est quelle fête ? C'est le Dipavali, la fête hindoue des Lumières.

3 📖 Lisez

Regardez les sites de la Martinique et de Montréal. Donnez le nom de la fête pour chaque phrase.

- Il fait très froid.
- On mange des spécialités aux fruits.
- La fête dure dix jours au mois de mars.
- C'est dans un grand parc en ville.
- On peut faire du sport.
- On peut se déguiser.

Écrivez d'autres phrases sur les fêtes et partagez avec un(e) camarade.

4 📖 ✏️ Lisez et écrivez

Recopiez et complétez la grille.

Grammaire en contexte

Les adverbes en *-ment*

Pour former beaucoup d'adverbes, on ajoute *-ment* à la forme féminine d'un adjectif.

adjectif au masculin	adjectif au féminin	adverbe
certain	certaine	certainement
simple	simple	simplement
tel	telle	tellement

5 💬 Parlez

Interviewez un(e) camarade sur une fête de votre pays. Posez les questions de la grille de l'exercice 4.

Exemple

Élève A : La fête, c'est où ?

Élève B : C'est à Nice, dans le sud de la France.

6 📖 Lisez

Regardez à nouveau les sites web, page 78. Trouvez les adverbes de l'encadré *Grammaire en contexte* et quatre autres adverbes similaires. Donnez l'équivalent dans votre langue.

7 ✏️ Écrivez

Préparez des infos sur une fête de votre région ou de votre pays pour un site web. Répondez à toutes les questions de la grille (exercice 4). Donnez beaucoup de détails !

Utilisez au moins quatre adverbes. Utilisez des impératifs (voir page 68).

Exemple

La fête est généralement en été, en juillet ou août.

Venez… Goûtez… Regardez… N'oubliez pas…

L'île de la Réunion, c'est le paradis pour Nathan ? Lisez son blog de voyages pour le savoir.

http:monblogvoyages.fr

Accueil **Photos** **Contact**

Le blog de Nathan

Je m'appelle Nathan. J'ai deux passions : la photo et mes voyages. Lisez mon blog.

Mon voyage à la Réunion
22 octobre–5 novembre

L'an dernier, j'ai fait un voyage extraordinaire ! Au mois d'octobre, je suis parti de l'aéroport Charles-de-Gaulle à Paris un matin froid et gris, avec mes parents et ma sœur Louane. Après onze heures, nous sommes arrivés sur une île tropicale dans l'océan Indien : la Réunion, où la température était de 28 degrés. Quand il fait beau et chaud en octobre, voilà mon idée du paradis !

À l'aéroport, nous avons pris un taxi pour aller à Saint-Denis, la capitale de l'île, où nous sommes allés directement à notre petit hôtel. Je suis monté au deuxième étage dans ma petite chambre, très sympa. Mes parents sont restés à l'hôtel se reposer après le long voyage mais Louane et moi, nous sommes sortis immédiatement pour visiter la ville. Nous avons traversé des rues piétonnes vraiment pittoresques et nous sommes descendus au bord de la mer. Fatiguée, Louane est retournée à l'hôtel. Moi, j'ai bu un délicieux cocktail de fruits dans un café au centre-ville et je suis rentré un peu plus tard.

Le lendemain, nous avons quitté Saint-Denis. Nous sommes allés à la belle cascade « Niagara » au cirque de Salazie et à Croc Parc, un parc animalier avec des crocodiles, où j'ai pris des photos. Louane a trouvé ça un peu ennuyeux parce qu'elle n'aime pas les animaux mais moi, j'ai adoré !

L'île est très montagneuse. Il y a d'anciens volcans mais malheureusement, je ne suis pas monté sur un piton. C'est dommage. Par contre, j'ai vu des paysages absolument magnifiques.

La fête indienne de Dipavali a eu lieu pendant notre visite. C'est la fête hindoue des Lumières. Nous avons goûté des confiseries indiennes, les ladous. Je n'ai pas trouvé ça super. Après, Louane et ma mère sont allées à un spectacle de musique et de danse indiennes, mais mon père et moi sommes allés au défilé traditionnel de chars. On a trouvé ça génial ! Le soir, nous sommes tous allés au feu d'artifice. On a beaucoup aimé.

1 Compréhension

...sez le blog de Nathan. Il a quelle opinion de ...n voyage : positive ou négative ? Justifiez votre ...ponse avec des phrases du texte.

2 Lisez

...t-ce que vous connaissez tous les mots du blog ? ... non, est-ce que vous devinez leur signification ...après le contexte ?

...emple : dernier, température, se reposer

Grammaire en contexte

Le passé composé avec *être*

Pour la majorité des verbes, on forme le passé composé
avec **avoir** (au présent) + participe passé
→ *j'ai fait un voyage*
Pour certains verbes, on forme le passé composé
avec ***être*** (au présent) + participe passé
→ *je **suis** parti*

Regardez la terminaison des participes passés de ces verbes. Que remarquez-vous ?

je suis allé / parti / venu, etc.
tu es allé
il est allé
vous êtes allé

je suis allée / partie / venue, etc.
tu es allée
elle est allée
vous êtes allée

nous sommes allés / partis / venus, etc.
vous êtes allés
ils sont allés

nous sommes allées / parties / venues, etc.
vous êtes allées
elles sont allées

Avec l'auxiliaire *être*, le participe passé s'accorde comme un adjectif avec le sujet.

Avec l'auxiliaire *avoir*, le participe passé **ne** s'accorde **jamais** avec le sujet.

Avec une négation :

*je **ne** suis **pas** allé(e).*

*nous **ne** sommes **pas** sorti(e)s.*

3 Lisez

Dans le blog, trouvez six exemples de verbes au passé composé avec *être*.

Exemple : je suis parti de l'aéroport.

Cahier d'exercices 6/5, 6/6, 6/7

4 Écrivez et parlez

Recopiez les phrases dans l'ordre pour résumer le blog. Comparez avec un(e) camarade.

Exemple

Élève A : D'abord, la famille a pris l'avion.

Élève B : Oui. Ensuite, ils ont...

1. Nathan a bu un cocktail de fruits.
2. Louane n'est pas restée en ville.
3. Ils ont pris un taxi.
4. La famille est allée voir un feu d'artifice.
5. Ils ont visité un parc de crocodiles.
6. La famille a pris l'avion.
7. Nathan et sa sœur sont sortis pour visiter la ville.
8. Ils sont arrivés à Saint-Denis.
9. Ils ont vu une cascade.
10. Les parents sont restés à l'hôtel.

5 Parlez

À deux, jouez à « Ni oui ni non ». L'élève A pose des questions et l'élève B répond sans dire oui ni non.

Exemple

Élève A : Nathan est allé à Madagascar ?

Élève B : Euh... Il n'est pas allé à Madagascar. Il est allé à la Réunion.

Prononciation

Le *-e* et le *-s* sont muets dans les participes passés.

Prononcez

allée, allés, allées comme *allé*
partie, partis, parties comme *parti*
venue, venus, venues comme *venu*

6 Parlez

À deux, imaginez l'interview de Nathan. L'élève A pose les questions ci-dessous et l'élève B répond.

Exemple

Élève A : Tu es allé où ?

Élève B : Je suis allé à la Réunion.

1. Tu es allé(e) où ?
2. Tu es parti(e) quand ?
3. Tu es parti(e) avec qui ?
4. Tu es resté(e) combien de temps ?
5. Qu'est-ce que tu as fait ?
6. Qu'est-ce que tu as vu ?
7. Qu'est-ce que tu as aimé ?
8. Qu'est-ce que tu n'as pas aimé ?

7 Écrivez

Racontez un voyage que vous avez fait. Répondez aux questions ci-dessus.

N'oubliez pas les adverbes !

Exemple : Je suis allé(e) au Maroc. Je suis parti(e) en août...

Révisions

Gagnez un voyage au paradis !

1 🏁 Mise en route

Décrivez les photos. Vous préférez quel endroit ? Pourquoi ?

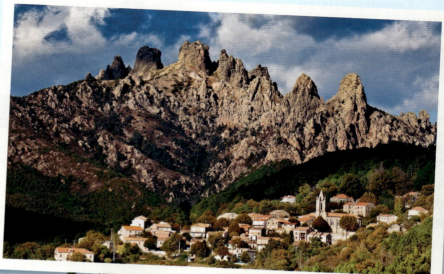

2 ☁ Imaginez

Participez au concours. Décrivez votre paradis sur terre.

Exemple

Mon paradis sur terre, c'est une île dans l'océan Pacifique, comme l'île des Pins.

Dans le nord, il y a de belles plages où on peut se reposer. Au centre, il y a des montagnes, des cascades, etc.

En été comme en hiver, il y a du soleil et il fait très beau. Il ne pleut jamais.

En avril, il y a une grande fête traditionnelle...

Temps libre

Chapitre 7

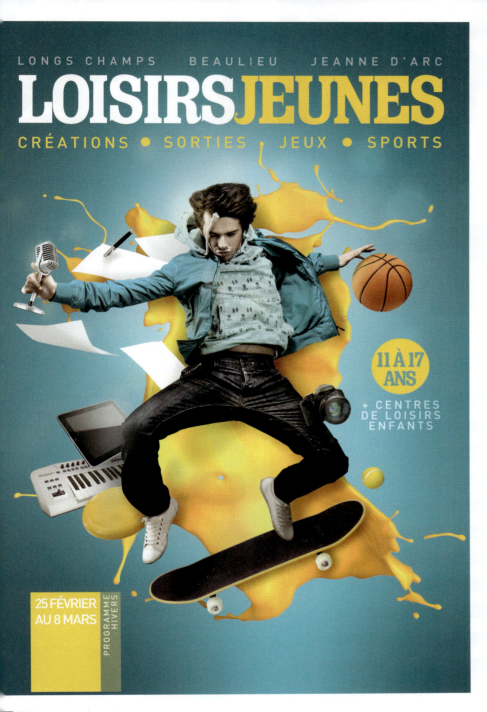

Aspects couverts
* Les activités de loisirs
* La télévision
* La musique
* Le sport

Grammaire
* Les pronoms relatifs *qui*, *que*
* *Depuis*
* Verbe + préposition
* Les verbes pronominaux au passé composé
* *C'était* + adjectif
* Les connecteurs logiques

Mise en route

Regardez l'affiche. Qu'est-ce qu'on peut faire à la Maison des jeunes ? Cherchez les mots dans le dictionnaire.

Exemple : On peut faire de la peinture,…

L'association Jeunes Reporters fait une enquête sur les loisirs des jeunes dans les pays francophones.

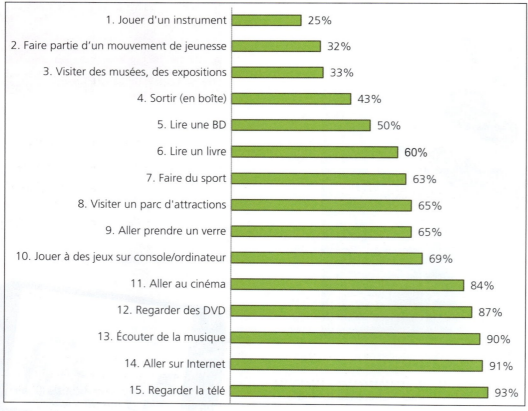

1. Jouer d'un instrument	25%
2. Faire partie d'un mouvement de jeunesse	32%
3. Visiter des musées, des expositions	33%
4. Sortir (en boîte)	43%
5. Lire une BD	50%
6. Lire un livre	60%
7. Faire du sport	63%
8. Visiter un parc d'attractions	65%
9. Aller prendre un verre	65%
10. Jouer à des jeux sur console/ordinateur	69%
11. Aller au cinéma	84%
12. Regarder des DVD	87%
13. Écouter de la musique	90%
14. Aller sur Internet	91%
15. Regarder la télé	93%

Crioc.be

1 Lisez

Une jeune reporter belge, Camille, a envoyé un histogramme de Belgique à l'association. Reliez les photos aux activités.

Exemple : A 2

Cahier d'exercices 7/1

Point info

Les parcs d'attractions sont très populaires en Belgique. Le plus célèbre est Walibi, au sud-est de la capitale, Bruxelles, avec plus de 50 attractions et spectacles.

2 🎧 ✏️ Écoutez et écrivez

Recopiez la grille et ajoutez le nom des 15 activités de la page 84. Écoutez Camille et cochez la grille pour elle comme dans l'exemple.

Ensuite, cochez la grille pour vous avec une couleur différente.

3 💬 Parlez

À deux : l'élève A pose des questions sur les activités dans la grille de l'activité 2, l'élève B répond. Puis, changez de rôle.

Exemple

Élève A : Tu fais du sport ?

Élève B : Oui, je fais souvent du sport / Non, je ne fais jamais de sport.

4 🔍 Recherchez

1 Est-ce que vous faites d'autres activités de loisirs ? Cherchez les noms dans le dictionnaire.

2 Faites un histogramme de toutes les activités de loisirs de la classe.

Omar a envoyé à l'association Jeunes Reporters un article sur les loisirs des jeunes au Maroc.

Quels loisirs pour les jeunes Marocains ?

Au Maroc, beaucoup de jeunes de 18 à 24 ans n'ont pas d'activité de loisirs. Certains travaillent, d'autres sont déjà mariés.

44% ne lisent jamais, 43% de temps en temps et seulement 12,5% disent qu'ils lisent souvent.

En grande majorité, les jeunes (87,6%) ne pratiquent pas d'activité artistique (musique, danse, théâtre, etc.) et 75,5% ne vont jamais voir un spectacle.

Seuls 2,7% des jeunes pratiquent régulièrement une activité manuelle artistique.

55,5% des jeunes ne font jamais de sport. Ce sont surtout des filles : 76,7% des jeunes marocaines ne font jamais de sport et seulement 7,4% font du sport régulièrement.

Alors, quel est le principal loisir des jeunes au Maroc ? 68,7% regardent la télévision ou écoutent la radio régulièrement.

1 💡 Compréhension

Lisez l'article. Qu'est-ce qui vous surprend ? Discutez.

Exemple : 87% de jeunes ne lisent jamais ou seulement de temps en temps, ça me surprend.

2 📖 Lisez

Relisez l'article.

1 Trouvez sept activités de loisirs.

Exemple : lire

2 Vrai ou faux ?

1 Les jeunes marocains adorent la lecture.

2 La majorité ne lit pas souvent un livre.

3 Les activités manuelles artistiques sont moins populaires que le sport.

4 L'activité préférée des jeunes au Maroc, c'est le sport.

5 Au Maroc, les filles font plus de sport que les garçons.

6 La télévision est plus populaire que les spectacles.

3 ✏️ Écrivez

Écrivez un paragraphe (60 mots) basé sur l'histogramme pour votre classe (voir activité 4 ci-dessus). Comparez avec le Maroc. Comment expliquer les différences ?

Exemple : Dans notre classe, 99% des jeunes ont des activités de loisirs…

Les Jeunes Reporters font un sondage sur le loisir préféré de beaucoup de jeunes : la télévision.

Sondage : La télévision

1. Quel est le titre de ton émission de télévision préférée ?
2. C'est quel genre d'émission ?
3. C'est sur quelle chaîne ?
4. C'est quel jour, à quelle heure ?
5. Expliquez pourquoi vous aimez cette émission.

Moussou

Mon émission préférée, c'est *Secret Story*. C'est une émission de téléréalité. C'est sur TF1, le samedi, de 17h50 à 18h45. J'aime bien cette émission parce que c'est amusant de voir comment les relations évoluent entre les candidats. Je m'identifie souvent à un candidat et j'aime quand il gagne !

Léa

Ma sœur et moi, notre émission préférée, c'est *Plus belle la vie*. C'est un feuilleton français. C'est sur France 3, tous les jours à 20h15, sauf le mercredi et le week-end. Nous aimons cette émission parce que nous aimons bien les acteurs. Ils ne sont pas tous très bons mais les histoires sont intéressantes et on veut connaître la suite ! Quand on rate un épisode, on le regarde en replay en ligne.

Pierre

Mon émission préférée, c'est une émission qui s'appelle *Le cube*. C'est un jeu que je regarde de temps en temps le mercredi à 19 heures 20 sur France 2. J'aime bien cette émission parce qu'il y a un candidat qui est dans un grand cube transparent et qui fait des épreuves difficiles. C'est passionnant.

Anne-Sophie

Chez moi, on regarde toujours les informations en famille. C'est intéressant parce que je m'intéresse à la politique et aux événements dans le monde. Je regarde le *Journal* qui est une émission sur TF1 à 20 heures. Si je ne suis pas là à cette heure-là, je regarde les infos en ligne après.

1 Lisez

Répondez aux questions du sondage pour Moussou, Léa, Pierre et Anne-Sophie.

Exemple : Moussou – 1 Mon émission préférée, c'est Secret Story.

2 Écoutez et écrivez

Écoutez l'interview avec Marie et prenez des notes.

Exemple : émission préférée – Zone interdite

3 Écrivez et parlez

1. Écrivez vos réponses au sondage.
2. À deux : l'élève A pose les questions du sondage, l'élève B répond.

Prononciation

Dans la majorité des mots, *qu* se prononce *k* (comme dans le mot *kayak*).

Exemple
question, quel, quelle, qui, que

Le genre d'émission

un documentaire
un feuilleton
un film
un jeu

une émission de musique
une émission sportive
une émission de téléréalité
une série
les actualités (f)
les informations (f)

4 Recherchez

Trouvez trois autres genres d'émissions. Comparez avec la classe.

Morgane a des informations sur le programme TV en France.

	20h45 – 21h45	**Koh Lanta**	Téléréalité : comment survivre dans la jungle en équipe.
	17h30 – 18h45	**L'après Tour**	Émission sportive : cyclisme. Tour de France : résumé de l'étape du jour.
	20h55 – 22h30	**L'inspecteur la Bavure**	Film : comédie. L'histoire d'un policier, avec Gérard Depardieu et Coluche.
	20h41 – 21h34	**Les Routes de l'impossible**	Documentaire : les routes autour de Bénarès, en Inde.
	20h55 – 22h50	**Les Revenants**	Série française : Dans un petit village de montagne en France, les morts reviennent…
arte	19h45 – 20h05	**Arte Journal**	Informations
	17h35 – 18h45	**Un dîner presque parfait**	Jeu : quatre candidats préparent un repas. Qui va gagner ce soir ?

1 Lisez

Lisez le programme TV. Trouvez le titre des émissions suivantes.

Exemple : 1 Koh Lanta

1 C'est une émission qui passe le mardi à neuf heures moins le quart.
2 C'est un documentaire qu'on peut voir sur France 5.
3 C'est une émission qui parle de cuisine.
4 C'est une émission sur un grand événement sportif.
5 C'est un film qu'on peut voir à 20h55.
6 C'est une série qui parle de fantômes.

2 Lisez et parlez

À deux, discutez et trouvez trois émissions à regarder ensemble.

Exemple : Élève A : Tu voudrais regarder Koh Lanta à 20h45 ? Élève B : Non, je n'aime pas les émissions de téléréalité. Tu voudrais voir un jeu télévisé ? Il y a…

Grammaire en contexte

Les pronoms relatifs *qui*, *que*

Les pronoms *qui* ou *que* remplacent un nom.

1 *qui* remplace un nom sujet :

Je regarde le Journal. Le Journal est une émission sur TF1.

*Je regarde le Journal **qui** est une émission sur TF1.*

2 *que* remplace un nom complément d'objet direct :

C'est un documentaire. J'aime le documentaire.

*C'est un documentaire **que** j'aime.*

Attention ! Devant une voyelle, *que* → *qu'*. Mais *qui* ne change jamais.

*C'est un feuilleton **qu'**on adore.*

*C'est un feuilleton **qui** a beaucoup de fans.*

3 Lisez et écrivez

Recopiez ce texte sur les jeunes Français et la télé et complétez avec *qui* ou *que*.

Quelles sont les émissions de télé __[1]__ les jeunes Français préfèrent ?

Ils mentionnent les documentaires, comme *C'est pas sorcier* __[2]__ passe sur France 3 et __[3]__ permet de mieux comprendre le monde de façon amusante.

Les autres émissions __[4]__ les jeunes mentionnent sont les émissions sportives __[5]__ influencent souvent leur choix de sport. TF1 et M6 sont les deux chaînes __[6]__ les jeunes préfèrent.

 Cahier d'exercices 7/2, 7/3

4 Écrivez

Écrivez un paragraphe (60 mots). À votre avis, qu'est-ce que les jeunes aiment regarder à la télé dans votre pays ? Donnez des détails (titre des émissions, jours et heures, etc).

Des jeunes parlent de musique sur le forum des Jeunes Reporters.

Forum des Jeunes Reporters

Re : Tu joues de quel instrument ? Depuis quand ? Tu écoutes quel genre de musique ?

Auteur	Message
Katia Inscrit le : 05 août 2014 Localisation : Grenoble, France	*Publié le 29 octobre, 20h45* Je joue du violon depuis dix ans. Le samedi matin, je joue dans un orchestre. Je joue aussi du piano à la maison. Ma musique préférée, c'est la musique classique, surtout la musique de Ravel et Debussy, mais j'écoute aussi de la soul, du jazz et du r'n'b. Je déteste le rap.
Arthur Inscrit le : 22 septembre 2014 Localisation : Bruxelles, Belgique	*Publié le 29 octobre, 23h04* Depuis deux ans, je joue de la batterie. Je joue dans un groupe rock depuis un an. J'aime bien le rock mais ma musique préférée, c'est la techno. Je déteste le jazz et la musique classique.
Julie Inscrit le : 03 janvier 2014 Localisation : Montreux, Suisse	*Publié le 30 octobre, 10h26* Je joue de la guitare depuis plus de quatre ans et j'adore ça ! Ma musique préférée, c'est la musique pop française, mais j'écoute de tout : du rap, du funk et de la world music !

1 Lisez

Lisez les messages sur le Forum et trouvez :

1. 4 instruments de musique, 10 genres de musique, 2 compositeurs
2. Qui n'écoute pas de jazz ?
3. Qui aime le rap ?

Vocabulaire

jouer du...

 clavier

 piano

 saxophone

 violon

 violoncelle

jouer de la...

 batterie

 clarinette

 flûte

 guitare

 trompette

✗ Je ne joue pas d'instrument.

Cahier d'exercices 7/4

2 Recherchez

De quel instrument jouez-vous ? Depuis combien de temps ? Cherchez le nom d'autres instruments dans le dictionnaire. Faites un sondage dans la classe.

3 Écrivez

Postez un message sur le forum. Répondez aux trois questions en haut du forum.

Depuis

Pour une activité qui commence dans le passé et continue encore, il faut : *depuis* avec le verbe au présent.

Je *joue* du violon *depuis* 10 ans.

Je *joue* du violon *depuis* 2012.

Temps libre   7

Julien invente un test sur les loisirs pour le forum des Jeunes Reporters.

Jeu-test : Sociable ou solitaire ?

Est-ce que vous faites les activités suivantes pendant votre temps libre ?

	Oui, seul(e)	Oui, de temps en temps avec des ami(e)s	Oui, toujours avec des ami(e)s	Non, je ne fais pas cette activité
	1 POINT	**2 POINTS**	**3 POINTS**	**0 POINT**
A faire une promenade				
B faire du sport				
C écouter de la musique				
D faire du bénévolat				
E cuisiner				
F jouer à des jeux vidéo				
G jouer d'un instrument				
H regarder la télé				
I aller au cinéma				
J aller sur un réseau social				

Résultats du jeu-test

Comptez vos points et lisez le commentaire.

0–10
Les loisirs, c'est important ! Les amis aussi, c'est important. Vous êtes un peu trop solitaire !

11–20
Vous aimez vos amis mais vous aimez être seul(e) de temps en temps. C'est le bon équilibre !

21–30
Vous êtes un peu trop souvent avec des amis. Être seul(e), c'est reposant parfois !

1 Lisez

Faites le jeu-test. Répondez aux questions. Vous avez combien de points ?

2 Parlez

Comparez avec un(e) camarade.

Exemple

Élève A : Moi, je fais des promenades à la campagne seule.

Élève B : Moi, c'est toujours avec des amis.

3 Recherchez et écrivez

À deux, inventez un jeu-test. Utilisez d'autres activités de loisirs.

Exemple : faire une collection, retrouver mes amis

Une jeune reporter canadienne, Justine, interviewe Édouard, étudiant à Montréal.

1 🏁 Mise en route

Classez les sports de l'encadré *Vocabulaire* : sports individuels / sports collectifs.

Exemple

Sports individuels : le cyclisme…

Sports collectifs : le football…

Vocabulaire

- le cyclisme
- le football
- le jogging
- le handball
- le hockey
- le rugby
- le ski
- le tennis
- la boxe
- l'équitation
- l'escalade
- la gymnastique
- la natation
- la voile

2 🎧 📖 Écoutez et lisez

Écoutez et lisez l'interview d'Édouard, à Montréal. Il fait quels sports ?

Justine	Tu fais quel sport ?
Édouard	Je joue au hockey sur glace, un sport très populaire ici au Québec.
Justine	Depuis combien de temps ?
Édouard	Je joue au hockey depuis l'âge de cinq ans.
Justine	Tu t'entraînes souvent ?
Édouard	Je m'entraîne le jeudi soir et le samedi. J'ai des matchs de compétition le dimanche matin.
Justine	Qui est ton sportif / ta sportive préféré(e) ?
Édouard	Mon sportif préféré, c'est David Desharnais. C'est un joueur de hockey dans l'équipe de Montréal, les Canadiens. Il est super parce qu'il est rapide et intelligent.
Justine	Tu soutiens une équipe ?
Édouard	J'habite à Montréal, alors je soutiens l'équipe de Montréal qui s'appelle les Canadiens, bien sûr.
Justine	Tu fais aussi d'autres sports ?
Édouard	Oui, en hiver, j'aime bien faire du ski.

Grammaire en contexte

Verbe + préposition

faire de	faire du / de la / de l' / des + sport individuel	faire de l'équitation
jouer à	jouer au / à la / à l' / aux + sport collectif	jouer au handball
jouer de	jouer + du / de la / de l' / des + instrument de musique	jouer de l'harmonica

📖 *Cahier d'exercices 7/5*

Les Canadiens

3 💡 Compréhension

Répondez aux questions.

1. Édouard a commencé quand à jouer au hockey sur glace ?
2. Qu'est-ce qu'il fait le jeudi soir ?
3. Qu'est-ce qu'il fait le dimanche matin ?
4. Qui est David Desharnais ?
5. Comment s'appelle l'équipe préférée d'Édouard ?
6. Édouard fait quel sport quand il y a de la neige ?

4 📖 💬 Lisez et parlez

À deux, lisez l'interview à voix haute.

Justine a interviewé d'autres jeunes. Voici ses notes.

Vincent, 17 ans, France
- joue au handball (jeu d'équipe / de ballon)
- depuis 6 mois
- une fois par semaine
- fan : équipe de Montpellier
- joueur préféré : Nikola Karabatic (né en Serbie mais joue pour la France. Champion du monde, d'Europe et olympique)
- autres sports : football, tennis

Lauryne, 16 ans, Réunion
- fait du moringue (de la danse de combat, pratiquée dans l'Océan Indien, avec musique et danse, mais sans frappes réelles)
- depuis 3 ans
- deux fois par semaine
- sportive préférée : Lucie Ignace, karatéka réunionnaise (médaille d'or aux championnats du monde de karaté 2012)
- autres sports : natation, cyclisme

5 Lisez

Justine a interviewé d'autres jeunes. Trouvez dans ses notes :
- un sport qu'on fait à deux
- un sport qu'on joue à deux équipes de 11
- une sportive qui est championne
- un champion de handball
- un sport typique de la Réunion
- un sport qu'on pratique à la piscine

6 Parlez

À deux : l'élève A pose les questions de l'interview, page 90. L'élève B joue le rôle de Vincent (page 91) et répond. Puis, changez de rôle.

Exemple

Élève A : Tu fais quel sport?

Élève B : Je joue au handball…

7 Écrivez

Imaginez une interview avec Lauryne.

Exemple

Justine : Tu fais quel sport?

Lauryne : Je fais du moringue…

8 Lisez

Relisez l'interview d'Édouard et les notes sur Vincent et Lauryne. Reliez chaque début et fin de phrase.

Exemple : 1 F

1	**Le hockey sur glace, c'est le sport qu'**…	F	A	est très populaire au Québec.
2	Le hockey sur glace est un sport qui…	☐	B	Vincent soutient.
3	Lucie Ignace est une sportive qui…	☐	C	on fait à deux.
4	C'est l'équipe de Montpellier que…	☐	D	fait du moringue.
5	C'est Lauryne qui…	☐	E	champion du monde.
			F	**Édouard pratique souvent.**
			G	fait du karaté.

9 Parlez

Les sports mentionnés dans les interviews sont populaires dans votre pays ? Discutez.

Exemple : Ici, on ne joue pas au handball. Il y a des jeux de ballon comme le football et le basketball.

10 Écrivez

À vous de répondre aux questions de l'interview, page 90.

Exemple : Je joue au football depuis dix ans et je fais aussi du cyclisme.

Point info

C'est un Français (Pierre de Coubertin) qui a organisé les premiers Jeux Olympiques modernes en 1896 à Athènes, en Grèce.

91

Voici des extraits du journal intime de plusieurs jeunes qui font des activités dans le cadre du Baccalauréat International.

Chloé

Samedi – Je me suis levée à sept heures. Je me suis promenée au marché où j'ai fait les courses de Madame Dumas, une personne âgée qui habite à côté de chez moi.

Étienne

Samedi – Je me suis levé vers midi parce que vendredi soir, je me suis couché très tard. Après, j'ai fini d'écrire mon poème pour le magazine du lycée.

Pierre

Dimanche – J'ai joué deux matches de handball l'après-midi. On a gagné ! Je me suis douché, j'ai mangé et je me suis couché après le dîner.

Lucie

Samedi – J'ai fait du bénévolat au centre aéré : je me suis occupée des petits de 5 ans à 8 ans tout l'après-midi. On a fait des jeux et j'ai préparé le goûter.

Khaled

Dimanche – Je me suis entraîné avec mon équipe de football de 9 à 11 heures. L'après-midi, je me suis promené au bord de la mer avec ma copine.

Malika

Dimanche – Je suis allée chez mon prof pour mon cours de violoncelle à 9 h. L'après-midi, je me suis entraînée pour le concert de mon orchestre dimanche soir.

1 Compréhension

Lisez les textes ci-dessus et classez les activités dans trois groupes :

A activités artistiques
B activités sportives
C activités sociales et communautaires

2 Lisez et écrivez

Écrivez les phrases avec le nom des jeunes. Attention à l'accord du participe passé !

Exemple : 1 Pierre s'est douché…

1 … s'est douché(e) après un match.
2 … s'est levé(e) très tard.
3 … s'est entraîné(e) tout un après-midi.
4 … s'est couché(e) très tôt.
5 … s'est occupé(e) d'enfants.
6 … s'est promené(e) en ville.

Les verbes pronominaux au passé composé

1 Il faut l'auxiliaire *être* au présent.
2 Il faut accorder le participe passé.
3 Il ne faut pas oublier le pronom : me, te, se, nous, vous.

je me suis levé(e)	nous nous sommes levé(e)s
tu t'es levé(e)	vous vous êtes levé(e)(s)
il s'est levé	ils se sont levés
elle s'est levée	elles se sont levées
on s'est levé(e)(s)	

Attention aux phrases négatives :

Je ne me suis pas levé(e).

Cahier d'exercices 7/6

Extrait du journal intime d'Anya, 17 ans.

samedi, 19 octobre

Cher Journal,

Ce matin, je suis allée à l'association Les Restos du Cœur où je vais être bénévole. J'ai beaucoup de choses à apprendre ! Les Restos du Cœur, c'est une association qui aide les gens qui n'ont pas assez à manger ou qui habitent dans la rue. Nous avons préparé des centaines de sandwiches. Ensuite, on a fait des paniers-repas qu'on distribue aux gens dans la rue. Je suis restée trois heures. C'était fatigant ! Par contre, j'ai travaillé avec des copines, alors on s'est bien amusées.

Cet après-midi, je suis allée en ville où j'ai acheté une jolie veste bleue dans la boutique qui est en face du musée.

Ce soir, je suis allée au cinéma avec Nathalie. On a vu un film policier. C'était nul et nous nous sommes ennuyées. Avant de rentrer, on s'est arrêtées chez Thomas et on a bu un verre.

dimanche, 20 octobre

Cher Journal,

Je suis restée au lit jusqu'à dix heures et demie ce matin parce que je me suis couchée tard hier. Je suis allée au supermarché où j'ai acheté les ingrédients pour faire un gâteau. (J'ai fait le gâteau, mais ce n'était pas très bon ! ☹)

Cet après-midi, j'ai fait une petite promenade à vélo, puis j'ai fini mes devoirs d'anglais qui étaient très difficiles. Après, je suis allée un peu sur Facebook parce que ça me relaxe.

Ce soir, Mamie et Papy sont venus manger chez nous et je me suis bien amusée. Après, j'ai regardé un peu la télé – un documentaire sur les animaux. Les images étaient extraordinaires. Et maintenant, il est presque minuit. Je me couche… bonne nuit !

Compréhension

Lisez le journal d'Anya. Mettez les photos dans l'ordre du texte.

2 Lisez et écrivez

Recopiez avec la bonne forme du verbe.

Exemple

Anya s'est levée / suis levé tôt.
☒ *Anya s'est levée tôt.*

1. Samedi matin, Anya *a préparé / ont préparé* des sandwiches.
2. Elle *est resté / est restée* trois heures.
3. Elle *s'est bien amusée / s'est bien amusé*.
4. Au cinéma, Anya *se sont ennuyées / s'est ennuyée*.
5. Samedi, elle *a couché / s'est couchée* tard.

Grammaire en contexte

C'était + adjectif

Pour parler au présent : *C'est super !*

Pour parler au passé : *C'était super !*

3 Écoutez

Écoutez Tristan, le frère d'Anya. Notez ses réponses aux questions de l'encadré *Vocabulaire*.

Vocabulaire

Questions

Tu t'es levé(e) à quelle heure ?

Qu'est-ce que tu as fait le matin / l'après-midi / le soir ?

Tu t'es couché(e) à quelle heure ?

Cahier d'exercices 7/7

4 Parlez

Qu'est-ce que vous avez fait le week-end dernier ? L'élève A pose les questions de l'encadré *Vocabulaire*. L'élève B répond. Ensuite, changez de rôle.

Grammaire en contexte

Les connecteurs logiques

et

Ils sont venus manger et je me suis bien amusé(e).

mais

J'ai fait le gâteau, mais ce n'était pas bon.

par contre

Je me suis bien amusé(e), par contre c'était fatigant.

parce que

Je suis allé(e) sur Facebook parce que ça me relaxe.

5 Écrivez

Qu'est-ce que vous avez fait le week-end dernier ? Écrivez votre journal intime. Répondez aux questions de l'encadré *Vocabulaire* et utilisez des mots connecteurs.

Exemple

Cher Journal,
Samedi matin, je me suis levé(e) assez tôt, à 8h30. Je suis allé(e) en ville avec ma mère, …

Révisions

Activités de loisirs.

1  Lisez

Vrai ou faux ? Corrigez les phrases fausses.

Exemple : 1 FAUX. C'est un garçon qui écoute de la musique.

1. En haut, au milieu, on voit une fille qui écoute de la musique.
2. La photo où on voit un garçon qui joue de la guitare est en bas à droite.
3. Les jeunes qu'on voit sur la photo en bas à droite sont en boîte.
4. La fille qu'on voit en bas à gauche cuisine avec son frère.
5. Sur une photo, on voit un garçon qui regarde la télé.
6. La photo où on voit un garçon qui lit est au centre.

2 Parlez

Décrivez toutes les activités sur les photos. Utilisez les mots de l'encadré.

Exemple : 1 En haut, à gauche, on voit une fille qui joue au football. / La photo où on voit une fille qui joue au foot est en haut, à gauche.

qui	que	où
en haut ⬆	en bas ⬇	
à droite	à gauche	au centre
faire de	jouer à	jouer de

3 Imaginez

1. Choisissez une célébrité et imaginez ses activités du week-end dernier.
2. Écrivez un article pour un magazine

Exemple : Le week-end dernier, Thierry Henry s'est levé tard. D'abord, il est allé sur Facebook et il a vérifié ses e-mails,…

Projets de vacances

Chapitre 8

Aspects couverts
* Les vacances
* Les pays
* Les transports
* L'hébergement
* Les activités

Grammaire
* Les prépositions
* Le comparatif et le superlatif des adjectifs
* Le futur simple
* Le futur simple : verbes irréguliers

1 Mise en route

Regardez la photo. Quel temps fait-il ? Comment est la fille ? Qu'est-ce qu'elle porte ? Où est-elle ?

2 Parlez

Discutez de votre voyage idéal : Où ? Quand ? Comment ? Avec qui ?

Destination vacances.

1 Parlez

1 Regardez les photos. C'est quel pays ?

Exemple : Photo 1, c'est / ce sont…

2 Classez les pays par continent.

Exemple : L'Italie est en Europe.

2 Recherchez

Vous voudriez visiter quels pays ? Cherchez les noms de ces pays dans le dictionnaire. Qui a la liste la plus longue ?

Gagnez un point par pays et trois points pour un pays que personne n'a encore mentionné !

Vocabulaire

Les continents

l'Afrique
l'Amérique
l'Asie
l'Europe
l'Océanie

Les pays

le Brésil
le Japon
le Kenya
le Royaume-Uni

l'Australie
la Chine
l'Égypte
l'Inde
l'Italie
la Russie

les Émirats Arabes Unis
les États-Unis

Quatre jeunes Québécois, William, Rosalie, Florence et Jacob, ont fini leurs examens. Ils préparent un grand voyage.

Rosalie	Un mois de vacances ! On va où ?
William	Aux États-Unis ! J'aimerais bien voir le Grand Canyon.
Florence	Moi, je suis déjà allée aux États-Unis. C'était super, mais je voudrais découvrir un nouveau pays… comme le Japon ou la Chine, par exemple.
Jacob	La Chine, cool ! J'aimerais bien voir la Grande Muraille.
Rosalie	La Chine, bof ! En plus, nous ne parlons pas chinois.
William	Et l'Europe ? Vous êtes déjà allés en Europe ?
Florence	Moi, je suis allée en Italie avec mes grands-parents, à Venise. C'était fantastique !
Jacob	Moi, je ne suis jamais allé en Europe.
Rosalie	Moi non plus. C'est une bonne idée. Je voudrais bien aller en France.
William	En France, on parle français ! C'est plus facile, hein, Rosalie !
Florence	J'aimerais visiter Paris, pour voir la tour Eiffel et visiter tous les musées.
Jacob	Paris ! Cool… Par contre, je ne voudrais pas rester un mois à Paris ! La France est un pays très varié : il y a des régions intéressantes que j'aimerais visiter comme la Bretagne dans l'ouest, et les Alpes et les Pyrénées, les montagnes dans le sud.
Rosalie	Et la Corse, l'île où l'empereur Napoléon est né !
William	J'ai un cousin qui habite près d'Avignon. Il dit que c'est super parce que c'est une jolie ville, avec beaucoup d'attractions, et un grand festival de théâtre.
Florence	Super ! On va en France, alors ?
Jacob	Oui, alors d'abord Paris et ensuite Avignon ?
Rosalie	Moi, ça m'est égal. Tout m'intéresse !
William	D'accord, alors Paris et après Avignon.

Vocabulaire

Pour réagir à une suggestion

 Tu as raison.

 C'est une bonne idée.

 Ça m'est égal.

 Bof !

1 🎧 📖 Écoutez et lisez

Écoutez et lisez la conversation. Notez :

1 un continent
2 cinq pays
3 trois villes
4 une île

2 💬 Parlez

Lisez la conversation en groupes de quatre.

3 💡 Compréhension

Relisez la conversation. Trouvez le nom de la personne qui…

1 voudrait aller aux États-Unis.
2 suggère la Chine.
3 a visité une ville italienne.
4 aimerait visiter les monuments parisiens.
5 parle des paysages en France.
6 a un membre de sa famille à Avignon.

Grammaire en contexte

Les prépositions

+ une ville :

à Paris, à Venise

+ un continent ou un pays au féminin :

en Europe, en France

+ un pays au masculin :

au Japon, au Brésil

+ un pays au pluriel :

aux États-Unis, aux Émirats Arabes Unis

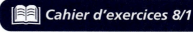 *Cahier d'exercices 8/1*

4 ✏️ Écrivez

Notez (1) les pays où vous êtes déjà allés et (2) les pays où vous voudriez aller.

Exemple

1 *Je suis allé(e) en Égypte,…*
2 *Je voudrais aller au Canada,…*

5 💬 Parlez

1 L'élève A devine où l'élève B est allé(e).

Exemple : Tu es déjà allé(e) en Chine ?

2 L'élève A devine où l'élève B voudrait aller.

Exemple : Tu voudrais aller aux États-Unis ?

3 Ensuite, changez de rôle.

**Quels moyens de transport choisir pour le voyage ?
Les quatre amis discutent sur leur réseau social.**

1 Lisez

Lisez les messages ci-contre et répondez aux questions.

1. Comment est-ce que les quatre amis vont voyager de Montréal à Paris ? [1a] Et une fois en France ? [1b]
2. Pourquoi est-ce que Florence n'aime ni le bateau ni le car ?
3. Quels sont les arguments contre le bateau ?
4. Pourquoi pas la voiture ?
5. Quels sont les adjectifs utilisés pour décrire les moyens de transport ?
6. Combien coûte le voyage aller-retour Montréal–Avignon ?

Cahier d'exercices 8/2

2 Recherchez et écrivez

1. Trouvez d'autres adjectifs pour parler des transports.

Exemple : dangereux, lent

2. Faites des phrases avec le comparatif et le superlatif.

Exemple : Le vélo, c'est plus lent que la moto mais c'est moins dangereux. Le moins cher, c'est la marche !

3 Parlez

À deux : choisissez une destination (page 96) et organisez les moyens de transport à partir de votre ville.

Exemple

Élève A : On va en Italie, à Venise ?

Élève B : Oui, bonne idée. Alors, on va prendre l'avion pour aller de New York à Rome…

William	Le plus romantique, pour traverser l'Atlantique, c'est le bateau, comme dans le film Titanic !
Rosalie	Très drôle ! Tu as vu comment le voyage a fini ? ! De toute façon, une croisière en bateau, c'est trop long !
Jacob	Rosalie a raison. En plus, c'est le voyage le plus cher : presque 4 000 dollars par personne aller-retour !
Florence	Le bateau, c'est le pire pour moi : j'ai le mal de mer !
William	Le meilleur moyen, c'est l'avion : c'est le plus rapide et le moins cher. Il y a des vols Montréal–Paris pour environ 1 000 dollars par personne aller-retour.
Rosalie	Et pour aller de Paris à Avignon, on va faire comment ? En car ?
Jacob	Oui, c'est une bonne idée.
Florence	Ah non, le car, c'est nul ! Je suis malade en car !
Jacob	Alors on loue une voiture ? C'est le plus pratique.
Florence	Ah non ! Je suis malade en voiture ! Et en plus, il faut avoir 21 ans pour louer une voiture.
William	Il y a aussi l'avion, mais à mon avis, c'est trop cher.
Rosalie	Oui, c'est plus rapide que le train mais c'est aussi beaucoup plus cher !
Florence	Le meilleur moyen de transport en France, c'est le train : c'est le plus confortable et ce n'est pas trop cher, environ 200 dollars aller-retour.
William	Alors, c'est décidé : de Montréal à Paris, on va prendre __[1a]__ et de Paris à Avignon, on va prendre __[1b]__

Vocabulaire

- l'avion
- le bateau
- le car
- le train
- la voiture

Le comparatif et le superlatif des adjectifs

1. Pour comparer deux choses :

*L'avion est **plus** rapide **que** le train.*

*Le train est **moins** cher **que** l'avion.*

2. Pour exprimer la supériorité ou l'infériorité d'une chose :

*Le moyen de transport **le plus** rapide, c'est l'avion.*

*On va louer la voiture **la plus** petite.*

*On veut trouver les billets **les moins** chers.*

adjectifs irréguliers	comparatif	superlatif
bon	meilleur(e)(s) que	le / la / les meilleur(e)(s)
mauvais	pire(s) que	le / la / les pire(s)

Florence téléphone à l'agence de voyages.

Agent	Allô, bonjour, Agence de voyages Sur Mesure. Je vous écoute.
Florence	Bonjour, monsieur. Je voudrais réserver un vol Montréal–Paris.
Agent	Très bien. C'est pour combien de passagers ?
Florence	Quatre.
Agent	Pour quelles dates ?
Florence	On veut partir entre le 3 et le 7 juillet et on revient vers le 5 août.
Agent	D'accord.
Florence	On cherche le vol le plus économique possible. Il y a des réductions pour les jeunes ?
Agent	Oui, oui, si vous avez moins de 25 ans, il y a un tarif jeune, et en classe Economy, c'est le tarif le moins cher. Les prix varient selon les jours – le week-end, les vols sont toujours plus chers. Rassurez-vous… Je vais trouver le meilleur prix pour votre voyage.
Florence	Merci.
Agent	Alors, si vous partez le 4 juillet et revenez le 3 août, il y a des places à 998 dollars aller-retour, incluant toutes les taxes et tous les frais de service. Vous préférez un vol l'après-midi ou le soir ?
Florence	L'après-midi, le plus tôt possible.
Agent	Alors, vous avez un avion qui part à 14 heures, ça va ?
Florence	Oui, ça va. Et pour le retour ?
Agent	Pour le vol Paris–Montréal, il y a un vol à dix heures quarante-cinq.
Florence	C'est d'accord. Je vais réserver ça.

1 Écoutez et lisez

Est-ce que Florence téléphone pour :

A réserver un hôtel ?
B réserver un vol ?
C demander des brochures ?
D demander des renseignements sur la France ?

2 Compréhension

Relisez la conversation. Ensuite, lisez phrases 1–6. Vrai ou faux ? Corrigez les phrases fausses.

1 Les quatre jeunes vont partir en juillet.
2 Il n'y a pas de réduction pour les jeunes.
3 Le meilleur prix pour un vol, c'est normalement le samedi.
4 Le billet aller-retour coûte plus de mille dollars.
5 Florence préfère un vol le soir.
6 Le vol de retour part à neuf heures et demie.

3 Écrivez

Écrivez le courriel de Florence, où elle confirme les détails du voyage à ses trois amis.

Exemple : Le prix du billet pour chaque personne, c'est… On va partir le… Le vol est à…

4 Parlez

1 À deux, jouez la conversation.
2 Imaginez d'autres conversations pour les voyages suivants :

A New York–Tokyo,
2 passagers,
10–20 mai, après-midi,
15h00, 1 560 dollars

B Paris–Londres,
3 passagers,
25 août–3 sept, soir, 19h25,
120 euros

5 Lisez

Les quatre amis réservent leur train en ligne. Lisez la bulle et trouvez trois erreurs sur l'écran.

> Nous allons à Avignon. Nous allons prendre le train à Paris le 20 juillet et revenir le 1er août. Nous allons prendre des trains directs en seconde classe. Nous avons tous moins de 25 ans.

HORAIRES & RÉSERVATION

☑ 1ère classe   ☐ 2nde classe

Départ: Paris
Arrivée: Avignon
Aller: 19/07/2016   **À partir de**: 07h
Retour: 01/08/2016   **À partir de**: 11h

☑ Trajets directs uniquement
☑ Vous avez une carte de réduction, un programme de fidélité, etc.

Passager 1
☐ –12 ans
☑ 13–25 ans
☐ 26–59 ans
☐ +60 ans

Passager 2
☐ –12 ans
☑ 13–25 ans
☐ 26–59 ans
☐ +60 ans

Passager 3
☐ –12 ans
☑ 13–25 ans
☐ 26–59 ans
☐ +60 ans

Passager 4
☐ –12 ans
☐ 13–25 ans
☑ 26–59 ans
☐ +60 ans

[RECHERCHE AVANCÉE] [RECHERCHE]

Cahier d'exercices 8/3

Les quatre amis cherchent un hébergement à Avignon.

AVIGNON : OÙ DORMIR ?

 CAMPING LE FLORY ***

camping dans un parc, à 10 km du centre d'Avignon (45 minutes en bus, le matin et le soir uniquement)

15 euros par personne / nuit

 HÔTEL GARLANDE **

dans une rue calme, en plein centre-ville

140 euros par chambre double / nuit + 8 euros pour le petit déjeuner

 AUBERGE DE JEUNESSE AVIGNON

à 10 mn à pied du centre

50 euros la chambre à 2 lits / nuit

 GÎTE RURAL : LA CIGALE

maison pour cinq personnes, à la campagne, à 20 mn en voiture d'Avignon

700 euros la semaine

 CHAMBRES D'HÔTES : CHEZ MARIE

dans une rue calme, à 15 mn à pied du centre, deux chambres doubles

100 euros / chambre / nuit, petit déjeuner compris

1 💡 Compréhension

Lisez le dépliant et répondez aux questions.

Exemple : 1 un jardin – A, D, E

1. Où est-ce qu'il faut aller pour avoir…
   - un jardin ?
   - une piscine ?
   - la climatisation ?
   - un bar ?
   - une salle de bains privée ?
   - la télévision ?
   - Internet ?
2. Quel hébergement est au centre-ville ?
3. Quel est l'hébergement le moins cher pour une semaine pour quatre personnes ?
4. Quel est l'hébergement le plus cher ?

2 🎧✏️ Écoutez et écrivez

Écoutez William, Rosalie, Florence et Jacob.

1. Notez le type d'hébergement dans l'ordre mentionné.
2. Réécoutez et notez les avantages et les inconvénients pour chacun.
3. Ils choisissent quel hébergement ? Pourquoi ?

3 💬 Parlez

À deux : choisissez un hébergement pour ces vacanciers. Discutez des avantages et des inconvénients.

1. un couple avec un enfant handicapé
2. une famille avec des jeunes enfants
3. un groupe de jeunes
4. un couple de personnes âgées

📖 *Cahier d'exercices 8/4*

Rosalie écrit une lettre de confirmation à l'auberge de jeunesse d'Avignon.

1 Rosalie Tremblay
223 rue Delinelle
Montréal
QC H4C 3A9, Canada

2 Auberge de Jeunesse d'Avignon
2, Rue Paul Mérindol
84000 AVIGNON
France

3 Montréal, le 18 mars 20__

4 Monsieur

5 Je vous ai contacté hier par courriel pour faire une réservation.

Je voudrais confirmer la réservation comme vous me l'avez demandé.

6 Nous sommes quatre – deux garçons et deux filles. Nous arriverons le 20 juillet et nous resterons à l'auberge douze nuits, du 20 au 31 juillet. Nous repartirons le 1er août.

Je vous recontacterai à la mi-juillet et je vous confirmerai l'heure exacte de notre arrivée le 20.

Nous prendrons le petit déjeuner à l'auberge et nous dînerons là aussi de temps en temps.

Nous paierons à la fin de notre séjour par carte de crédit, si c'est possible.

7 Veuillez accepter, Monsieur, l'expression de mes meilleurs sentiments.

8 *Rosalie Tremblay*

Grammaire en contexte

Le futur simple

1   Révision : Pour parler du futur proche : *aller* + infinitif.

Demain, nous allons visiter Avignon.

2   Pour un futur plus lointain : le futur simple.

Nous arriverons à Paris le 5 juillet.

Le futur des verbes réguliers = infinitif + terminaison

je		-ai
tu	arriver-	-as
il/elle/on	partir-	-a
nous	prendr*-	-ons
vous		-ez
ils/elles		-ont

j'arriverai, tu arriveras, tu partiras

* Verbes avec un infinitif en *-re* : enlevez le *-e* final.

je prendrai, vous prendrez

2 Lisez

Trouvez huit verbes au futur simple dans la lettre.

3 Parlez et écrivez

1   À deux : vous allez ensemble à Avignon. Trouvez un hébergement pour une semaine (page 100). Discutez pour choisir.

2   Écrivez une lettre de réservation. Utilisez des verbes au futur simple.

1 Lisez

Reliez les descriptions aux parties de la lettre.

A   la signature de l'expéditeur
B   la salutation finale
C   la formule d'appel
D   la date
E   l'adresse de l'expéditeur
F   l'introduction
G   l'adresse du destinataire
H   l'objet de la lettre

Point info

Pour 42% des Français, la destination n°1 de vacances, c'est… la France !

Ensuite, c'est l'Europe du sud, avec l'Espagne, la Grèce et l'Italie.

54% préfèrent les vacances au bord de la mer.

33% ne partent pas en vacances.

Enquête de l'institut GfK

Quiz d'été : Vacances actives ou paresseuses ?

1 Tu es content(e) de partir en vacances ?
- A Oui ! Ce sera super. J'aurai le temps de faire beaucoup d'activités.
- B Bof ! Je n'aurai pas mes jeux vidéo en vacances ☺.

2 Qu'est-ce que tu feras à ton arrivée à l'hôtel ?
- A Je plongerai dans la piscine.
- B Je ferai une sieste dans le jardin.

3 Qu'est-ce que tu feras quand il fera beau ?
- A Je visiterai la région ou je ferai du sport.
- B Je bronzerai sur le balcon de ma chambre.

4 Tu iras à la plage ?
- A Oui, je nagerai dans la mer et je jouerai au volley avec mes copains.
- B Oui, j'irai à la plage pour bronzer.

5 Et s'il pleut, qu'est-ce que tu feras ?
- A Je prendrai mon parapluie et je sortirai.
- B Je resterai au lit ou je lirai des magazines.

6 Le soir, avec tes copains, qu'est-ce que vous ferez ?
- A Nous irons en ville.
- B Nous regarderons la télé à l'hôtel.

1 Compréhension

Lisez le quiz. Est-ce qu'une personne active aura plus de réponses **A** ou de réponses **B** ?

Grammaire en contexte

Le futur simple : verbes irréguliers

Certains verbes ont un radical irrégulier au futur :

infinitif	radical	exemples
aller →	ir-	j'irai, tu iras, il/elle/on ira, etc.
avoir →	aur-	j'aurai, tu auras, il/elle/on aura, etc.
être →	ser-	je serai, tu seras, il/elle/on sera, etc.
faire →	fer-	je ferai, tu feras, il/elle/on fera, etc.

Ils iront en ville plus tard.

Je serai très content de partir en vacances.

2 Lisez et parlez

À deux : faites le quiz. L'élève A pose les questions et l'élève B choisit la réponse A ou B. Ensuite, changez de rôle.

3 Lisez

Trouvez tous les exemples de verbes irréguliers au futur dans le quiz. Traduisez dans votre langue.

Exemple : ce sera, j'aurai,…

4 Écrivez

Inventez une option **C** pour les questions du quiz, avec un verbe au futur simple.

Exemple : Question 1 C – Oui, découvrir une autre ville sera intéressant.

Les quatre amis regardent des brochures sur les attractions autour d'Avignon. Qu'est-ce qu'ils choisiront ?

William est très sportif et aime les sensations fortes.

Rosalie aime la nature et les animaux mais pas le sport.

Jacob préfère le tourisme, les visites culturelles et les musées.

Florence adore les spectacles et voudrait aller au Festival de théâtre.

1 📖 💬 Lisez et parlez

Regardez les brochures et les goûts des quatre jeunes. À votre avis, que fera chaque jeune ? (Plusieurs réponses sont possibles.)

Exemple : William ira dans les gorges de l'Ardèche. Il fera du canoë. Il ira aussi…

2 ☁ Imaginez

Vous avez gagné un voyage à Avignon. Imaginez ce que vous ferez. Écrivez 60 mots.

Exemple : J'irai à… Je visiterai… Je ferai…

William écrit à son cousin français, Pierre, qui habite à Avignon.

Montréal, le 25 mars

Cher Pierre,

Je t'écris une lettre parce que je n'ai pas ton courriel. **1** Tu as un courriel ? Le mien, c'est : william2008@sympatico.ca.

Je viendrai en France cet été avec mes amis, Jacob, Rosalie et Florence. Nous avons organisé notre voyage et nous avons décidé d'aller à Paris et dans le sud. **2** Tu seras à Avignon fin juillet début août ?

On quittera Montréal le 4 juillet. On prendra d'abord l'avion pour Paris. On restera deux semaines à Paris. On prendra le train pour Avignon le 20 juillet. On dormira à l'auberge de jeunesse d'Avignon, rue Paul Mérindol. **3** On sera près de chez toi ?

4 Il fera quel temps à Avignon en juillet ? On espère qu'il fera beau.

On voudrait faire des activités sportives et du tourisme. **5** Tu viendras visiter la région avec nous ? J'aimerais bien !

On voudrait aussi aller voir des spectacles au Festival de théâtre. **6** Il faut acheter les billets à l'avance ?

Réponds-moi vite !

À bientôt.

Amitiés

William

1 Lisez

Reliez les questions de William dans sa lettre (qui sont numérotées) aux réponses de Pierre.

Exemple : 1 F

A   Il fera chaud. Il y aura du soleil mais il y aura aussi du mistral (c'est le vent qui souffle ici en Provence). Il y aura aussi sûrement des orages mais il ne fera pas froid.

B   Super ! Vous serez à environ 20 minutes à pied de chez moi. Ce n'est pas loin.

C   Non, on verra ça plus tard. Attendez de voir le programme, vous déciderez à ce moment-là.

D   Oui, je serai à la maison à ce moment-là. Je partirai en vacances en Espagne avec papa et maman le 15 août.

E   Oui, bien sûr ! On s'amusera bien ! On ira voir le célèbre pont

F   Oui, j'ai changé d'adresse récemment. Voici la nouvelle : pierrotlalune@hotmail.com.

Vocabulaire

Les prévisions météo

Il fera chaud / beau / froid.

Il y aura du soleil / du vent.

Il pleuvra.

Il neigera.

2 Parlez

Imaginez que vous allez à Avignon cet été. Quels vêtements emporterez-vous ?

Exemple : J'emporterai un short,…

3 Parlez

Comparez cette lettre à la lettre de réservation, page 101. Quelles sont les différences et les similarités dans la présentation ?

4 Écrivez

Relisez la lettre et fermez le livre. Est-ce que vous avez bonne mémoire ? Écrivez un résumé avec des verbes au futur à la troisième personne du pluriel.

Exemple : William et ses amis partiront le 4 juillet. Ils…

Cahier d'exercices 8/6

Une chanson sur les vacances.

La Madrague

Sur la plage abandonnée
Coquillages et crustacés
Qui l'eût cru déplorent la perte de l'été
Qui depuis s'en est allé
5   On a rangé les vacances
Dans des valises en carton
Et c'est triste quand on pense à la saison
Du soleil et des chansons

Pourtant je sais bien l'année prochaine
10 Tout refleurira nous reviendrons
Mais en attendant je suis en peine
De quitter la mer et ma maison

Le mistral va s'habituer
À courir sans les voiliers
15 Et c'est dans ma chevelure ébouriffée
Qu'il va le plus me manquer
Le soleil mon grand copain
Ne me brûlera que de loin
Croyant que nous sommes ensemble
20 un peu fâchés
D'être tous deux séparés

Le train m'emmènera vers l'automne
Retrouver la ville sous la pluie
Mon chagrin ne sera pour personne
25 Je le garderai comme un ami

Mais aux premiers jours d'été
Tous les ennuis oubliés
Nous reviendrons faire la fête aux crustacés
30 De la plage ensoleillée
De la plage ensoleillée
De la plage ensoleillée

La Madrague est une chanson écrite par Jean-Max Rivière, composée par Gérard Bourgeois et chantée par Brigitte Bardot en 1963. Le titre de la chanson est inspiré du nom de la maison de Brigitte Bardot à Saint-Tropez.

1 Mise en route

Lisez la chanson à gauche et répondez aux questions suivantes.

1   Est-ce que c'est le début ou la fin des vacances ?
2   Est-ce que la chanteuse est contente ou triste de partir ?
3   Qu'est-ce qu'elle fera l'été prochain ?

2 Lisez et écrivez

Relisez la chanson et trouvez les lignes pour répondre aux questions.

Exemple : 1 Non, elle est abandonnée. (ligne 1)

1   Est-ce qu'il y a beaucoup de monde sur la plage ?
2   Est-ce que la chanteuse était dans un hôtel ?
3   Est-ce qu'elle va voyager en voiture ?
4   Est-ce qu'elle habite à la campagne ?
5   Quel temps fera-t-il chez elle ?
6   Quand est-ce qu'elle retournera sur cette plage ?
7   Notez les verbes au futur simple.

3 Imaginez

Écrivez un petit poème sur ce modèle :

Au revoir le lycée, bonjour les vacances
Au revoir la maison, bonjour le camping,
Au revoir, la pluie, bonjour le soleil, etc.

Point info

La France est la première destination touristique au monde (83 millions de touristes en 2012), avant les États-Unis (63,3 millions), l'Espagne (58,7 millions) et la Chine (58,6 millions).

Révisions

Vacances à Orange, une ville historique près d'Avignon.

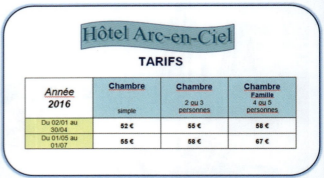

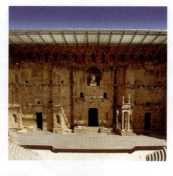

THÉÂTRE ANTIQUE
Monument romain, 1er siècle après Jésus Christ, classé au Patrimoine Mondial UNESCO.

Office de Tourisme
04 90 34 70 88
www.otorange.fr

MARCHÉ D'ORANGE
Tous les jeudis matin, les rues et les places du centre-ville accueillent l'un des marchés les plus connus du Vaucluse, pour sa qualité et sa convivialité.

1 📖 Lisez

Qu'est-ce que vous voyez dans le collage de documents ? une lettre ? un horaire ? une carte de visite ? un extrait de brochure ? un tarif ?

2 ✏️ Écrivez

Vous préparez votre voyage à Orange l'année prochaine. Imaginez. Vous arriverez quand ? Par quel moyen de transport ? Qu'est-ce que vous ferez ?

Exemple : J'irai... Je prendrai... Je ferai...

la cantine · le règlement · le proviseur · les équipements · la récréation · les manuels · les professeurs · le français · le trimestre · le lycée · les élèves · l'examen · les locaux · les mathématiques · la rentrée · les matières · l'université · la salle de classe · les devoirs · l'emploi du temps

Aspects couverts

* La vie scolaire
* Les matières
* La journée et l'année scolaires
* Les locaux et les équipements
* Les activités périscolaires
* Le règlement
* Le personnel du lycée
* Les nombres ordinaux

Grammaire

* Les pronoms relatifs *ce qui, ce que*
* Le conditionnel
* *Pouvoir* au présent de l'indicatif
* Les questions

1 Mise en route

Regardez. Quels mots ci-dessus est-ce que vous reconnaissez ?

Recherchez et traduisez les autres mots dans votre langue.

2 Parlez

À votre avis, qu'est-ce qui est le plus important dans le lycée idéal ? Choisissez des mots dans l'image.

Exemple

Élève A : Pour moi, c'est l'emploi tu temps.

Élève B : À mon avis, ce sont les professeurs.

Les matières.

1 🏁 Mise en route

Voici une liste des matières obligatoires au lycée en France. Comparez avec votre pays : quelles matières est-ce que vous avez en commun ?

Exemple : Nous, on étudie aussi les maths, l'anglais,…

Lycée
Enseignements communs (28 h 30)

Français (4 h)

Histoire-géographie (3 h)

Langues vivantes 1 et 2 (5 h 30)

Mathématiques (4 h)

Physique-chimie (3 h)

Sciences de la vie et de la terre (SVT) (1 h 30)

Education physique et sportive (EPS) (2 h)

Education civique, juridique et sociale (ECJS) (0 h 30)

Accompagnement personnalisé (2 h)

Enseignements d'exploration (2 x 1 h 30)

Options (principales) (3 h)

Arts plastiques, histoire des arts, cinéma et audiovisuel, théâtre, danse, musique, langues anciennes, etc.

 Cahier d'exercices 9/1

2 🎧 Écoutez

Notez les matières que quatre lycéens aiment 🙂 et n'aiment pas ☹.

Réécoutez et notez les raisons.

Exemple : 1 maths ☹ difficile

Vocabulaire

Ma matière préférée, c'est… / ce sont le / la / les…

J'aime/Je n'aime pas le / la / les… parce que c'est…

✓	✗
facile	≠ difficile
utile	≠ inutile
intéressant	≠ ennuyeux
passionnant	≠ nul

3 Parlez

1. Discutez de vos matières avec des camarades. Selon vous, lesquelles sont essentielles ?
2. À votre avis, laquelle est la plus difficile ? La plus facile ? La plus intéressante ? La moins utile ?

4 ✏️ 💬 Écrivez et parlez

1. Écrivez ce que vous pensez des matières. Quelles matières est-ce que vous aimez / n'aimez pas ? Recherchez le vocabulaire pour expliquer pourquoi.

Exemple : J'aime beaucoup les maths parce que c'est passionnant et en plus, j'aimerai travailler dans le milieu scientifique plus tard.

2. Lisez vos phrases à votre camarade. Est-ce qu'il/elle est d'accord avec vous ?

Anaëlle

Ce qui m'intéresse le plus, ce sont la technologie et les arts plastiques. J'adore le travail manuel alors dans mon lycée idéal, il y aurait des cours de bricolage.

Gaëtan

Ce que je déteste le moins au lycée, c'est l'histoire-géo. Alors, ma matière préférée dans mon lycée idéal, ce serait « histoire des jeux vidéos » !

Djamel

Pour moi, ce qui est le plus intéressant au lycée, ce sont les SVT, surtout la biologie humaine. Alors, ce que je voudrais dans mon lycée idéal, c'est des cours de premiers secours : ça serait très utile parce que ça permet de sauver des vies.

Lucie

Ma matière préférée, c'est la physique-chimie. Apprendre la théorie, c'est indispensable, mais personnellement, j'apprends mieux quand je fais des travaux pratiques. Alors ce que je voudrais dans mon lycée idéal, ce serait faire plus d'expériences scientifiques.

5 Compréhension

Lisez les messages. En groupe, écrivez des phrases à choix multiple pour la classe.

Exemple : Djamel adore / déteste / n'aime pas beaucoup les SVT.

Grammaire en contexte

Les pronoms relatifs *ce qui*, *ce que*

Pronom sujet : *ce qui* + verbe :

Ce qui est le plus intéressant, c'est le français.

Pronom objet : *ce que* + sujet + verbe :

Ce que j'aime, c'est l'histoire-geo.

6 Lisez

Trouvez des exemples de *ce qui* et *ce que* dans les messages à gauche.

Cahier d'exercices 9/2

7 Écrivez

Complétez les phrases avec *ce qui* ou *ce que*.

1. Je sais ___ je voudrais faire dans mon lycée idéal : des leçons de rire !
2. ___ m'intéresse le plus au lycée, c'est le sport.
3. Dis-moi ___ tu voudrais étudier.
4. Je fais histoire des arts, ___ est passionnant.

Cahier d'exercices 9/3

8 Parlez

« Tout ce que nous apprenons au lycée est utile dans la vie de tous les jours. »

Discutez en groupe.

Exemple : À mon avis, tout n'est pas utile, mais ce que je trouve indispensable, c'est les activités qui m'aident à devenir autonome et aussi les activités qui me permettent d'être utile dans la communauté.

Grammaire en contexte

Le conditionnel

Le conditionnel des verbes réguliers = infinitif + terminaisons.

Pour les verbes avec un infinitif en *-re* : enlevez le *-e* final.

Pour former le conditionnel, pensez à la forme du verbe au futur et ajoutez les terminaisons du conditionnel.

aimer	
j'aimer-	-ais
tu aimer-	-ais
il/elle/on aimer-	-ait
nous aimer-	-ions
vous aimer-	-iez
ils/elles aimer-	-aient

On utilise le conditionnel pour :
- exprimer des souhaits
- parler d'une action éventuelle
- parler d'une action qui dépend d'une condition.

Dans mon lycée idéal, j'aimerais faire plus de matières scientifiques. On ferait plus d'expériences pratiques et ce serait très intéressant.

Exemples de verbes irréguliers :

avoir : il y aura → il y aurait

être : ce sera → ce serait

faire : on fera → on ferait

aller : on ira → on irait

9 Imaginez

Vous participez à un forum de discussion sur l'éducation. Écrivez environ 60 mots pour répondre à la question : « Selon vous, quel serait le programme idéal du lycée du futur pour former de bons citoyens ? »

Utilisez *ce que / ce qui* et le conditionnel.

Exemple : Dans le lycée du futur, un programme idéal se composerait de plusieurs langues pour mieux communiquer avec les gens des pays étrangers…

9 Au lycée

L'emploi du temps et le calendrier scolaire.

1 Lisez

Répondez aux questions sur l'emploi du temps d'Olivier.

1. Quels jours est-ce qu'Olivier n'a pas cours ?
2. À quelle heure est-ce que les cours commencent ?
3. Olivier a combien de cours le mardi ?
4. Combien de temps dure la pause-déjeuner ?
5. Il étudie quelles langues étrangères ?
6. Il a combien d'heures de maths par semaine ?
7. Il a combien d'heures de physique-chimie par semaine ?
8. Quelle est sa journée la plus chargée ?

L'emploi du temps d'Olivier, en seconde dans un lycée à Paris.

	lundi	mardi	mercredi	jeudi	vendredi
8h00	Espagnol	Français	Histoire-géo	Accompagnement personnalisé	SVT
8h30					
9h00				Espagnol	
9h30	Permanence		ECJS		Permanence
10h00	Récréation	Récréation	Récréation	Récréation	Récréation
10h15	Maths	Physique-chimie	Français	EPS	Histoire-géo
10h45					
11h15			Maths		
11h45					
12h15	Déjeuner	Déjeuner		Déjeuner	Déjeuner
14h00	Permanence	Anglais		Arts visuels	Français
14h30	Arts visuels				
15h00	Récréation	Récréation		Récréation	Récréation
15h15	Anglais	Sciences économiques et sociales		Physique-chimie	Maths
15h45					
16h15					Latin
16h45		Latin		Latin	
17h15–17h45					

2 Écrivez

Répondez aux questions ci-dessus pour votre propre emploi du temps.

Exemple : 1 Le samedi et le dimanche, je n'ai pas cours.

Pour moi, les cours commencent tôt, à 7h00 du matin. Un cours dure une heure ou deux heures, ça dépend. Entre 11h10 et 12h30, c'est la pause-déjeuner et il n'y a pas de cours. Le dernier cours finit à 16h40. Le vendredi, c'est bien : on n'a pas cours l'après-midi. Les cours finissent à 11h10 ce jour-là. Vive le week-end !

Malia, Nouvelle-Calédonie

Mon lycée ouvre à 6h45. Le premier cours commence à 7h00. Chaque cours dure 55 minutes. Après trois cours, il y a une pause-récréation à 9h55, qui dure 15 minutes. La pause-déjeuner commence à 12h05 et je rentre à la maison. L'après-midi, j'ai cours de 14h15 à 17h30. Le lycée est ouvert du lundi au samedi matin mais il est fermé le mercredi après-midi.

Silver, Guyane française

Le matin, j'arrive au lycée à 7h55. Les cours commencent à 8h10 et finissent à 14h45. On n'a pas de récréation, mais il y a un intercours de six minutes pour changer de salle. Il y a quatre cours par jour et un cours dure 78 minutes. La pause-déjeuner dure 50 minutes, entre 11h02 et 11h52. Le mercredi, c'est un peu différent : les cours sont plus courts (63 minutes) et la journée finit à 14h30.

Caroline, Québec, Canada

3 Lisez

Trois jeunes parlent de leur emploi du temps. Répondez aux questions.

1. Qui commence le plus tard ?
2. Qui a la journée la plus longue ?
3. Qui a les cours les plus courts ?
4. Qui a la pause-déjeuner la plus courte ?
5. Qui a cours le week-end ?
6. Qui a l'emploi du temps que préfères ? Pourquoi ?

4 Écrivez

À vous d'écrire une bulle sur une journée dans votre école.

Écoutez et lisez

Écoutez et complétez le texte.

Exemple : 1 trois

En France, l'année scolaire est divisée en __[1]__ trimestres. Elle commence début __[2]__. Les dates de vacances dépendent de la région où on habite. Fin octobre, on a __[3]__ semaines de vacances pour la Toussaint, et fin décembre, il y a les vacances de Noël, qui durent aussi deux semaines. Les vacances d'hiver sont en __[4]__ ou en mars, alors on a encore une quinzaine de jours de libre. Les vacances de __[5]__ sont en avril ou en mai. On appelle les vacances d'été les __[6]__ vacances, parce qu'elles sont les plus longues : elles commencent début __[7]__ Alors, en tout, il y a __[8]__ semaines de classes par an.

Le calendrier scolaire à Nouméa, Nouvelle-Calédonie

Rentrée scolaire des élèves :
jeudi 14 février

Vacances 1ère période :
samedi 6 au dimanche 21 avril

Vacances 2ème période :
samedi 8 au dimanche 23 juin

Vacances 3ème période :
samedi 10 au dimanche 25 août

Vacances 4ème période :
samedi 12 au dimanche 27 octobre

Début des vacances d'été :
jeudi 19 décembre

6 Parlez

Comparez le calendrier scolaire en France avec le calendrier scolaire en Nouvelle-Calédonie. Comment expliquer les différences ?

Exemple : À Nouméa, la rentrée est en février mais en France, elle est en septembre. Il y a des vacances X fois par an. En France, les vacances d'été durent...

7 Écrivez et parlez

1 Décrivez le calendrier scolaire dans votre pays.

Exemple : Dans mon pays, l'année scolaire commence...

2 Comparez avec la France et la Nouvelle-Calédonie. Quel calendrier scolaire est-ce que vous préférez ? Pourquoi ?

L'année scolaire idéale.

Marie-Jo, 17 ans
J'aime bien les vacances longues, surtout en été quand il fait beau et chaud. Je voudrais bien des vacances d'été encore plus longues ! Par contre, à Noël, une semaine de vacances suffirait. Et j'aimerais commencer la journée plus tard, à dix heures par exemple, et faire une journée continue, avec une demi-heure pour manger un sandwich à midi.

Hugo, 16 ans
Ce que je n'aime pas, ce sont les journées longues. Je préférerais avoir des vacances plus courtes et des journées moins longues pendant le reste de l'année. Les grandes vacances sont vraiment trop longues. Quand je rentre en septembre, j'ai tout oublié ! À mon avis, une année divisée en quatre ou cinq sections serait plus logique.

1 Parlez

1 Vous êtes d'accord avec Hugo ou avec Marie-Jo ? Pourquoi ?

Exemple : Je suis d'accord avec Hugo. Je trouve que les journées scolaires sont longues. Par contre,...

2 À votre avis, quels sont les avantages et les inconvénients des vacances longues ?

2 Écrivez

Écrivez un article pour le magazine du lycée : suggérez des changements à faire dans votre calendrier scolaire et dites pourquoi ces changements seraient bénéfiques.

Exemple : L'année scolaire idéale commencerait en janvier. L'année serait divisée en deux sections, avec dix jours de vacances en été. Les journées scolaires seraient...

Les locaux et les équipements.

Vocabulaire

Les locaux

la bibliothèque
la cantine
le gymnase
le laboratoire (de sciences / de langues)
la salle de classe
la salle de sport
la salle d'informatique

Pour décrire les locaux

grand ≠ petit
vieux ≠ moderne
clair ≠ sombre
agréable
confortable

Les équipements de salle de classe

le bureau
la chaise
l'ordinateur
le tableau (interactif)

Point info

En France, les écoles portent souvent le nom d'une personne célèbre, par exemple Blaise Pascal (mathématicien et scientifique).

Est-ce que c'est pareil dans votre pays ?

1 Mise en route

1 Reliez les photos aux noms des locaux dans un lycée (voir l'encadré *Vocabulaire*).

*Exemple : **A** un laboratoire*

2 Recherchez et ajoutez d'autres locaux qui existent dans votre lycée.

Exemple : Dans mon lycée, il y a aussi une salle de concert.

2 Écoutez

1 Notez les lettres des locaux mentionnés par chaque lycéen.

*Exemple : 1 **D, F***

2 Réécoutez et notez les détails.

Exemple

salle de sport – grande
salles de classe – trop petites

3 Lisez

Lisez les messages de Djamel et Mariama. Ensuite, parmi les affirmations A–J, choisissez les cinq qui sont correctes selon les deux messages.

A Djamel aimerait un ordinateur par classe.

B Mariama aimerait un ordinateur par élève.

C Le lycée de Djamel n'est pas moderne.

D Le lycée de Mariama manque de confort.

E Dans le lycée de Djamel, il y a des tableaux interactifs.

F Pendant les récréations, Djamel aimerait pouvoir se détendre dans une salle.

G Les bâtiments du lycée de Mariama ne sont pas neufs.

H Mariama aimerait avoir des tableaux interactifs dans son lycée.

I Les ordinateurs dans le lycée de Mariama marchent toujours bien.

J Dans le lycée de Mariama, il n'y a pas toujours d'électricité.

> Mon école est vieille, alors mon lycée idéal serait moderne. Chaque élève aurait son ordinateur personnel et il y aurait des tableaux interactifs, un par classe. Il y a des espaces verts dans mon lycée, mais j'aimerais aussi une salle de relaxation pour les récréations.

Djamel, France

> Dans mon école idéale, les locaux seraient moins vieux et moins sombres que dans mon lycée : il n'y aurait pas de problème avec l'électricité alors on aurait un ordinateur qui marche dans chaque classe ! Il y aurait des chaises et des bureaux confortables dans les classes.

Mariama, Cameroun

4 Lisez

1 Trouvez 17 noms de fournitures scolaires dans les messages du forum « Lycée : attention danger ! ».

Exemple : le sac, la trousse,…

2 Quels mots est-ce que vous pouvez deviner sans le dictionnaire ? Discutez à deux. Cherchez les autres dans un dictionnaire bilingue.

5 Recherchez

Est-ce que votre sac est trop lourd ? Faites une liste de son contenu. Trouvez les mots dans le dictionnaire.

6 Parlez

Jeu de mémoire : en classe, dites ce que vous avez dans votre sac.

Élève A : Dans mon sac, j'ai trois classeurs.

Élève B : Dans mon sac, j'ai trois classeurs et huit manuels.

Élève C : Dans mon sac, j'ai trois classeurs, huit manuels et deux stylos.

7 Écrivez

Apportez votre contribution au forum. Pour vous, quelle serait la solution idéale ?

Exemple : Selon moi, la solution idéale, ce serait d'avoir un mini-ordinateur,…

Susie — le 5 mars, 11h19

Mon sac d'école est beaucoup trop lourd ! Certains jours, il pèse plus de 12 kilos ! D'abord, il y a le sac (1 kg), la trousse avec les stylos, les crayons de couleur, les feutres, le compas, la règle, la gomme, la colle, etc. Et puis, il y a les fournitures scolaires (3 ou 4 kg environ) comme les classeurs, les cahiers, les cahiers de brouillon, les feuilles et bien sûr les manuels (4 ou 5 kg) et les affaires de sport (3 kg).

Étienne — le 5 mars, 12h54

Pour moi, la solution idéale serait les tablettes, comme l'iPad. On n'aurait pas besoin de livres, de cahiers ni de trousse !

Céline — le 5 mars, 18h05

À mon avis, ce serait bien d'avoir des casiers pour ranger ses affaires, comme dans les écoles anglaises ou américaines.

Le règlement et la vie scolaire.

1 Compréhension

1 Lisez les commentaires d'élèves ci-dessous. Reliez les photos aux commentaires.

Exemple : 1 A

1 Mon lycée est un des rares lycées en France où il faut porter un uniforme. Je trouve ça ridicule.
2 Moi, ce que je trouve le plus ridicule, c'est que je ne peux pas porter de bonnet ou de casquette.
3 Dans mon lycée, on ne peut pas porter de signes religieux ostensibles, comme le voile. À mon avis, c'est normal.
4 Nous, on ne peut pas se servir de portables dans les locaux de l'école. Je trouve ça nul.
5 Dans mon lycée, nous ne pouvons pas sortir du lycée pendant la pause-déjeuner si on est demi-pensionnaire. Selon moi, c'est injuste, parce que les externes rentrent chez eux pour manger et nous, nous restons coincés au lycée !
6 Le règlement de mon lycée dit que si on ne fait pas ses devoirs, on a une colle*. À mon avis, c'est normal.
* colle : punition à l'école
7 Ce que je ne comprends pas dans le règlement, c'est que les tatouages sont interdits. Ça n'empêche pas d'apprendre !
8 Le règlement interdit de fumer, ce qui est normal selon moi.

2 Répondez aux questions de votre professeur.

2 Parlez

Donnez votre opinion personnelle sur les règles mentionnées. Comparez avec le règlement de votre lycée.

Exemple : Je trouve aussi que porter un uniforme, c'est nul parce que…

Vocabulaire

Pour donner votre opinion

je pense que…

je trouve que c'est…

je trouve ça ridicule / normal

selon moi, c'est juste / injuste

3 Lisez

Trouvez tous les exemples du verbe *pouvoir* dans les commentaires à gauche. Traduisez-les dans votre langue.

4 Écrivez

Écrivez un commentaire pour un forum concernant certaines règles dans votre école avec lesquelles vous êtes ou n'êtes pas d'accord.

Exemple : Dans mon lycée, nous ne pouvons pas emporter de manuels à la maison. À mon avis, c'est injuste.

Grammaire en contexte

Pouvoir au présent de l'indicatif

je peux	nous pouvons
tu peux	vous pouvez
il/elle/on peut	ils/elles peuvent

On ne peut pas utiliser son portable au lycée.

Vous pouvez entrer maintenant !

Les activités périscolaires.

1 📖 ✏️ Lisez et écrivez

À l'aide des mots dans l'encadré *Vocabulaire*, remplissez chaque blanc dans le questionnaire avec le mot qui convient le mieux.

2 🎧 Écoutez

Écoutez l'interview de Mathéo, un lycéen français, à la radio.

1. Vérifiez que vous avez bien complété les questions 1 à 8 du questionnaire.
2. Réécoutez et notez les réponses.

Vocabulaire

Mots interrogatifs

à quelle heure ?

combien ?

comment ?

lequel / laquelle / lesquels / lesquelles ?

où ?

pourquoi ?

quand ?

quel / quelle / quels / quelles ?

qui ?

3 💬 ✏️ Parlez et écrivez

Répondez au questionnaire pour votre lycée.

4 ☁️ Imaginez

Quelles activités périscolaires y aurait-il dans votre lycée idéal ? Pourquoi ?

Exemple : Dans mon lycée idéal, il y aurait un club d'art dramatique parce que faire du théâtre encourage la coopération entre les jeunes.

5 ✏️ Écrivez

1. À deux, inventez un questionnaire sur les informations des pages 112–114 (locaux, équipement et règlement).
2. Échangez avec d'autres élèves.

Exemple : Combien de classes y a-t-il ? Est-ce qu'il faut porter un uniforme ?

Les activités périscolaires dans votre lycée

1. En dehors des classes, __[?]__ activités musicales peut-on faire ?
2. __[?]__ d'orchestres ou groupes musicaux y a-t-il dans votre lycée ?
3. Y a-t-il des clubs dans votre lycée ? __[?]__ ? (à midi, après les cours, le week-end)
4. __[?]__ organise les activités périscolaires ?
5. Y a-t-il des équipes sportives ? __[?]__ ?
6. Si vous faites des voyages scolaires, allez-vous à l'étranger ? Si oui, __[?]__ allez-vous ?
7. __[?]__ partez-vous, pendant le trimestre ou pendant les vacances ?
8. À votre avis, est-ce que les activités périscolaires sont importantes ? __[?]__ ?

Grammaire en contexte

Les questions

Familier (surtout quand on parle)	On peut faire des activités musicales ? Il y a des clubs sportifs ?
Soutenu (surtout quand on écrit)	Peut-on faire des activités musicales ? Y a-t-il des clubs sportifs ?
Familier et soutenu	Est-ce qu'on peut faire des activités musicales ? Est-ce qu'il y a des clubs sportifs ?

 Cahier d'exercices 9/4, 9/5

Le personnel du lycée.

Comment sont vos profs ?

1. Ils sont sévères mais justes.
2. Ils n'écoutent pas les élèves.
3. Ils sont obsédés par les notes.
4. Ils ne sont pas forts dans leur matière.
5. Ils n'aident pas assez les élèves.
6. Ils expliquent clairement.
7. Ils sont enthousiastes et passionnés.
8. Ils sont sympa et compréhensifs.

Le personnel du lycée

le proviseur

le proviseur adjoint

le/la conseiller/ère principal(e) d'éducation (CPE)

le/la professeur(e) principal(e)

le/la surveillant(e)

le/la documentaliste

l'infirmier/ière

le/la surveillant(e) d'internat *

* pour un lycée avec internat où on peut manger et dormir

1 Mise en route

Lisez les opinions ci-dessous. Essayez de deviner les mots nouveaux. Discutez avec un(e) partenaire. Vérifiez les traductions dans le dictionnaire.

2 Lisez et écrivez

1. Classez les opinions en deux groupes : positives et négatives. Avec lesquelles êtes-vous d'accord ?
2. Ajoutez d'autres opinions sur les professeurs.

Exemple : Ils ne sont pas très patients. Ils sont très dynamiques et amusants.

3 Écrivez et parlez

Décrivez votre prof idéal. Discutez avec deux ou trois personnes de la classe.

Exemple : Pour moi, le prof idéal serait jeune et dynamique. Il aiderait les élèves.

4 Lisez

Retrouvez les bonnes définitions pour chaque personne.

*Exemple : **C** le proviseur*

A C'est la personne qui s'occupe de la santé des élèves.

B C'est la personne qui s'occupe des classes en l'absence des professeurs.

C C'est le chef d'établissement. Il organise et contrôle la vie du lycée.

D C'est la personne qui s'occupe de la vie scolaire et du bien-être des élèves.

E C'est la personne qui s'occupe du bien-être des élèves internes.

F C'est le conseiller du proviseur. Il organise les emplois du temps, les examens, etc.

G C'est la personne qui aide les élèves à la bibliothèque.

H C'est la personne qui est responsable de l'organisation de la classe (problèmes de discipline, élections de délégués de classe, etc.).

5 Écrivez

1. Comparez avec votre lycée.

Exemple : Nous avons un chef d'établissement qui s'appelle M. Martin. C'est M. Martin qui…

2. Trouvez le nom d'autres personnes qui travaillent au lycée et écrivez des définitions.

Exemple : Le/La secrétaire, c'est la personne qui…

Le système d'éducation en France.

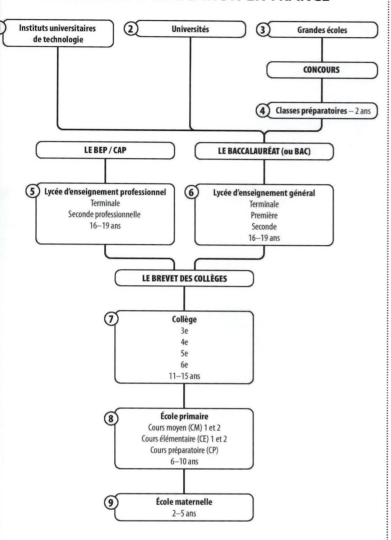

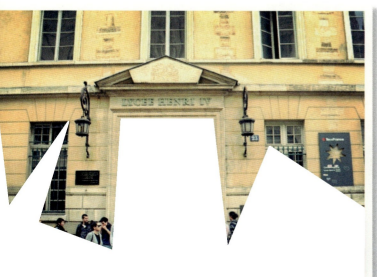

1 Lisez

Regardez le diagramme à gauche. Vrai ou faux ? Corrigez les phrases fausses.

Exemple : 1 FAUX. On peut entrer à l'école maternelle à deux ans.

1. On peut entrer à l'école maternelle à dix-huit mois.
2. En France, le CM1 est une classe à l'école primaire.
3. Lisa a 14 ans. Elle est à l'école primaire.
4. Quand on rentre au collège, on commence en 4e.
5. L'examen à la fin du collège s'appelle le bac.
6. Après le collège, on peut aller au lycée.
7. Il y a deux classes au lycée : la seconde et la première.
8. Après le lycée d'enseignement général, on continue ses études au lycée d'enseignement professionnel.

2 Parlez

Comparez le système scolaire en France avec celui de votre pays.

Vocabulaire

Les nombres ordinaux

le premier/la première

le/la deuxième = le/la second(e)

le/la troisième

le/la quatrième

le/la cinquième, etc.

Point info

En France, depuis la loi Jules Ferry votée en 1882, l'école est…

- laïque = elle garantit le respect des opinions et des croyances
- gratuite = pour les écoles publiques
- obligatoire = de 6 ans jusqu'à 16 ans.

Cahier d'exercices 9/6

Révisions

La brochure de votre lycée.

1 ✏️ Écrivez

En groupes, préparez une brochure sur votre lycée pour des visiteurs francophones.

1. Recopiez et complétez la carte heuristique sur les sujets à couvrir.
2. Utilisez votre carte heuristique pour rédiger votre brochure. Ajoutez des photos si vous pouvez.

Exemple : voir brochure ci-dessous.

[Carte heuristique : lycée — obligatoires, facultatives, matières, emploi du temps, locaux, règlement]

Lycée Jacques Prévert

Des locaux modernes et bien équipés !

Il y a des laboratoires modernes pour les sciences, et des laboratoires de langues pour l'anglais et l'espagnol…

page 1

2 💬 Parlez

Créez un podcast en français pour le site Internet de votre lycée. Vous pouvez inclure :

– une visite guidée (locaux, équipements, etc.).

Exemple : Vous entrez dans le lycée par une grande cour, avec un petit jardin.

– des interviews avec des élèves qui disent ce qu'ils aiment le plus dans leur lycée.

Exemple : Ce que j'aime le plus, c'est… Ce qui est super ici, c'est…

3 ✏️ Écrivez

Rédigez un questionnaire pour avoir des renseignements sur un lycée dans un pays francophone.

Exemple

Combien y a-t-il d'élèves ?

À quelle heure est-ce que les cours commencent ?

Avez-vous des salles d'informatique ?

Comment sont les professeurs ?

Fête Nationale française

Bal populaire avec musique française
Animations : concours de pétanque
Exposition de photos et de peintures
Cuisine française, spécialités régionales, etc.

Billets disponibles au bureau Vie scolaire du lycée
Entrée : 3 euros
Organisation : Comité des Fêtes du lycée Blaise Pascal

Aspects couverts
* Les fêtes nationales
* Les fêtes de famille
* Les sorties et les invitations
* Les recettes de cuisine
* Les plats typiques

Grammaire
* Les pronoms disjoints
* Le présent continu : *être en train de* + infinitif
* *Devoir* et *vouloir* au présent de l'indicatif
* *Devoir, pouvoir, vouloir* au conditionnel

1 🏁 Mise en route

Regardez l'image et répondez aux questions.

- Est-ce que c'est une affiche, un courriel ou un emploi du temps ?
- C'est pour quelle fête ?
- Qu'est-ce qu'on peut écouter ? Qu'est-ce qu'on peut faire ? À quoi peut-on jouer ?
- Est-ce que votre pays a une fête nationale ? Si oui, à quelle date et pour quelle occasion ?

2 🔍 Recherchez

Trouvez les dates de fêtes nationales d'autres pays francophones.

Qu'est-ce qu'on célèbre ? Pourquoi ce jour-là ?

Exemple : La Côte d'Ivoire : le 7 août – le jour de son indépendance (7 août 1960).

Pourquoi ne pas organiser une fête francophone dans votre lycée ? Pour vous aider à choisir laquelle, découvrez d'abord le calendrier français.

Les dates importantes du calendrier français

janvier

le 1ᵉʳ janvier : le Jour de l'An*

le 6 janvier : l'Épiphanie

février

le 2 février : la Chandeleur

le 14 février : la Saint-Valentin

mars

Mardi-Gras

juillet

le 14 juillet : la Fête nationale*

août

le 15 août : l'Assomption*

septembre

la rentrée des classes

* Jour fér

1 📖 **Lisez**

Reliez chaque définition à une date ou une fête.

Exemple : A = le premier janvier / le Jour de l'An

A Une nouvelle année commence ! On donne des étrennes (un peu d'argent) aux enfants. On prend de bonnes résolutions. On a jusqu'à la fin du mois pour envoyer des cartes pour souhaiter une bonne année à ses amis.

B On commémore la prise de la Bastille qui a marqué le début de la Révolution française en 1789. Il y a des défilés militaires, des feux d'artifice et des animations de rue comme des bals populaires.

C On mange un gâteau spécial : la galette des rois. La personne qui trouve la fève cachée dans la galette devient le roi ou la reine et porte une couronne. Cette tradition commémore la visite des rois mages à l'Enfant Jésus.

D Les villes et les villages sont illuminés et décorés. Les Chrétiens célèbrent la naissance de Jésus-Christ. Les familles décorent leur maison et se réunissent pour échanger des cadeaux qu'on met sous un joli sapin décoré. On mange un grand repas.

E C'est la fête de « tous les saints », une fête d'origine chrétienne. On va au cimetière pour déposer des fleurs sur la tombe de ses proches.

F C'est la fête des amoureux : on envoie une carte à la personne qu'on aime (souvent sans mettre son nom !) ou on offre des fleurs ou un petit cadeau.

avril	mai	juin
le lundi de Pâques*	le 1er mai : la Fête du Travail* le 8 mai : L'Armistice 1945* le jeudi de l'Ascension* le lundi de Pentecôte* (en juin certaines années) la Fête des mères	la Fête des pères le 21 juin : la Fête de la Musique

octobre	novembre	décembre
le 31 octobre : Fêtes des Vendanges	le 1er novembre : la Toussaint le 11 novembre : l'Armistice 1918*	le 25 décembre : Noël* le 31 décembre : Réveillon du Jour de l'an (Saint-Sylvestre)

Écrivez et parlez

Avec un(e) camarade, faites une liste des fêtes de votre pays, avec les dates.

Comparez. Quelles fêtes avez-vous en commun avec la France ? Lesquelles sont différentes ?

3 Recherchez et parlez

Choisissez une fête française. Sur Internet ou à la bibliothèque, recherchez des informations. Faites une présentation orale à la classe.

Exemple : Le 2 février, c'est la Chandeleur. À l'origine, c'est surtout une fête religieuse avec un défilé aux chandelles. Maintenant, on fait des crêpes. Quand on fait sauter la crêpe, on tient une pièce dans la main pour être riche.

Point info

En France, beaucoup de jours fériés sont d'origine religieuse. La religion catholique est la religion la plus importante, mais 45% des Français se déclarent sans religion. La deuxième religion est la religion musulmane, avec les fêtes du Ramadan et l' Aïd-el-Fitr, et il y a aussi les fêtes juives, comme Yom Kippour et Hanouka.

Certains jours fériés ont des origines militaires, comme le 11 novembre qui célèbre la fin de la Première Guerre mondiale et le 8 mai, la fin de la Seconde Guerre mondiale.

Quelles sont les fêtes préférées des jeunes en France ?

Léa — Salut, je m'appelle Léa et j'ai 16 ans.

Ma fête préférée, c'est Noël. J'adore l'ambiance : les décorations, le sapin, les cadeaux, les repas avec les huîtres, la dinde et la bûche au chocolat. C'est moi qui prépare la dinde. Chaque année, toute la famille se réunit chez nous pour le réveillon du 24 décembre : grands-parents, oncles, tantes, cousins, cousines. C'est sympa de faire la fête avec eux.

Mon frère et moi recevons toujours beaucoup de cadeaux. Cette année, lui, il a eu des vêtements et des jeux vidéo et moi, j'ai eu des livres et des bijoux. Les cadeaux, c'est bien, mais pour moi, Noël, c'est le partage. Il y a beaucoup de gens défavorisés et je veux faire quelque chose pour eux : l'année dernière, j'ai travaillé comme bénévole aux Restos du Cœur pendant les fêtes de fin d'année.

Thomas — Salut ! Je m'appelle Thomas et j'ai 18 ans.

Moi, ma fête préférée, c'est le réveillon de la Saint-Sylvestre, le 31 décembre. On ne reste pas en famille. Mes parents, eux, vont manger dans un restaurant avec leurs amis. Moi, je préfère retrouver mes copains : on écoute de la musique et on danse chez moi ou chez eux. À minuit, on s'embrasse sous le gui.

Comme je suis d'origine chinoise, j'aime aussi le nouvel an chinois en janvier ou février, avec le défilé de rue ici à Paris. J'ai vu le spectacle l'année dernière et c'était très beau. En général après le défilé des dragons, on va voir tous les membres de ma famille chinoise qui habitent à Paris pour souhaiter la bonne année.

Karima — Salut ! Je m'appelle Karima et moi, j'ai 15 ans.

Ma fête préférée, c'est mon anniversaire ! Comme j'ai une sœur jumelle, je fais une fête avec elle. Normalement, c'est un simple repas en famille ou avec quelques amis. On n'a pas beaucoup de cadeaux mais on reçoit des cartes d'anniversaire et on a un peu d'argent. Cette année, ma grand-mère a acheté, spécialement pour nous, un énorme gâteau d'anniversaire avec de belles bougies.

Chez nous, comme on est d'origine marocaine, on célèbre aussi certaines fêtes musulmanes, comme l'Aïd el-Fitr à la fin du Ramadan. C'est l'occasion de remercier Allah et de partager un repas traditionnel avec mes grands-parents. Ce sont eux qui invitent en général. À vrai dire, je trouve que les fêtes, c'est génial. Sans elles, on s'ennuierait !

1 Écoutez et lisez

1 Écoutez et lisez les textes. La photo va-t-elle avec le texte de Léa, Thomas ou Karima ?

2 Relisez et complétez les phrases.

Exemple : À Noël, Léa mange des huîtres, de la dinde et de la bûche au chocolat.

1 Cette année, Léa a reçu…
2 Léa veut aider les autres à Noël, alors elle…
3 Le 31 décembre, Thomas et ses copains…
4 Thomas aime bien le nouvel an chinois à cause de / du / des…
5 Karima partage sa fête d'anniversaire parce que/qu'…
6 Karima célèbre les fêtes musulmanes parce que/qu'…

2 Lisez

Trouvez dans les trois textes toutes les phrases avec un exemple d'un pronom disjoint. À quoi se réfèrent ces pronoms ? Traduisez ces phrases dans votre langue.

*Exemple : Chaque année, toute la famille se réunit chez **nous** pour le réveillon du 24 décembre.*
nous = Léa et ses parents

 Cahier d'exercices 10/1

3 Écoutez

Écoutez Nathalie et Martin. Quelles fêtes aiment-ils ? Quelles fêtes ne les intéressent pas ? Pourquoi ?

4 Écrivez

Quelle est votre fête préférée ? Pourquoi ? Écrivez un e-mail à Nathalie ou à Martin : décrivez comment vous célébrez cette fête (80 à 100 mots).

Exemple

Ma fête préférée, c'est la Fête de la musique parce qu'il y a toujours de super concerts dans les rues et…

5 Parlez

Vous voulez célébrer une fête francophone dans votre lycée. Laquelle allez-vous choisir ? Discutez en classe.

Grammaire en contexte

Les pronoms disjoints

pronom personnel sujet	pronom disjoint
je	moi
tu	toi
il	lui
elle	elle
nous	nous
vous	vous
ils	ils
elles	elles

On utilise ces pronoms :

1 après *c'est / ce sont*

*C'est **moi** qui prépare le repas.*
*Ce sont **elles** qui font à manger.*

2 pour mettre l'accent sur un pronom sujet

***Moi**, j'aime Noël. **Eux**, ils préfèrent le Jour de l'an. Et **toi**, qu'est-ce que tu aimes ?*

3 après une préposition (*chez, avec, pour, sans*, etc.)

*Chez **nous**, on ne mange pas de dinde.*

*Je passe les fêtes de fin d'année avec **eux**.*

Comment célèbre-t-on Noël dans les pays francophones ?

Noël à travers le monde

Au Québec, Noël est magique : tout est blanc de neige, les rues sont décorées de petits sapins illuminés et sur les maisons on met des guirlandes de lumière, des branches de sapin et des rubans rouges. Dès novembre, le père Noël arrive dans les centres commerciaux. À Montréal, malgré le grand froid, les enfants viennent voir la parade du Père Noël. Le soir du 24 décembre, ils laissent un biscuit et un verre de lait pour lui au bord d'une fenêtre. Ici, la Messe de Minuit est très populaire. Il y a une messe à 19h00, 21h30 et minuit. Après la messe de 19h00, on mange un repas traditionnel avec la famille et les amis: en entrée, une tourtière (pâté de viandes), une dinde aux canneberges et une bûche de Noël ou un gâteau aux fruits.

À la Guadeloupe, Noël se passe souvent à la plage, sous le soleil. C'est une fête familiale très importante qui se prépare dès le mois d'octobre quand on fabrique les boissons de Noël, le shrubb (à base de rhum et parfumé à l'orange et aux épices) et le sirop de groseille. Selon la tradition, on se retrouve le soir en famille ou entre amis entre le 1er et le 24 décembre, pour les *Chanté Nwèl* (chants de Noël traditionnels).

Le 24 décembre, la Messe de Minuit est populaire et le repas de Noël aussi. Il est à base de porc (boudins créoles et jambon de Noël) et après le repas, on mange des desserts à la noix de coco. On se retrouve souvent sur la plage pour danser sous les palmiers décorés de petites lumières. L'ambiance est très sympa.

En Nouvelle-Calédonie, un territoire français à l'est de l'Australie, Noël se fête en été. Les Caldoches (la population d'origine européenne) célèbrent cette fête traditionnelle de façon spectaculaire, avec, au centre de Nouméa (la capitale), un marché de Noël, un grand sapin et le chalet du Père Noël avec ses lutins. Le soir du 24 décembre, le père Noël arrive, chaque année par un moyen de transport différent, sur la place des Cocotiers. Par une chaleur de 30° C, il porte un gros manteau rouge, un bonnet rouge et une grande barbe blanche ! Ensuite, on réveillonne à la française, avec foie gras, dinde, bûche et champagne, puis on se promène sur la plage pour digérer !

En Afrique occidentale, les chrétiens fêtent la naissance de Jésus depuis la colonisation européenne. À Ouagadougou, au Burkina Faso, c'est une fête très colorée et très commerciale, qu'on célèbre sous le soleil, avec des sapins en plastique ou des feuilles de bananiers décorées. Dans les magasins, on voit les images traditionnelles du Noël européen : le père Noël à la peau blanche, les lutins et la neige ! Dans certains quartiers, le père Noël vient en 4x4 climatisé distribuer des bonbons aux enfants. Dans d'autres quartiers, Noël est moins commercial, c'est une fête familiale. Les gens se retrouvent autour d'un repas de spécialités locales (comme une chèvre grillée, que plusieurs familles achètent ensemble). On donne quelques petits cadeaux uniquement aux enfants, souvent des objets pratiques (savon, manuels scolaires, etc.).

1 Lisez et écrivez

Répondez aux questions.

1. Qui mange traditionnellement de la dinde à Noël ?
2. Quels sont les desserts de Noël au Québec ?
3. Quand commence-t-on à préparer les spécialités de Noël aux Antilles ?
4. Qu'est-ce qu'il y a dans le shrubb, la boisson de Noël à la Guadeloupe ?
5. Qu'est-ce qui se passe à Nouméa, le soir du 24 décembre ?
6. Depuis quand Noël est-il célébré dans les pays d'Afrique ? Pourquoi, à votre avis ?
7. Comment est-ce que le père Noël voyage dans certains quartiers de Ouagadougou ?
8. Où fait-il très froid à Noël ? Où fait-il chaud ?

Cahier d'exercices 10/2

2 Parlez

À deux : décrivez les fêtes de fin d'année chez vous.

Exemple : Chez nous, nous célébrons le Têt, le nouvel an vietnamien. Nous nous retrouvons en famille,…

4 Écrivez

Fêtez-vous Noël ? Comment ? Comparez avec un pays francophone de l'article et écrivez une réflexion.

Exemple : Ici, nous ne célébrons pas vraiment Noël. Nous, nous ne faisons pas de repas spécial. Par contre, les Français, eux, mangent de la dinde,…

Le 14 juillet, les jeunes Français aiment sortir.

1

Jules	Salut, Anne ! C'est Jules. Tu es libre ce matin ? On va au défilé du 14 juillet ?
Anne	Euh non, je ne peux pas, je suis en train de faire un gâteau.
Jules	Alors, tu veux aller au feu d'artifice avec moi ce soir ?
Anne	Oui. Je veux bien. J'adore les feux d'artifice !
Jules	Bon, on se retrouve à 22h30, devant la mairie ?
Anne	D'accord. À ce soir !

2

Sophie	Allô ?
Marie	Sophie ? Salut, c'est Marie. Qu'est-ce que tu fais aujourd'hui ? Je vais à la plage avec Manon, tu voudrais venir avec nous ?
Sophie	Ah non… je regrette mais je dois rester à la maison : je dois garder mon petit frère.
Marie	Tu peux sortir ce soir, alors ?
Sophie	Oui. D'accord.
Marie	On va danser au bal du 14 juillet, rue de la République ?
Sophie	Oui, bonne idée. J'adore danser !
Marie	On se retrouve chez moi à huit heures et demie ?
Sophie	D'accord. À plus tard !

3

Nejma	Tu viens faire un pique-nique avec moi ?
Djamel	Ah, je suis désolé mais je suis en train de travailler au restaurant de mon oncle.
Nejma	Tu veux sortir plus tard, alors ? Il y a un concours de pétanque pour le 14 juillet. C'est à cinq heures. Tu seras libre ?
Djamel	Oui, pas de problème. Je serai libre à partir de quatre heures. On se retrouve où ?
Nejma	À l'arrêt de bus devant le restaurant.
Djamel	D'accord. À quelle heure ?
Nejma	À quatre heures et demie. Ça va ?
Djamel	Oui, super ! À cet après-midi, alors. Salut !

1 💡 Compréhension

Lisez les conversations. Reliez chaque photo à une conversation.

Exemple : **A** *2*

A

C

D

E

F

Grammaire en contexte

Le présent continu : être en train de + infinitif

Je <u>suis en train de</u> faire un gâteau.
= Je fais un gâteau maintenant.

2 ✏️ Écrivez

Regardez les photos. Imaginez des tweets avec *en train de*.

Exemple : Photo A « Je suis en train de danser. »

124

Panorama francophone 1 © Cambridge University Press 201

3 🎧 📖 Écoutez et lisez

Recopiez la grille. Écoutez et lisez, puis complétez la grille.

4 📖 Lisez

Notez le vocabulaire utile dans les trois conversations pour :
- proposer une sortie
- refuser
- accepter
- organiser le lieu et l'heure du rendez-vous.

Exemple : Conversation 1 : 1 Tu es libre… ?, On va… ?

5 💬 Parlez

Jouez les trois conversations avec un(e) camarade.

Point info

Les îles de la Martinique et de la Guadeloupe sont des départements français d'outre-mer et donc elles célèbrent aussi la Fête Nationale le 14 juillet. C'est un jour férié très festif : on commémore la Révolution Française de 1789, bien sûr, mais aussi le début du mouvement pour l'abolition de l'esclavage.

Vocabulaire

Pour inviter
On va (au défilé) ?
Tu veux (+ infinitif) ?
Tu peux (+ infinitif) ?
Tu voudrais (+ infinitif) ?
Qu'est-ce que tu fais… ?
Tu es libre… ?

Pour accepter
Oui, je veux bien.
D'accord.
Bonne idée !

Pour refuser / s'excuser
Non, je ne peux pas.
Je regrette mais je dois (+ infinitif)
Je suis désolé(e) mais…

Pour organiser le rendez-vous
On se retrouve où / quand ?

Grammaire en contexte

Devoir et *vouloir* au présent de l'indicatif

devoir

je dois	nous devons
tu dois	vous devez
il/elle/on doit	ils/elles doivent

vouloir

je veux	nous voulons
tu veux	vous voulez
il/elle/on veut	ils/elles veulent

Comparez ces verbes avec le verbe *pouvoir* à la page 114.

Tous ces verbes sont normalement suivis d'un infinitif :

Ils doivent travailler.
Je veux sortir.
Tu peux venir ?

📖 Cahier d'exercices 10/3

6 💬 Parlez

1. À deux : discutez et faites une liste de sorties possibles dans votre ville ou la ville voisine.

Exemple : aller au cinéma, jouer au badminton…

2. Inventez des conversations. L'élève A propose une sortie mentionnée sur la liste, l'élève B accepte ou refuse.

7 🎧 Écoutez

Écoutez et complétez la grille de l'activité 3 pour Éva et Yanis.

8 💬 Parlez

À deux : regardez la grille et les expressions dans l'encadré *Vocabulaire* et reconstituez la conversation entre Éva et Yanis.

9 💭 Imaginez

Inventez une nouvelle fête pour votre pays. Quand est-ce que vous la célébreriez ? Qu'est-ce que vous voudriez célébrer ? Pourquoi ? Comment ?

125

Préparez des recettes françaises ou francophones pour votre fête au lycée.

La galette des rois

Ingrédients pour 6 / 8 personnes

2 pâtes feuilletées (disponibles en magasin)
200 g d'amandes en poudre
150 g de sucre en poudre
2 œufs entiers
1 jaune d'œuf
1 cuillère à café de lait
100 g de beurre fondu
4 gouttes d'essence d'amandes amères
1 fève

1 ___ le four à 200° C.

2 ___ le beurre mou avec le sucre et les amandes en poudre.

3 ___ les 2 œufs.

4 ___ une pâte feuilletée ronde sur une plaque recouverte de papier sulfurisé.

5 ___ la crème d'amande au centre de la pâte. Mettez la fève !

6 ___ la seconde pâte feuilletée sur la première. ___ les bords de la galette avec les doigts.

7 ___ un œuf avec une cuillère à café de lait, et ___ sur le dessus de la galette.

8 ___ des lignes sur la galette avec une fourchette.

9 ___ 30 minutes dans un four à 200° C.

10 ___ tiède ou froid. Bon appétit… et attention à la fève !

1 Lisez et écoutez

1 Cherchez la signification des verbes de l'encadré.

2 Complétez la recette.

Exemple : 1 Préchauffez

3 Écoutez pour vérifier.

> ajoutez • dessinez • étalez • étalez
> faites cuire • mélangez • mettez • posez
> préchauffez • refermez • servez

2 Écoutez

Réécoutez la recette et notez les expressions utiles pour indiquer les différentes étapes de la recette.

Exemple : Tout d'abord, ensuite,…

3 Recherchez

1 Notez les mots utiles pour expliquer une recette.

Exemple : préchauffez le four

2 Recherchez d'autres verbes à l'infinitif utiles pour une recette.

Exemple : battre (les œufs), découper, verser

4 Écrivez et parlez

1 Choisissez une spécialité de votre pays et écrivez la recette.

2 Préparez un podcast ou un clip vidéo pour un public francophone.

Des idées et astuces pour organiser et réussir votre fête francophone.

Accueil — **Discussion** — **Aide**

Avec un groupe de copains, je voudrais organiser une fête française au lycée. Vous auriez des conseils à me donner ?

Camille
Vous pourriez demander à votre prof d'arts plastiques de vous aider. Moi, je mettrais les affiches dans les couloirs et je distribuerais les dépliants à la sortie des cours.

Yanis
Pour ta fête, tu ne devrais pas poster de message sur les réseaux sociaux : il faut limiter le nombre d'invités si le local est petit ! Tu pourrais plutôt envoyer des cartes d'invitation ou contacter les personnes que ça intéresserait par e-mail.

Clara
L'ambiance générale, c'est important : tu devrais choisir des couleurs vives, le rouge par exemple, ça donnerait une ambiance de fête joyeuse. Tu pourrais mettre des petits drapeaux, des nappes bleu blanc rouge sur les tables, etc.

Antoine
Pour mettre de l'ambiance, vous pourriez organiser des jeux simples. Surtout, vous ne devriez pas forcer les gens à participer, sinon ça casserait l'ambiance!

Gabriel
La musique, c'est essentiel pour créer une bonne atmosphère. En l'absence d'un DJ, vous pourriez créer à l'avance une longue playlist de chansons françaises, et vous n'auriez pas à vous préoccuper de la musique pendant la soirée.

Louise
Avec un budget, vous pourriez acheter des choses simples et pas trop chères, comme du pain et du fromage. Chaque invité pourrait aussi apporter quelque chose, un plat ou une boisson.

1 📖 Lisez

De quel point parle chaque message ? Attention, il y a plus de points que de messages.

Exemple : Camille G

A   le lieu de la fête
B   la date et l'heure de la fête
C   les indications pour arriver à la fête
D   le prix de l'entrée
E   le budget
F   les invitations
G   la publicité
H   la nourriture et les boissons
I   la décoration
J   la musique
K   les animations
L   l'équipement nécessaire

Grammaire en contexte

Devoir, pouvoir, vouloir au conditionnel

devoir	je devrais, nous devrions, ils devraient…
	(produire des affiches)
pouvoir	je pourrais, nous pourrions, ils pourraient…
	(demander de l'aide au professeur)
vouloir	je voudrais, nous voudrions, ils voudraient…
	(organiser une fête)

Regardez les terminaisons du conditionnel, page 109.

Je devrais faire des affiches.

Nous pourrions inviter les profs.

Ils voudraient peut-être danser.

2 📖💬 Lisez et parlez

Répondez aux questions.

1 Où pourrait-on mettre des affiches ?
2 Pourquoi n'est-ce pas une bonne idée d'inviter sur Facebook ou Twitter ?
3 Quelle couleur faut-il choisir pour une ambiance joyeuse ?
4 Pourquoi ne faut-il pas forcer les invités à jouer ?
5 Comment peut-on organiser la musique ?
6 Qui pourrait apporter à boire et à manger ?

3 📖✏️ Lisez et écrivez

1 Repérez tous les verbes au conditionnel dans les messages et notez leur forme à l'infintif.

Exemple

je voudrais (vouloir)

vous auriez (avoir)

vous pourriez (pouvoir)

2 Réutilisez chaque verbe dans une phrase différente.

Exemple

(vouloir) Nous voudrions célébrer les 100 ans du lycée.

4 ✏️ Écrivez

À deux, ajoutez vos conseils au forum : écrivez des messages pour les points non mentionnés dans le forum (voir liste **A** à **L**). Utilisez des verbes au conditionnel.

Exemple : E Vous devriez / Tu devrais établir un budget pour acheter la nourriture et la décoration.

5 💬 Parlez

1 À deux, présentez vos idées et astuces à la classe.
2 La classe donne une note à chaque idée / astuce.

Comment préparer les invitations pour votre fête.

1 Lisez

Reliez aux éléments de l'invitation :

Exemple : A 7

- **A** personne(s) qui invite(nt)
- **B** personne(s) invitée(s)
- **C** indique qu'il faut répondre à l'invitation
- **D** le jour
- **E** l'heure
- **F** l'occasion fêtée
- **G** le lieu

2 Compréhension

Vrai ou faux ? Justifiez vos réponses.

Exemple : 1 FAUX C'est une invitation pour la Fête de la Musique.

1. L'invitation, c'est pour fêter Pâques.
2. La fête aura lieu le soir.
3. Il faut répondre à l'invitation.
4. La fête aura lieu dans un lycée.
5. La fête est ouverte à tout le monde.

3 Parlez

En classe, discutez les différences entre une invitation et une affiche publicitaire (voir page 119).

Exemple : Sur une invitation, il y a le nom de l'invité, mais sur l'affiche il n'y a pas de nom, c'est plus général.

4 Écrivez

À deux, créez une invitation et/ou une affiche publicitaire pour la fête de votre lycée. La classe vote pour sélectionner les meilleures.

Voici le compte-rendu de la fête francophone au lycée Blaise Pascal.

http:monblogcomitedesfetesBP.fr

Blog du Comité des Fêtes Lycée Blaise Pascal

Vive la France!

par Océane, terminale 2B, secrétaire du Comité des Fêtes

Vendredi dernier, nous avons fait une grande fête au lycée : nous avons célébré le 14 juillet, la fête nationale française.

▶ Avant la fête, je suis allée voir le principal, M. Jeantieu, avec deux autres membres du Comité. On a demandé l'autorisation de faire la fête dans la salle du rez-de-chaussée. Il a accepté et a été très sympa avec nous. Lui aussi aime bien les fêtes !

Katia, Luc et moi avons préparé des affiches et des invitations. J'ai distribué les invitations avec eux à la sortie des cours. Il y avait environ 90 invités à la fête.

Anya et Paul se sont occupés de la décoration : elle, elle a mis des guirlandes bleu blanc rouge et lui, il a collé des affiches de Paris sur les murs.

▶ Avec l'aide des profs d'arts plastiques (merci Mme Duflot et Mlle Vigan !), Lucie et Julie __[1]__ [*préparer*] une exposition de photos et de peinture sur le thème de la France. C'était très beau.

Clément et Hamid __[2]__ [*organiser*] un concours de pétanque, qui __[3]__ [*avoir*] beaucoup de succès. Il y avait quatre équipes, profs contre élèves. Ce sont les profs qui __[4]__ [*gagner*].

Merci Hugo! C'est lui qui __[5]__ [*être*] entièrement responsable de la musique. Il __[6]__ [*s'occuper*] de la sélection de la musique et __[7]__ [*créer*] une playlist sympa avec des chansons d'artistes français : c'était de la musique traditionnelle de bal avec des airs d'accordéon mais aussi des chansons modernes. Les gens __[8]__ [*s'amuser*] : même le principal __[9]__ [*danser*] !

▶ En conclusion, tout le monde s'est bien amusé et il y avait une bonne ambiance.

Bien sûr, nous n'avons pas oublié la nourriture ! Ayesha, Samia et Arthur ont utilisé l'argent du Comité des fêtes pour acheter des chips, du pain, du fromage et des jus de fruits. Il y avait aussi des quiches lorraines et des mini-éclairs au chocolat. Les invités ont apporté des spécialités françaises et il y avait un buffet absolument génial ! C'était délicieux. La mère de Gwenaëlle, qui est française, a fait des crêpes. C'était une fête très réussie. Merci à tous !

Pour une description dans le passé :
C'était et *Il y avait*

Il y avait une bonne ambiance à la fête. C'était sympa.

Il y avait un buffet. C'était très bon.

1 💡 Compréhension

Lisez le compte-rendu de la fête. Trouvez un titre pour chaque section (1–3).

- A Les animations
- B Les tenues portées
- C Les plats et les boissons
- D Les préparations
- E Les problèmes rencontrés

2 📖 Lisez

1 Relisez la section 1. Trouvez les six pronoms disjoints. À quoi se réfèrent-ils ?

Exemple : nous = les membres du comité + Océane

2 Complétez la section 2 avec les verbes au passé composé.

Exemple : 1 ont préparé

3 Relisez la section 3 et répondez aux questions.

1 Qu'est-ce qu'ils ont bu à la fête ?
2 Qu'est-ce qu'ils ont mangé?
3 Est-ce qu'ils ont acheté toute la nourriture ?
4 La fête a-t-elle été un succès ? Justifiez votre réponse.

3 ✏️ 💬 Écrivez et parlez

Écrivez six questions sur le texte. Posez vos questions à la classe.

Exemple : Qui est M. Jeantieu? (C'est le principal).

4 ✏️ Écrivez

Avez-vous organisé une fête ? Écrivez le compte-rendu de la fête pour le site web de votre lycée. (Si vous n'avez pas organisé de fête, écrivez le compte-rendu d'une fête imaginaire.)

Révisions

Les fêtes.

1 🏁 Mise en route

Regardez les photos-mystère. C'est quelle fête ? Discutez en classe et vérifiez avec votre professeur.

Exemple : La photo numéro 1, c'est… On peut voir un bout de…

2 ✏️ Écrivez et parlez

1. Choisissez une fête. Écrivez le plus d'informations possibles sur cette fête en 3 minutes.

   Exemple : Photo 2 : C'est la Saint-Valentin. C'est le 14 février. Pour la Saint-Valentin, on peut envoyer une carte…

2. Lisez votre texte à la classe. Marquez un point par information correcte et deux points pour chaque information que vous êtes le seul / la seule à donner.

3 💬 Parlez

À votre avis, certaines fêtes sont-elles devenues trop commerciales ? Lesquelles ? Pourquoi ? Discutez en classe.

La santé pour tous

Chapitre 11

Aspects couverts
* La santé
* Le corps
* Les maladies
* Les métiers de la santé
* La forme physique
* Le régime alimentaire
* Chez le médecin
* Les accidents

Grammaire
* L'imparfait
* Les expressions avec *avoir*
* Le passé récent : *venir de* + infinitif
* La négation : *ne… pas / jamais / rien / plus*
* L'imparfait ou le passé composé ?

1 🏁 Mise en route

Regardez la photo. Préparez des questions à poser à la classe.

Exemple : À votre avis, où est-ce ? Qu'est-ce que le médecin est en train de faire ?

2 🔍 Recherchez

Répondez aux questions.

1. Quel est le but de MSF ?
2. Quel pays est à l'origine de l'association MSF ? En quelle année a-t-elle été fondée ?
3. Dans combien de pays trouve-t-on les équipes MSF ?
4. Est-ce que MSF existe dans votre pays ?
5. Connaissez-vous des organisations similaires ?

131

Les problèmes de santé sont-ils les mêmes dans tous les pays ?

1 Mise en route

1. Regardez le dessin. Mémorisez le nom des parties du corps.
2. Cherchez le nom d'autres parties du corps. Jouez au pendu avec un(e) partenaire.

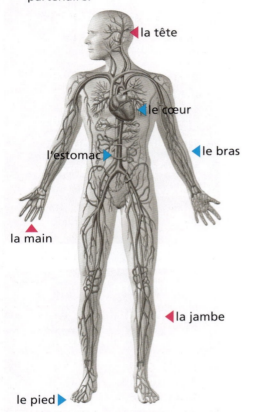

- la tête
- le cœur
- l'estomac
- le bras
- la main
- la jambe
- le pied

Cahier d'exercices 11/1

2 Lisez

1. Lisez les textes sur Zola et Delia. Trouvez le nom de :
   1. trois parties du corps
   2. quatre maladies
   3. cinq pays
2. Vrai ou faux ? Justifiez vos réponses.

Exemple : 1 FAUX. Il est biologiste et technicien de laboratoire.

1. Zola travaille dans un bloc opératoire.
2. Zola est parti en Angola pour sa première mission MSF.
3. Zola a travaillé pour lutter contre la malaria.
4. Delia est une infirmière qui s'occupe d'enfants.
5. Mirlanda a perdu une jambe.
6. Mirlanda a perdu l'usage de sa main.

Médecins Sans Frontières : les métiers

Zola est biologiste et technicien de laboratoire dans un hôpital MSF en Haïti. Il a fait ses études au Congo. Sa première mission avec MSF, c'était en Angola dans un programme spécialisé dans la malaria, la tuberculose et la méningite, puis au Soudan dans un programme de lutte contre la maladie du sommeil.

Delia vient d'Italie. Elle est chirurgienne plasticienne et est partie en mission en Haïti avec MSF en 2010. Elle a opéré Mirlanda, 10 ans, grièvement blessée à une jambe et à un bras pendant le tremblement de terre. La petite fille a dû être amputée d'une jambe. Delia a aussi opéré son poignet et Mirlanda peut à nouveau utiliser sa main.

3 Testez vos connaissances

Lisez les informations sur les maladies. Reliez chaque maladie à sa définition.

Exemple : 1 B

1. la crise cardiaque
2. le cancer
3. l'accident vasculaire cérébral
4. le Sida (ou syndrome de l'immunodéficience acquise)
5. la tuberculose
6. la lèpre
7. la malaria

A. un virus attaque le système immunitaire du corps
B. les muscles cardiaques manquent d'oxygène et le cœur s'arrête
C. une hémorragie ou un caillot dans le cerveau paralyse une jambe, un bras et la moitié du visage
D. une bactérie attaque la peau, les nerfs, les yeux, le nez et d'autres parties du corps
E. des cellules anormales se divisent et causent des tumeurs dans différentes parties du corps (comme les poumons, les seins, l'estomac, etc.)
F. une piqûre de moustique infecte le sang et cause une forte fièvre
G. cette maladie infectieuse attaque surtout les poumons

La vie d'une infirmière en mission

Sarah, parlez-nous de vous.
Alors, j'ai 32 ans, je suis de Paris où j'__[1]__ mes études d'infirmière pendant trois ans. J'__[2]__ deux ans en pédiatrie dans un hôpital parisien. Comme je voulais travailler dans l'humanitaire, je __[3]__ en mission pendant trois ans, avec une ONG*, essentiellement dans les pays africains. Je __[4]__ en France et maintenant, je travaille en hôpital.

Parlez-nous de la vie quotidienne d'une infirmière en mission.
Difficile ! Les missions changeaient toujours. Une fois, c'était une épidémie de rougeole et après, c'était le choléra. Les journées n'étaient jamais les mêmes mais, en général, les conditions de vie étaient dures : on se levait vers __[5]__ heures du matin, on mangeait très mal, on dormait à __[6]__ sous une tente, on travaillait __[7]__ jours sur sept, 14 ou __[8]__ heures par jour.

Vous vous occupiez d'enfants malades, c'est ça ?
Oui. Là-bas, beaucoup d'enfants meurent de la malaria, du Sida et de malnutrition. Mais vous __[9]__, deux des principales causes de mortalité infantile, __[10]__ la diarrhée et les infections respiratoires.

D'accord. C'est très différent en France ! Vous êtes revenue en France l'année dernière, c'est ça ?
Oui et depuis que je __[11]__ je m'occupe d'enfants qui souffrent de maladies causées par une nourriture trop riche, comme l'obésité et le diabète. C'est complètement différent !

Allez-vous repartir en mission un jour ?
J'__[12]__ bien mais ce __[13]__ plus difficile parce que j'ai deux enfants maintenant. Peut-être plus tard, quand ils __[14]__ grands.

Eh bien, merci pour ce témoignage, Sarah, c'était très intéressant.

*ONG : organisation non-gouvernementale

4 Parlez

Discutez en classe : est-ce que ces maladies (activité 3, page 132) sont fréquentes dans votre pays ?

5 Écoutez et lisez

Complétez les blancs de l'interview de Sarah.

Exemple : 1 j'ai fait

6 Compréhension

Reliez chaque paragraphe à son titre.

Exemple : 1 A

A   La formation et le début de carrière de Sarah
B   Les maladies dangereuses pour les enfants en Afrique
C   Le plan de carrière de Sarah
D   Les problèmes médicaux des enfants en France
E   La vie de Sarah dans l'humanitaire

7 Parlez

À deux : lisez l'interview de Sarah.

8 Écrivez

Répondez aux questions. Utilisez des verbes à l'imparfait Pour cela, regardez l'encadré *Grammaire en contexte*.

1   Où habitait Sarah quand elle faisait ses études d'infirmière ?
2   Où travaillait-elle immédiatement après ses études ?
3   Quelle était son ambition quand elle travaillait à Paris ?
4   Qu'est-ce qu'elle faisait en Afrique ?
5   Pourquoi les conditions de vie étaient-elles difficiles pendant les missions ?

Cahier d'exercices 11/2

9 Parlez

Selon vous, quelles maladies affectent le plus les jeunes dans votre pays ? Les maladies sont-elles les mêmes dans tous les pays ? Justifiez votre point de vue dans votre langue.

Grammaire en contexte

L'imparfait

On utilise l'imparfait :

– pour une description dans le passé :

Les conditions de vie <u>étaient</u> dures.

– pour une action habituelle dans le passé :

On se <u>levait</u> à 5h. On <u>mangeait</u> mal.

– pour une action qui n'est pas complète – voir page 141.

L'imparfait = radical + terminaison

Pour former le radical :

1   commencez avec le verbe au présent qui va avec *nous* et enlevez *-ons*

nous travaill<s>ons</s> → travaill-

vous voul<s>ez</s> → voul-

Une seule exception : le verbe *être* a le radical *ét-*

2   ajoutez les terminaisons :

je/j'	travaill-	-ais
tu	voul-	-ais
il/elle/on	ét-	-ait
nous		-ions
vous		-iez
ils/elles		-aient

je travaillais, on voulait, nous étions, elles travaillaient

Est-ce que vous aimeriez partir en mission pour MSF ?
Qu'est-ce que vous aimeriez faire ?

1 Lisez

Lisez les définitions et trouvez le métier dans l'encadré *Vocabulaire*.

Exemple : 1 accoucheur / sage-femme

1. Il/Elle s'occupe des mères et des nouveau-nés avant et après la naissance, dans des dispensaires ou dans le service maternité de l'hôpital.
2. Il/Elle est responsable des opérations à l'hôpital et fait les visites post-opératoires.
3. Il/Elle organise les soins et donne les médicaments aux patients dans les dispensaires ou les hôpitaux. Il/Elle fait aussi des campagnes de vaccination et gère les soins de nutrition.
4. Il/Elle supervise les activités du laboratoire. Il/Elle travaille souvent sur des programmes spécifiques comme la lutte contre la tuberculose ou le sida.
5. Il/Elle contrôle la bonne gestion des médicaments et du matériel médical de la pharmacie (commande, stockage et distribution aux hôpitaux).
6. Il/Elle soigne les patients hospitalisés et aussi les patients sortis de l'hôpital. Il/Elle s'occupe des urgences et assure des gardes. Il/Elle participe aussi à la formation du personnel local.

Vocabulaire

 un chirurgien   une chirurgienne
un infirmier une infirmière
un pharmacien une pharmacienne
un technicien une technicienne
un accoucheur une sage-femme

un médecin généraliste

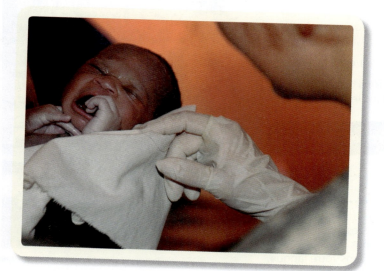

2 Recherchez

1. À deux : dans un dictionnaire, cherchez le nom des spécialistes pour les parties du corps (1–4) et écrivez une définition.

Exemple : 1 Le dentiste soigne les dents et les gencives.

1. les dents
2. les yeux
3. les problèmes de cœur
4. les problèmes psychologiques

2. Trouvez le nom d'autres spécialistes.

3 Écoutez

Écoutez Léo. Il parle de ce qu'il pourrait faire en mission MSF.

1. Quels métiers mentionne-t-il ?
2. Lequel des deux préfère-t-il ? Pourquoi ?

 Cahier d'exercices 11/3

4 Recherchez et écrivez

Recherchez d'autres métiers utiles aux missions humanitaires. Si vous deviez partir en mission, qu'est-ce vous aimeriez faire ? Qu'est-ce que vous ne feriez pas ? Expliquez.

Exemple : Personnellement, je ne serais jamais chirurgien parce que je trouverais trop dur de travailler avec des blessés. Par contre, j'aimerais bien travailler comme technicien de laboratoire et faire des tests…

5 Écoutez et parlez

Réécoutez Léo (activité 3) et répondez. Discutez en classe.

1. Quelle est la motivation de Léo pour travailler pour MSF ?
2. Pourquoi Léo pense-t-il que l'action de MSF est bénéfique ?
3. Pourquoi pense-t-il que l'action humanitaire n'est pas toujours positive ?

L'aide humanitaire : oui, mais…

A. Est-elle toujours adaptée ?

Faire un don peut sembler généreux mais certains dons sont inadaptés, surtout quand il s'agit de médicaments. Par exemple, après le tsunami de 2004 en Indonésie, 4 000 tonnes de médicaments sont arrivées dans la région (2 kilos par habitant !). La plupart des médicaments étaient inadaptés aux besoins des survivants, qui, pour la majorité, n'étaient pas malades. 25% des médicaments étaient périmés et 70% étaient inutilisables parce qu'on ne pouvait pas lire les notices.

B. Son but est-il toujours honorable ?

L'aide humanitaire n'est pas uniquement un outil de lutte contre la détresse des populations sinistrées. Elle peut aussi être un outil de politique étrangère aux mains des gouvernements donateurs, qui ont une présence économique et militaire sur le terrain. La frontière entre l'action humanitaire, économique et militaire n'est pas toujours claire.

C. Quelles pourraient être les conséquences ?

L'aide d'urgence aux pays en crise est toujours la bienvenue mais elle ne résout pas tous les problèmes, surtout à long terme. L'action humanitaire mène souvent à la dépendance : elle ne permet pas aux habitants de s'auto-développer et, par conséquent, de devenir autonomes. C'est un cercle vicieux : s'ils ne sont pas autonomes, ils ne pourront pas faire face aux futurs problèmes sans intervention étrangère.

Lisez

Lisez les coupures de journaux. Quelle coupure dit que…

- l'aide humanitaire ne garantit pas forcément un avenir indépendant ?
- l'aide humanitaire ne correspond pas toujours aux besoins des pays sinistrés ?
- les organisations qui apportent de l'aide ont souvent de multiples motivations ?

2. Recherchez et écrivez

À votre avis, y a-t-il d'autres problèmes associés à l'aide humanitaire ? Lesquels ?

Exemple : L'aide alimentaire, avec ses produits gratuits, peut endommager le commerce local.

Vocabulaire

Pour exprimer votre opinion

J'estime que…

Je considère que…

Je suis convaincu(e) que…

Il me semble que…

On dirait que…

J'estime que l'aide humanitaire est indispensable, même si tout n'est pas parfait.

Il me semble que les actions des gouvernements ont toujours une motivation politique.

On dirait que les organisations humanitaires ne considèrent pas toujours la cause des crises.

3. Recherchez et parlez

Discutez en classe, dans votre langue maternelle.

1. L'aide humanitaire implique-t-elle toujours la perte d'autonomie des pays aidés ?
2. La motivation de l'aide humanitaire est-elle plus impérialiste qu'altruiste ? Justifiez votre point de vue par des exemples.
3. Selon vous, comment garantir le succès de l'aide humanitaire ?

Une journée dans la vie d'un médecin-généraliste

Voici Dr Sylvain Courgeat, 39 ans, médecin généraliste dans la banlieue de Roubaix, dans le nord de la France. Il nous raconte une journée type.

6h30
Le réveil sonne, je saute du lit. Petit jogging pour garder la forme, puis douche, petit déjeuner rapide avant d'amener les enfants à l'école.

8h15
J'arrive à mon cabinet. Je fais un peu de ménage dans la salle d'attente (la femme de ménage coûte trop cher !). Je n'ai pas de secrétaire alors j'ouvre et je classe le courrier.

8h30
Premier coup de téléphone. Je réponds (après 9h00, c'est le standard de la maison de santé qui prendra mes rendez-vous).

– Allô, je voudrais prendre un rendez-vous avec le docteur Courgeat.

– C'est urgent ?

– Euh, oui assez.

– Vous pourriez venir demain matin à 11h30 ?

– Non, je ne peux pas demain. C'est possible aujourd'hui ?

– Bon, d'accord, venez à 19h30. C'est à quel nom ?

– Monsieur Dubois, Robert.

– D'accord, Monsieur Dubois, à ce soir. Au revoir.

8h45
La salle d'attente est déjà pleine. Première consultation : Mademoiselle Guillon. Elle a l'air d'avoir de la fièvre, elle tousse. Allez, encore une grippe, la première de la journée.

– Bonjour, Mlle Guillon. Entrez. Qu'est-ce qui ne va pas ?

– Je ne me sens pas bien. J'ai très mal à la tête et à la gorge, j'ai envie de vomir.

– D'accord, je vais vous examiner et prendre votre température.

– J'ai chaud, j'ai froid, j'ai de la fièvre, c'est sûr !

– Oui, 39°, c'est beaucoup. Ça fait mal quand vous toussez ?

– Oui, ça me fait mal à la poitrine. C'est grave, docteur ?

– C'est une grippe, avec une infection de la gorge. Je vais vous faire une ordonnance pour un antibiotique. Vous prendrez un comprimé trois fois par jour pendant sept jours. Sucez aussi des pastilles pour la gorge. Et vous avez besoin de repos. Je vous fais un arrêt de travail pour quelques jours. Restez au lit, reposez-vous et buvez beaucoup.

– D'accord, docteur, merci.

12h30
Après le douzième client de la matinée, je rentre déjeuner chez moi. J'ai besoin de mon repos du midi. Mon journal et mon café, c'est sacré !

14h00
Je pars pour mes consultations à domicile. Il y a Madame Deltond, 89 ans, gros problème cardiaque, début d'Alzheimer, mais adorable et qui ne se plaint jamais. Je sonne. Pas de réponse. J'entre.

– Bonjour, Mme Deltond. Ça ne va pas aujourd'hui ?

– Je suis tombée, docteur, et je me suis coupée au pied.

– Hmmm… Vous avez mal ?

– Pas vraiment.

– Heureusement, vous ne vous êtes pas cassé la jambe ! Bon, je vais désinfecter la blessure avec cette crème antiseptique et faire un pansement. L'infirmière passera demain pour changer le pansement.

– Ah, vous êtes un ange, docteur !

– Je sais, Mme Deltond, je sais !

– Vous avez soif ? Vous voulez prendre un café ? Avec un petit morceau de gâteau ?

– Désolé, j'aimerais bien mais je n'ai pas le temps. Je repasserai vous voir après-demain. Il faut bien boire et bien manger, hein, Mme Deltond ! Et surtout, n'oubliez pas vos médicaments pour le cœur !

– D'accord, docteur. À bientôt.

17h30
Après mes autres visites à domicile, essentiellement des personnes âgées avec qui il est important de rester bavarder, je rentre au cabinet mais ce n'est pas la fin de ma journée : j'ai encore sept consultations.

19h45
Je m'assois devant l'ordinateur pour faire le travail administratif : j'inscris mes consultations de la journée (19 consultations à 23 euros, six visites à 33 euros – la moitié partira en charges), j'écoute mes messages, je prépare mon agenda pour les jours suivants. J'appelle l'infirmière pour organiser des visites quotidiennes chez Mme Deltond.

20h30
Oh là là, déjà ! Je dois rentrer si je veux voir mes enfants. Et j'ai faim. Je me demande ce qu'on va manger ce soir. Je me demande aussi ce que Mme Deltond va manger ce soir…

23h50
J'ai lu une histoire aux petits, j'ai mangé et bavardé avec ma femme, j'ai fini mes notes de consultations, j'ai regardé les infos à la télé. J'ai très envie de dormir mais avant d'aller au lit, je dois lire cet article sur un nouveau traitement pour les problèmes cardiaques. Ça pourrait aider Mme Deltond, peut-être…

1 🏁 Mise en route

Numérotez les activités du Dr Courgeat dans le bon ordre.

Exemple : 1 B

A Il fait sa première visite chez une patiente du troisième âge.

B Il se lève et se prépare.

C Il voit sa première patiente.

D Il prend le premier appel d'un patient.

E Il fait le travail de secrétariat.

F Il s'informe sur les dernières recherches médicales.

G Il rentre à son cabinet en fin d'après-midi.

H Il retourne à la maison pour manger et se relaxer un peu.

I Il nettoie un peu son cabinet.

Qu'est-ce qui vous surprend dans le récit du Dr Courgeat. Pourquoi ? Que pensez-vous du docteur ?

2 📖 💬 Lisez et parlez

Trouvez à la page 136 la conversation pour prendre un rendez-vous. Ensuite jouez le dialogue avec votre partenaire.

3 🎧 Écoutez

Écoutez deux autres appels et notez le jour et l'heure du rendez-vous et le nom du patient.

4 💬 Parlez

À deux : imaginez et jouez un dialogue entre la réceptionniste de la maison de santé et un client du Dr Courgeat qui a besoin d'un rendez-vous urgent.

5 🎧 📖 Écoutez et lisez

Écoutez et lisez à la page 136 les deux consultations du Dr Courgeat. Répondez aux questions 1–4 pour Mlle Guillon et Mme Deltond.

1 Quels sont ses symptômes ?
2 Où a-t-elle mal ?
3 Que fait le docteur ?
4 Quels sont ses conseils ?

Grammaire en contexte

Les expressions avec *avoir*

avoir mal à la (tête) / au (pied)
avoir envie de (vomir)
avoir chaud / froid
avoir soif / faim
avoir besoin de (repos)
J'ai mal à la tête et à la gorge.
Elle n'a pas faim.
Vous avez besoin de repos.
Ils ont très soif.

6 📖 Lisez

Trouvez dans l'article (page 136) toutes les expressions avec *avoir*. Traduisez-les dans votre langue.

7 🎧 Écoutez

Écoutez deux autres consultations. Notez dans votre langue les symptômes des patients et les conseils du Dr Courgeat.

8 💬 Parlez

À deux : inventez d'autres consultations, avec des symptômes et des problèmes différents. Donnez une personnalité aux clients (pénible, amusant, paniqué, etc.).

📓 *Cahier d'exercices 11/4*

Point info

En France, la Sécurité Sociale rembourse environ 75% du prix des médicaments.

9 📖 Lisez

Laquelle des blagues suivantes préférez-vous ? Connaissez-vous d'autres blagues ?

Le médecin félicite une vieille patiente qui vient de fêter ses 100 ans :

– Chère madame, j'espère bien fêter vos 101 ans l'année prochaine.

– Pourquoi pas ? Vous avez l'air en bonne santé !

Une femme vient d'être renversée par une voiture. Un passant vient à son aide :

– Vous avez de la chance, madame. On est juste devant le cabinet d'un médecin.

– Oui, sauf que le médecin, c'est moi !

Grammaire en contexte

Le passé récent : *venir de* + infinitif

Venir de + infinitif = ça vient tout juste de se passer.

La vieille patiente vient de fêter ses 100 ans.

137

Comment garder ou retrouver la forme ?

 A  B 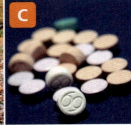 C  D

Forum des jeunes francophones

| Accueil | Discussion | Inscription | Aide |

Marie-Jo
île Maurice

J'ai pris de mauvaises habitudes et je ne suis plus en forme. Qu'est-ce que je devrais faire pour combattre la fatigue et retrouver mon énergie ?

Damien
France

Est-ce que tu fumes ? Tu pourrais arrêter, ça irait mieux. Avant, je fumais huit ou dix cigarettes par jour. J'étais toujours à bout de souffle car le tabac attaque les poumons. J'ai eu une pneumonie et je viens d'apprendre que j'ai de l'asthme. Je ne fume plus et par conséquent, je commence à me sentir beaucoup mieux. Et pour combattre la fatigue, il y a une solution assez évidente : ne va pas au lit trop tard !

Lili
Québec

Tu devrais faire de l'exercice tous les jours. Avant, je n'aimais pas le sport, je ne faisais jamais d'exercice régulièrement. Comme je ne faisais rien, je n'étais pas en forme. C'était un cercle vicieux. Mais j'ai trouvé une solution : la marche à pied en forêt. J'adore la nature et c'est donc toujours un plaisir de me promener. L'année dernière, je ne faisais jamais de marche. Maintenant, je marche au moins 30 minutes quatre fois par semaine et c'est comme ça que j'ai retrouvé la forme. Tu pourrais faire comme moi !

Louane
Belgique

Comme toi, je n'avais jamais d'énergie et j'étais souvent fatiguée ou déprimée. Alors, j'ai fait des cures de vitamines mais ça ne marchait jamais. Puis, j'ai commencé à prendre des stimulants, des drogues illégales comme l'ecstasy et la cocaïne, mais je ne prends plus ces drogues parce que j'ai eu peur de devenir dépendante. Et j'ai lu aussi que la cocaïne abîme le cœur et les poumons et ça peut même provoquer des crises cardiaques. Ne fais donc pas comme moi : ne te tourne jamais vers la drogue comme solution. Pour moi, la solution, c'est un régime anti-fatigue : j'évite le sucre et la farine blanche, je mange plus de céréales complètes et plus de légumes.

Marco
Vallée d'Aoste

Moi aussi, j'ai pris une mauvaise habitude : je bois de l'alcool. Je bois presque tous les jours. Au début, je voulais juste faire comme mes copains alors je buvais de temps en temps, surtout pendant des fêtes. Mais maintenant, je suis devenu accro. Je suis ivre au moins une fois par semaine. Je voudrais arrêter mais je ne sais pas comment. Si on ne peut plus rien faire pour arrêter, il faut demander de l'aide. C'est ce que je viens de faire : j'ai parlé à mes parents et je suis allé voir un médecin. Ils m'ont déjà beaucoup aidé. Le médecin m'a aussi prescrit une cure de désintoxication. Je me sens déjà mieux.

1 Mise en route

Lisez les messages du forum. Reliez les photos aux messages.

Exemple : **A** Marco

2 Lisez et écrivez

Complétez les phrases.

Exemple : Marco boit trop d'alcool et par conséquent… il est souvent ivre.

1. Damien avait des problèmes de respiration parce que/qu'….
2. Damien a arrêté de fumer et c'est pour ça qu'…
3. Lili n'avait pas d'énergie alors…
4. Lili aime se promener en forêt parce que/qu'…
5. Louane s'est droguée pour…
6. Marco veut arrêter de boire : il vient donc de…

Vocabulaire

Pour expliquer et justifier
car
parce que
puisque

Pour indiquer les conséquences
alors
c'est pour ça que/qu'…
donc
par conséquent

3 Écrivez et parlez

1. Faites une liste de résolutions pour améliorer votre forme. Si possible, utilisez un connecteur de l'encadré *Vocabulaire*.

Exemple : Je vais aller courir tous les jours parce que je voudrais perdre du poids.

2. À deux : discutez. Posez des questions pour deviner les résolutions de votre camarade.

Exemple : Est-ce que tu vas te coucher de bonne heure tous les soirs ?

Grammaire en contexte

La négation : ne... pas / jamais / rien / plus

	phrase affirmative	phrase négative ne + pas / jamais / rien / plus
présent	Je fume.	Je **ne** fume **pas**.
imparfait	Ça marchait.	Ça **ne** marchait **jamais**.
futur simple	Il mangera du sucre.	Il **ne** mangera **plus** de sucre.
conditionnel	Ce serait facile.	Ce **ne** serait **pas** facile.
impératif	Fais comme moi	**Ne** fais **pas** comme moi.
passé composé	Ils ont compris.	Ils **n'**ont **rien** compris.
futur proche	Il va être dépendant.	Il **ne** va **plus** être dépendant.
verbe + infinitif	J'aime marcher.	Je **n'**aime **pas** marcher.
	Tu dois boire du lait.	Tu **ne** dois **jamais** boire de lait.
	Vous pouvez combattre la fatigue.	Vous **ne** pouvez **plus** combattre la fatigue.

4 Lisez

Trouvez des exemples de phrases négatives dans les messages du forum.

Exemple : Marie-Jo – Je ne suis plus en forme.

5 Parlez

Ange ou diable ? L'élève A dit une phrase affirmative sur ce qu'il fait pour garder sa forme (inventez si nécessaire !). L'élève B dit le contraire, sans utiliser le même négatif deux fois de suite.

Exemple

- Élève A : Moi, je fume.
- Élève B : Moi, je ne fume pas
- Élève A : Moi, je bois de l'alcool.
- Élève B : Moi, je ne bois jamais d'alcool.

6 Écrivez

Écrivez un e-mail à Marie-Jo (forum, page 138). Expliquez ce que vous faisiez ou ne faisiez pas avant, ce que vous faites ou ne faites plus et ce que vous allez faire pour retrouver la forme. Donnez des conseils pour aider Marie-Jo.

7 Imaginez

Dans le cadre d'une campagne pour rester en bonne santé, créez une annonce radio et / ou une page web avec des conseils.

Utilisez au moins trois exemples de phrases négatives, de verbes au conditionnel et de connecteurs.

Exemple : Vous n'avez plus d'énergie ? C'est peut-être parce que vous ne dormez pas assez et par conséquent, vous risquez des problèmes de santé. Les ados devraient dormir...

8 Lisez et écrivez

Lisez la liste suivante de remèdes d'autrefois. Devinez quel remède correspond à chaque problème. Écrivez des phrases à l'imparfait.

Exemple : mal au dos / mettre une pomme de terre dans sa poche

Autrefois, quand on avait mal au dos, on mettait une pomme de terre dans sa poche.

Il était une fois... de drôles de façons de rester en bonne santé !

Problèmes
1 mal au dos
2 mal au ventre
3 mal à la tête
4 de la fièvre

Remèdes
A manger des oignons et des feuilles de pissenlit
B mettre une pomme de terre dans sa poche
C placer sur le dos un cœur de grenouille
D appliquer du vin blanc

9 Recherchez et parlez

Y avait-il des remèdes bizarres dans votre pays ? Faites des recherches et expliquez à la classe.

Vocabulaire

Auparavant,...

Dans le temps,...

Dans l'ancien temps,...

Au 18ème siècle,...

Le végétarisme est-il l'avenir de la santé dans le monde ?

Pour être en meilleure santé

Plusieurs études démontrent qu'une alimentation végétarienne bien équilibrée renforce le système immunitaire et peut par conséquent prévenir et traiter certaines maladies. Les végétariens sont donc moins obèses, souffrent moins de diabète et ont deux fois moins de risque de mourir d'une maladie cardiovasculaire que les mangeurs de viande.

Manger plus de végétaux et moins de produits animaux est plus sain car on consomme davantage de vitamines et moins de substances nocives pour la santé (comme les graisses saturées, le cholestérol, les toxines, etc.).

Pour éviter la faim dans le monde

La consommation de produits animaux dans les pays développés est à condamner puisqu'elle est en grande partie responsable des famines qui affectent certains pays du tiers-monde. Cette alimentation à base de viande est la façon la moins efficace de nourrir la planète. Les pays du tiers-monde produisent des céréales mais elles servent à nourrir les animaux destinés à l'alimentation des pays riches et non à nourrir les populations affectées par la famine.

Pour protéger les animaux et sauver la planète

Être végétarien, c'est dire « non » à la torture de millions d'animaux, comme par exemple le gavage des oies ou l'élevage industriel des poules en cage. On ne devrait plus ignorer de telles souffrances. En plus, l'élevage industriel de bétail est nocif pour l'environnement, puisqu'il gaspille l'eau et entraîne la déforestation. Beaucoup de gens deviennent végétariens parce qu'ils espèrent éviter une catastrophe écologique.

Pourquoi devenir végétarien ?

---

1 Compréhension

Cet article dans un magazine français est-il pour ou contre le végétarisme ? Quelles sont les principales raisons données ?

2 Lisez

Répondez aux questions.

1. Comment sait-on que le végétarisme est bon pour la santé ?
2. Selon l'article, pourquoi manger de la viande est-il dangereux pour la santé ?
3. Qu'est-ce que les agriculteurs du tiers-monde produisent et qui consomme leurs récoltes ?
4. Quels sont les deux exemples de mauvais traitement des animaux cités dans le texte ?
5. En quoi l'élevage industriel est-il mauvais pour l'environnement ?

3 Lisez et écrivez

Reliez les phrases avec un connecteur de la liste ci-dessous. Attention ! Plusieurs réponses sont possibles.

Exemple : 1 Le végétarisme évite des maladies <u>puisque</u> c'est une alimentation saine.

1. Le végétarisme évite des maladies. C'est une alimentation saine.
2. On consomme moins de graisses. On est en meilleure santé.
3. On a faim dans les pays pauvres. On mange trop de viande dans les pays riches.
4. On veut manger de la viande. On fait souffrir des millions d'animaux.
5. L'élevage intensif est nocif pour la planète. Il abîme l'environnement.
6. Beaucoup de gens veulent protéger l'environnement. Ils deviennent végétariens.

> alors • car • c'est pour ça que
> donc • parce que • puisque

4 Recherchez et parlez

Pour ou contre le végétarisme ? Trouvez et notez d'autres arguments pour et contre le végétarisme. Discutez en classe. Utilisez les expressions de l'encadré *Vocabulaire* à la page 135.

Exemple : Je suis convaincu(e) que le végétarisme n'est pas forcément bon pour la santé parce que si l'on ne mange pas de viande qui contient beaucoup de fer et de protéines, on risque de devenir anémique.

5 Écrivez

Écrivez une lettre au magazine pour dire si vous êtes d'accord avec l'article ci-dessus ou pas. Justifiez vos arguments.

Exemple

J'ai lu l'article sur le végétarisme et je vous écris parce que je suis / je ne suis pas d'accord avec les arguments mentionnés. Personnellement, je trouve que...

Comment faire face à une urgence.

Il y a eu un accident. Delphine téléphone aux services d'urgence.

 Allô, police-secours ?

Oui, j'écoute…

 On a besoin d'une ambulance. Mon copain a eu un accident.

D'accord. Vous êtes où ?

Nous sommes rue Royale, au coin de l'avenue de Grenelle. Une voiture qui sortait du parking a heurté mon copain et il est tombé de sa moto.

Est-ce que votre copain est blessé ?

 Oui, il saigne de la tête et je crois qu'il s'est cassé la jambe.

Est-ce qu'il y a d'autres blessés ?

 Non, je ne crois pas. Le conducteur de la voiture et son passager sont choqués mais ils ne sont pas blessés.

Très bien. Ne bougez pas. Les secours seront là dans dix minutes. Pouvez-vous me donner votre nom… ?

1 Écoutez et lisez

Écoutez et lisez l'appel au service d'urgences. Répondez aux questions.

- Où l'accident s'est-il passé ?
- Qu'est-ce qui s'est passé ?
- Y a-t-il des blessés ?
- Quelles sont les blessures de la victime ? Et du conducteur de la voiture ?
- Qu'est-ce qui va se passer après la conversation ?

Grammaire en contexte

L'imparfait ou le passé composé ?

Quand vous parlez du passé,…

Utilisez l'imparfait…	Utilisez le passé composé…
pour une action qui n'est pas complète, pas encore achevée, par exemple, une description Il _pleuvait_.	pour une action finie, située à un moment précis Une voiture _a heurté_ sa moto. Il _s'est cassé_ la jambe.
pour une action en train de se passer Je _descendais_ la rue (quand je suis tombé).	pour une action qui interrompt une autre action (Je descendais la rue quand) je _suis tombé_.

Cahier d'exercices 11/5

2 Lisez et écrivez

Relisez la conversation. Recopiez et complétez la fiche avec les détails de l'accident, en utilisant les mots du texte.

Exemple : 1 rue Royale…

DÉCLARATION D'ACCIDENT DE LA ROUTE

DATE Vendredi 15 novembre : 10h15

LIEU DE L'ACCIDENT __[1]__

CAUSES ET CIRCONSTANCES
Je descendais la rue Royale à __[2]__ avec mon ami quand __[3]__ a heurté sa moto. La voiture sortait du __[4]__ et a accéléré pour ne pas s'arrêter au feu rouge.

AUTRES OBSERVATIONS Il pleuvait.

NOMBRE DE __[5]__ : un

LA VICTIME A ÉTÉ TRANSPORTÉE en __[6]__ à l'hôpital St-Christophe

SIGNATURE *Delphine Moreau*

Je suis la victime ☐   un témoin ☑

3 Imaginez

Vous êtes impliqué(e) dans un accident. Répondez aux questions des services d'urgence. Écrivez la conversation ou jouez avec un(e) camarade.

Exemple : Je suis sur l'autoroute A6, direction Lyon.

Questions

- Où êtes-vous ?
- Que s'est-il passé ?
- Y a-t-il des blessés ?
- Décrivez les blessures.

Cahier d'exercices 11/6

Révisions

Médecins sans frontières en action.

1 🗨 Parlez

1 Regardez la photo et complétez les phrases.
  1 Cette photo aborde le sujet de…
  2 Je pense que la scène se passe à / dans / en… parce que…
  3 Ce qui me surprend sur cette photo, c'est…
  4 Au premier plan (à droite / gauche), on voit…
  5 À l'arrière-plan, on distingue…

2 Regardez la femme de droite et répondez aux questions.
  1 Qu'est-ce qu'elle vient de faire?
  2 Qu'est-ce qu'elle est en train de faire?
  3 Qu'est-ce qu'elle va faire?

> **Vocabulaire**
>
> **Pour décrire le thème d'une photo**
> Sur cette photo, on voit…
> Cette photo aborde le thème de…
>
> **Pour décrire la photo plus en détail**
> Au premier plan, on voit… / il y a …
> À l'arrière-plan, on peut voir…
>
> **Pour décrire ce que les gens font**
> À mon avis, il/elle est en train de + infinitif
> Je pense qu'il/elle vient de + infinitif
> J'imagine qu'il/elle va + infintif

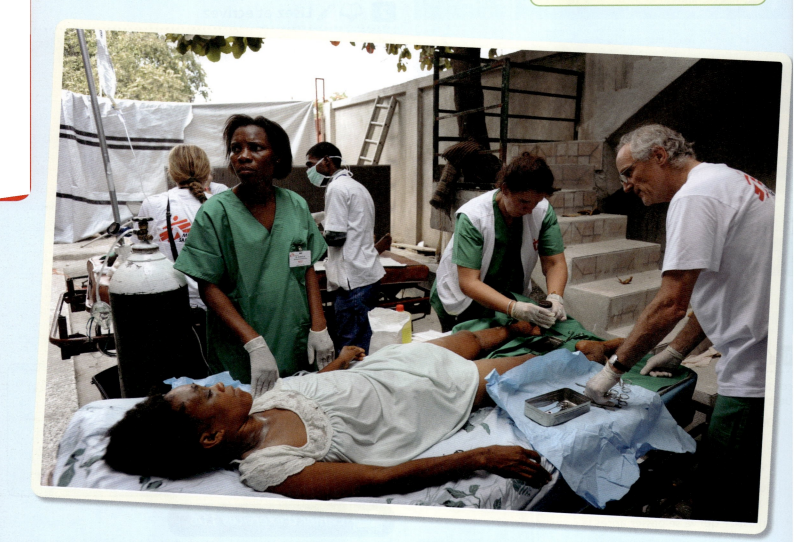

L'évolution du shopping

Chapitre 12

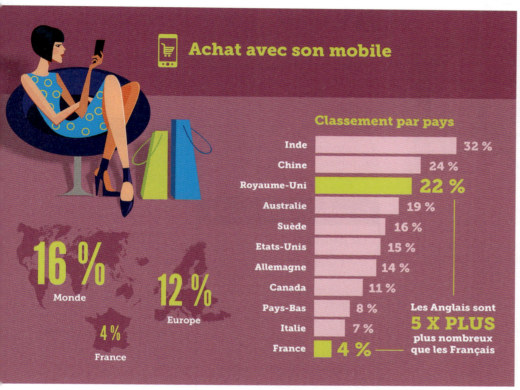

Cette infographie est reproduite avec l'aimable autorisation de Poulpeo (poulpeo.com), le site de cash-back et de réductions en ligne.

Aspects couverts
* Les différents magasins
* Faire des achats
* Les fractions
* Les achats en ligne

Grammaire
* Le pronom *y*
* Les pronoms complément d'objet direct (COD)
* L'infinitif à la place de l'impératif

1 🏁 Mise en route

Regardez l'infographie. Qu'est-ce que les pourcentages représentent ?

- le nombre de gens qui achètent un mobile
- le nombre de personnes qui font des achats avec leur mobile
- le nombre de réseaux de téléphonie mobile
- le nombre de gens qui n'ont pas de mobile

2 ✏️ 💬 Écrivez et parlez

1 Inventez des phrases « vrai / faux » basées sur les statistiques de l'infographie pour la classe.

Exemple : Les Chinois utilisent plus leur mobile pour faire leurs achats que les Indiens. (FAUX)

2 Par quels chiffres êtes-vous surpris ? Discutez.

Exemple : Les Français n'utilisent pas beaucoup leur mobile pour faire leurs achats. C'est peut-être parce qu'ils préfèrent voir ce qu'ils achètent.

3 Sondage : Qui, dans la classe, utilise un mobile pour faire des achats ?

Malika et Erouan nous parlent du shopping dans leur ville.

Malika

1 Écoutez et lisez

Trouvez les noms de magasins dans l'interview de Malika. Quels sont les noms de ces magasins dans votre langue?

2 Écrivez

Inventez des phrases à trous en adaptant des phrases du texte. Échangez avec votre partenaire. Lisez et complétez ses phrases.

Exemple
À Casablanca, le souk n'est pas ouvert le _____.
(vendredi après-midi)

Grammaire en contexte

Le pronom *y*

Il est utilisé pour éviter la répétition de la préposition à (ou *en*) + le nom d'un endroit / *en* + un pays. Il est placé devant le verbe.

Il y a un souk et je vais souvent au souk. → *Il y a un souk et j'y vais souvent.*

Je vais en France. → *J'y vais.*

3 Lisez

Recopiez et remplissez le tableau ci-dessous. Indiquez à qui ou à quoi se rapporte le mot souligné dans les expressions tirées du texte. Un exemple vous est donné.

Exemple : Nous, on y fait presque toutes nos courses.
(ligne 4)

4 Recherchez et parlez

1. À deux. Continuez la liste de noms de magasins de l'encadré *Vocabulaire*.
2. L'élève A donne une définition avec le pronom *y*. L'élève B devine le magasin.

Exemple

Élève A : On y achète des livres

Élève B : C'est la librairie.

Vocabulaire

Qu'est-ce qu'il y a comme magasins… ?

il y a un / une / des…

il n'y a pas de / d'…

centre commercial

galerie marchande

grande surface

hypermarché

librairie

magasin de vêtements

marché

pharmacie

souk

(Voir aussi page 54.)

Quelles sont les heures d'ouverture ?

C'est ouvert / fermé de … heure(s) à… heure(s)

Malika, qu'est-ce qu'il y a comme magasins dans ta ville ?

Alors, ici, à Casablanca, il y a des magasins au centre-ville bien sûr, comme dans toutes les grandes villes : des magasins d'alimentation, de vêtements, de sport, etc. Nous, on y fait presque toutes nos
5 courses.

Il y a des grandes surfaces ?

Oui, bien sûr, il y a des supermarchés en ville et des hypermarchés dans les grandes zones commerciales à l'extérieur de la ville. On y va seulement le week-end, pour faire les grandes courses.

10 **Est-ce qu'il y a des marchés ?**

Oui, plusieurs. Le Marché Central est super pour les fruits et légumes, le poisson et les fruits de mer. Il y a aussi des souks dans la médina, dans la vieille ville. Les touristes y vont souvent pour acheter des objets artisanaux, des tapis, des objets en cuir, des
15 épices. Ça ouvre assez tard le matin et ça ferme au coucher du soleil. C'est pratique pour les petites courses, parce que c'est ouvert tous les jours, même les jours fériés, mais pas le vendredi après-midi, à cause de la prière.

Il y a aussi un centre commercial ultramoderne à Casablanca, non ?

20 Oui, c'est la galerie marchande du Morocco Mall que je n'aime pas du tout parce que c'est beaucoup trop cher. Je n'y vais pas souvent mais ma sœur y va quelquefois le dimanche. Elle adore aller à la librairie de la FNAC pour acheter des livres et des DVD, et chez Zara pour voir les vêtements.

25 **Quelles sont les heures d'ouverture ?**

Je crois que c'est ouvert de 10h00 à 21h00 tous les jours, sauf le vendredi et le samedi, où c'est ouvert encore plus tard, jusqu'à 23h00.

Merci, Malika.

Erouan

Les magasins à Locminé

J'habite à Locminé, une petite ville en Bretagne. Il n'y a plus beaucoup de magasins au centre-ville, ce que je trouve très dommage. Il n'y a presque plus de magasins où on peut acheter des produits frais, à part trois boulangeries et une boucherie-charcuterie. Il y a toujours des magasins de vêtements, deux bijouteries, deux fleuristes, deux pharmacies et une maison de la presse. Il y a un petit supermarché de proximité aussi, ce qui est bien pour les gens qui n'ont pas de voiture pour aller dans les supermarchés plus grands à l'exterieur de la ville. Il y a aussi un marché, que les habitants aiment beaucoup parce qu'on y trouve des produits artisanaux locaux et de bons produits frais, mais c'est seulement le jeudi matin, de 8h00 à 13h00. Les gens qui habitent à la campagne autour de Locminé y viennent souvent pour bavarder !

En général, les magasins et les supermarchés sont ouverts de 8h30 ou 9h00 à 19h30 ou 20h00. Certains, au centre-ville, ferment entre 12h30 et 14h00 pour le déjeuner. Ici, le dimanche, tout est fermé, sauf la boulangerie que je préfère et qui est ouverte jusqu'à midi. Les magasins du centre-ville sont aussi tous fermés le lundi, ce qui n'est pas très pratique. Il n'y a pas de galerie marchande dans les grandes surfaces ici, donc pour faire des achats moins chers, il faut aller dans les zones commerciales que l'on trouve à l'extérieur des grandes villes voisines, comme Vannes et Lorient.

5 Lisez et écrivez

Faites huit comparaisons entre les magasins à Casablanca et à Locminé.

Partagez avec le reste de la classe.

Exemple

À Casablanca, il y a des grandes zones commerciales mais pas à Locminé.

6 Lisez

Trouvez les pronoms relatifs *(qui, que, où, ce qui, ce que)* dans le texte d'Erouan.

À quoi se réfèrent-ils ? Recopiez et continuez la grille ci-dessous.

Dans l'expression…	le pronom relatif…	se rapporte à
Exemple : <u>ce que</u> je trouve (ligne 8)	« ce que »	Il n'y a plus beaucoup de magasins au centre-ville
1 Il n'y a presque plus de magasins <u>où</u> on peut acheter (lignes 8–9)	« où »	
2 <u>ce qui</u> est bien pour les gens (lignes 17–18)	« ce qui »	

Cahier d'exercices 12/2

7 Parlez

À deux, faites l'interview d'Erouan. Utilisez l'interview de Malika comme modèle.

Exemple

Élève A : Qu'est-ce qu'il y a comme magasins à Locminé ?

Élève B : Alors, au centre-ville, il y a…

8 Parlez

À deux, jouez à « Ni oui ni non » sur les magasins dans votre ville.

Exemple

Élève A : Il y a une boulangerie à côté de la piscine.

Élève B : La boulangerie n'est pas à côté de la piscine mais en face de la mairie.

9 Écrivez

Donnez des renseignements pratiques sur les magasins dans votre ville et ses environs pour le site web de la ville ou pour un site de tourisme.

Exemple : Au centre-ville, les magasins sont ouverts de 9h00 à 17h30. On trouve des magasins de…

10 Parlez

En groupe, discutez du déplacement des magasins vers l'extérieur des villes. Quelles conséquences cela a-t-il sur les magasins de proximité ? Se passe-t-il la même chose dans votre pays ? Est-ce positif ou négatif ? Donnez votre opinion.

Point info

Connaissez-vous les braderies, où on vend des articles à prix réduits dans les rues ? La plus célèbre en France est la Braderie de Lille dans le nord, le premier week-end de septembre. C'est le plus grand marché aux puces d'Europe. Il y a plus de 10 000 vendeurs sur plus de 100 kilomètres de trottoir ! On y mange aussi des tonnes de moules chaque année !

Comment se débrouiller pour faire des achats.

Conversation 1

– Je peux vous aider ?
– **Je cherche un jean.**
– Quelle taille ?
– **Je fais du 38.**
– Vous avez regardé là-bas ? Il y a un nouveau modèle.
– **Oui, mais je ne l'aime pas en bleu. Vous avez d'autres couleurs ? Vous l'avez en noir ?**
– Ah non, je suis désolée. On a seulement ce qu'il y a là.

Conversation 2

– **J'aime bien cette robe rouge. Je peux l'essayer, s'il vous plaît ?**
– Bien sûr ! Les cabines d'essayage sont là-bas, à droite. (*Plus tard*) Ça vous va ?
– **Non, ce n'est pas ma taille. Elle est trop petite. Vous avez la taille au-dessus ?**
– Oui. Voilà. (*Plus tard*) Ça vous va ?
– **Oui, ça me va très bien.**
– Vous avez raison, elle est très jolie, cette robe ! Vous allez la prendre ?
– **Oui, je vais la prendre.**

Conversation 3

– Vous aimez les baskets bleues ? Vous allez les prendre ?
– **C'est combien ?**
– Ça fait 99 euros.
– **Ouah, c'est cher ! Vous ne faites pas de remise pour étudiants ?**
– Ah non, je regrette…
– **Attendez, la basket gauche est un peu abîmée… vous voyez la tache, là ?**
– Non, je ne la vois pas !
– **Vous ne pouvez pas baisser le prix à cause de la tache ?**
– Non, désolée. On ne marchande pas ici. Il y a des promotions de fin de saison au fond du magasin si vous préférez.

Conversation 4

– **Où se trouve la caisse, s'il vous plaît ?**
– Au fond, à droite. Vous la voyez ?
– **Oui, merci. …**
(*À la caisse*) **Bonjour.**
– Bonjour. Alors, ça fait 32 euros. Vous payez en espèces ou par carte ?
– **Je voudrais payer avec ma carte.**
– Tapez votre code, s'il vous plaît.
– **Voilà.**
– Merci, voici votre reçu.

Conversation 5

– **J'ai acheté ces chaussures de ski la semaine dernière mais elles sont vraiment trop lourdes. Est-ce que je peux les échanger ?**
– Oui, mademoiselle. Vous avez votre ticket de caisse ?
– **Euh non, je l'ai perdu.**
– On ne peut pas échanger d'articles sans le ticket de caisse.
– **J'ai encore le ticket de carte bleue. Est-ce que ça peut aller ?**
– D'accord, ça ira pour cette fois-ci, mais normalement il faut garder le ticket de caisse si on veut échanger un article ou être remboursé.

6

Monsieur

J'ai acheté une pochette pour ma tablette en ligne mercredi 20 novembre et quand je l'ai reçue ce matin, j'ai remarqué qu'il y avait une égratignure sur le cuir. Je ne suis pas du tout satisfait. Pourriez-vous me dire ce que je dois faire pour l'échanger ou bien pour me faire rembourser ?

Romain Charpentier

1 🎧 📖 Écoutez et lisez

Écoutez et lisez les conversations, page 146, et lisez le courriel. Choisissez la situation ci-dessous qui résume le mieux chacun des dialogues que vous venez de lire. Remarque : il y a plus de situations que de dialogues.

Exemple : 1 C

- Discuter du prix
- Payer
- Demander un article dans un magasin
- Essayer un article
- Une erreur dans la monnaie
- Un problème avec un article qu'on a acheté
- Demander l'opinion du vendeur
- Échanger un article dans un magasin

Grammaire en contexte

Les pronoms complément d'objet direct (COD)

Pour éviter de répéter un nom qui est complément d'objet du verbe :

1 Au présent :

*Où est la robe bleue ? Je **la** vois. Je ne **la** vois pas.* (= Je vois la robe bleue. Je ne vois pas la robe bleue.)

2 Avec verbe + infinitif :

*Le pull est un peu cher. Je vais **le** prendre. Je ne vais pas **le** prendre.*

3 Au passé composé :

*Où est ma carte ? Je **l'**ai perdue. Je ne **l'**ai pas perdue.* *

*Le participe passé des verbes qui se conjuguent avec *avoir* s'accorde avec le nom complément d'objet direct quand il est placé devant le verbe.

pronom personnel sujet	pronom personnel COD
je	me/m'
tu	te/t'
il	le/l'
elle	la/l'
nous	nous
vous	vous
ils/elles	les

2 📖 Lisez

Relisez les conversations, page 146. Trouvez tous les exemples de pronoms COD. Recopiez et complétez la grille.

Dans l'expression…	le pronom…	se rapporte à…
Exemple : je peux <u>vous</u> aider ? (Conv 1)	« vous »	le (la) client(e)
1 Je ne <u>l'</u>aime pas en bleu (Conv 1)	« l' »	
2 vous <u>l'</u>avez en noir ? (Conv 1)	« l' »	

📖 *Cahier d'exercices 12/3*

3 📖 💬 Lisez et parlez

1 Lisez la conversation 1 et trouvez des équivalents dans le texte.

Exemple : 1 Je peux vous aider ?

1 Est-ce que je peux vous renseigner ?
2 Je voudrais…
3 Je regrette
4 Ma taille, c'est…
5 Quelle est votre taille ?

2 À deux, jouez la conversation 1 puis inventez des conversations similaires pour acheter :

1 un T-shirt blanc
2 des chaussures jaunes
3 une veste grise

3 Lisez la conversation 2 et répondez aux questions.

1 Quel vêtement la cliente veut-elle essayer ?
2 Quel est le problème ?
3 Est-ce qu'elle demande une robe plus grande ou plus petite ?
4 Est-ce que c'est la bonne taille pour la deuxième robe ?
5 Qu'est-ce que la cliente décide de faire ?

4 Lisez la conversation 3. Répondez aux questions.

1 Quand le client apprend le prix des baskets, qu'est-ce qu'il demande?
2 Que dit-il pour essayer de payer moins ?
3 Est-ce qu'il réussit à payer moins cher?
4 Qu'est-ce que la vendeuse suggère ?
5 À deux : jouez la conversation 3. Essayez d'autres façons d'avoir une remise.

6 Lisez la conversation 4. Vrai ou faux? Justifiez vos réponses avec des extraits du texte.

1 Le client demande où est la caisse.
2 Il doit payer plus de quarante euros.
3 Le magasin n'accepte pas les cartes de crédit.
4 Le client a une carte.
5 Il doit taper son numéro confidentiel.

7 Lisez la conversation 5.

1 Expliquez le problème dans votre langue à un(e) camarade.
2 À deux, inventez des conversations similaires où un client veut échanger un article.

8 Lisez le courriel (numéro 6) et répondez aux questions.

1 Qu'est-ce que Romain a acheté ?
2 Quand et comment l'a-t-il achetée ?
3 Quand l'a-t-il reçue ?
4 Quel est le problème avec ce qu'il a acheté ?
5 S'il ne peut pas échanger ce qu'il a acheté, qu'est-ce qu'il voudrait faire ?

4 ✏️ Écrivez

Imaginez : vous avez acheté un article en ligne et vous n'êtes pas satisfait(e). Écrivez un courriel pour expliquer la situation.

📖 *Cahier d'exercices 12/4*

5 Imaginez

À deux : écrivez et jouez un petit sketch dans un magasin. Réutilisez le vocabulaire des conversations, page 146. Ajoutez une touche originale, par exemple : le client (ou le vendeur) est un peu sourd, difficile, distrait, etc.

Les technologies évoluent vite et changent notre façon de faire du shopping.

Marlène, 77 ans

Anya, à droite, avec ses amies

« Moi, je préfère comment on faisait les achats il y a cinquante ans, quand j'étais jeune. On allait dans les magasins du centre-ville où des vendeuses nous aidaient à trouver l'article idéal. Si on ne le trouvait pas dans un magasin, on allait dans un autre à côté. Tout était accessible à pied. Quelquefois, si je ne trouvais pas ce que je voulais en ville, j'achetais sur catalogue, mais pas très souvent.

Quand on avait besoin d'un appareil électrique ou électronique, on pouvait demander des conseils aux vendeurs et s'il y avait un problème, on pouvait retourner au magasin pour le faire réparer ou l'échanger. On avait certainement un choix plus limité mais la qualité de service était sans doute meilleure que maintenant.

Avant, les grandes zones commerciales n'existaient pas et on faisait nos courses dans les magasins de proximité où les commerçants nous connaissaient bien et par conséquent, ils s'occupaient bien de nous. Maintenant, quand on fait les courses, on ne parle plus à personne puisque, parfois, il n'y a même plus de caissière ! En plus, les produits sont peut-être moins chers mais ils sont aussi moins bons.

Récemment, j'ai commencé à faire du shopping en ligne, parce que je sais que tout se fera sur Internet à l'avenir. C'est pratique, c'est vrai, mais ça ne me plaît pas trop parce qu'on ne voit pas ce qu'on achète et je ne suis jamais sûre si ça va m'aller ou si je vais aimer. En plus, j'ai peur de faire des erreurs et de ne pas cliquer au bon endroit ! »

« Personnellement, je trouve que c'est plus facile de faire ses achats maintenant qu'avant. On va en ligne, c'est simple, c'est rapide et en général, c'est moins cher que dans les magasins. On peut faire de bonnes affaires puisque sur Internet, c'est facile de comparer les prix, de trouver des codes de réduction, etc. En plus, les sites des hypermarchés ont beaucoup plus de choix que les petits magasins du centre-ville.

Pour mes vêtements, ce que je fais, c'est que j'échange des idées avec des copines sur Twitter, je vais voir en ligne sur des sites et aussi je vais voir ce que je veux acheter dans les magasins d'un grand centre commercial. Là, j'essaie les vêtements ou les chaussures pour trouver la bonne taille ou la bonne pointure et après, je les achète sur Internet, sauf s'il y a des réductions ou des soldes dans les magasins. Je vérifie toujours sur Twitter avant d'acheter parce qu'il y a toujours quelqu'un qui connaît les bons plans ! Et puis plus besoin de faire la queue pour payer !

De plus en plus de monde achète en ligne et c'est pour ça que la plupart des grands magasins ont un site web. C'est plus pratique et plus rapide de commander en ligne que de passer des heures dans les rayons des supermarchés, non ?! On est aussi moins tenté par ce qu'on voit et par conséquent, je pense qu'on dépense moins. »

1 💡 Compréhension

1 Lisez le point de vue de Marlène. Répondez.

 1 Où Marlène faisait-elle du shopping quand elle était jeune ?
 2 Pourquoi trouvait-elle ça bien ?
 3 Pourquoi préfère-t-elle les petits magasins aux grands supermarchés ?
 4 Que pense-t-elle du shopping en ligne ?

2 Lisez le point de vue d'Anya. Répondez.

 1 Pourquoi Anya aime-t-elle le shopping en ligne ?
 2 Comment et pourquoi contacte-t-elle ses copines avant d'acheter quelque chose ?
 3 Où achète-t-elle ses vêtements en général et pourquoi ?
 4 Selon elle, quels sont les avantages de faire ses courses au supermarché en ligne plutôt qu'au magasin ?

2 ✏️ Écrivez

1 Notez les points avec lesquels vous êtes ou n'êtes pas d'accord.

Exemple : Je suis d'accord avec Marlène qu'avant, le service était meilleur.

2 À deux : trouvez et notez d'autres arguments.

Exemple : Le shopping en ligne, c'est mauvais pour les petits magasins et je trouve ça dommage parce qu'ils risquent de disparaître.

3 💬 Parlez

Discutez en classe : « La technologie facilite le shopping et rend l'expérience plus agréable. »

Utilisations du mobile lors d'un achat

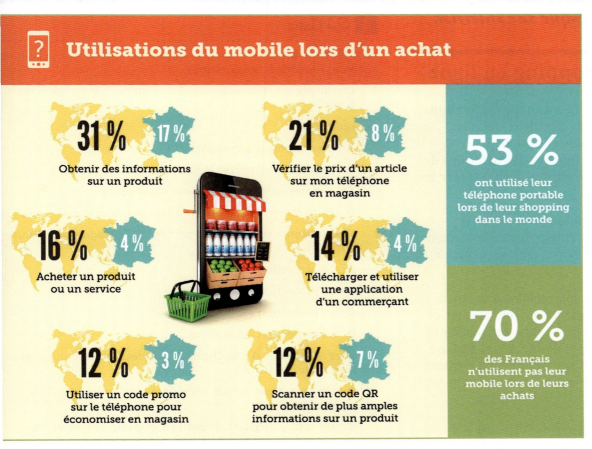

31 % / 17 % — Obtenir des informations sur un produit

21 % / 8 % — Vérifier le prix d'un article sur mon téléphone en magasin

53 % ont utilisé leur téléphone portable lors de leur shopping dans le monde

16 % / 4 % — Acheter un produit ou un service

14 % / 4 % — Télécharger et utiliser une application d'un commerçant

70 % des Français n'utilisent pas leur mobile lors de leurs achats

12 % / 3 % — Utiliser un code promo sur le téléphone pour économiser en magasin

12 % / 7 % — Scanner un code QR pour obtenir de plus amples informations sur un produit

Cette infographie est reproduite avec l'aimable autorisation de Poulpeo (poulpeo.com), le site de cashback et de réductions en ligne.

4 Compréhension

Lisez l'infographie et les phrases suivantes. Vrai ou faux ? Justifiez vos réponses.

Exemple : 1 VRAI (53%)

1. La moitié des consommateurs dans le monde ont utilisé leur mobile pour faire du shopping.
2. Presque trois quarts des Français n'utilisent pas leur mobile pour faire du shopping.
3. Dans le monde, un peu plus d'un tiers des consommateurs ont l'appli d'un commerçant sur leur mobile.
4. Dans le monde, la moitié des consommateurs consultent leur mobile pour s'informer sur un produit.
5. Moins d'un quart des Français ont utilisé un code promo sur leur mobile dans un magasin.

Vocabulaire

Les fractions

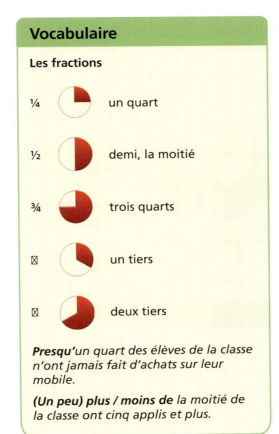

¼ — un quart

½ — demi, la moitié

¾ — trois quarts

⅓ — un tiers

⅔ — deux tiers

*Presqu'*un quart des élèves de la classe n'ont jamais fait d'achats sur leur mobile.

(Un peu) plus / moins de la moitié de la classe ont cinq applis et plus.

5 Écrivez et parlez

Faites un sondage pour savoir comment vos camarades de classe font leur shopping. Écrivez des questions et posez-les à vos camarades.

Exemple : Est-ce que vous avez déjà cherché des informations sur un produit sur Internet avant de l'acheter ?

6 Écrivez

Écrivez un article qui résume les résultats de votre sondage pour le magazine de votre lycée. Utilisez des fractions quand c'est possible.

Exemple : Les deux tiers de notre classe ont fait des achats en ligne. Plus des trois quarts des élèves font des recherches sur Internet pour s'informer avant de faire un achat important, comme un mobile ou un appareil-photo, mais seulement un quart…

Comment acheter sans risque sur Internet.

Petit guide du shopping en ligne

Vous avez longtemps résisté au shopping en ligne, mais récemment, vous avez décidé d'essayer. C'est bien ! Mais savez-vous comment vous protéger des arnaques en ligne et des attaques de pirates ? Notre petit guide vous aidera à éviter les mauvaises surprises.

1. Votre ordinateur est vulnérable : vous devez le protéger avec des antivirus, antispywares, antispam et un bon pare-feu. N'oubliez pas de les mettre à jour régulièrement.

2. Il est recommandé de faire vos achats sur un site qui indique un numéro de téléphone, une adresse et une adresse e-mail. Ainsi, vous pourrez contacter le service clientèle en cas de problème. Avant de faire un paiement, vérifiez que le site affiche un certificat SSL et un petit cadenas sur la fenêtre du navigateur. Ils sont garants d'un site marchand sécurisé.

3. Lors d'une transaction, ne laissez jamais un site garder vos coordonnées bancaires en mémoire et donnez toujours le moins d'informations personnelles possible.

4. Avant de cliquer pour lancer votre commande, vérifiez-la bien : les détails sont-ils corrects (montant à prélever, adresse de livraison, etc.) ? Après votre achat, vous devriez recevoir un e-mail de la boutique en ligne confirmant la commande. Imprimez-le et gardez-le. Vérifiez aussi vos relevés bancaires pour vous assurer que les montants débités sur votre compte correspondent bien à vos achats.

Grammaire en contexte

L'infinitif à la place de l'impératif

Pour donner un conseil, un ordre ou une recette, on peut utiliser l'infinitif au lieu de l'impératif.

Bien <u>protéger</u> son ordinateur.

<u>Acheter</u> uniquement sur des sites fiables.

1 📖 Lisez

Lisez l'article, tiré d'un magazine québécois destiné aux personnes âgées, et répondez aux questions.

1. Quelle phrase résume le mieux chacun des paragraphes du texte ?

Exemple : 1 A

- A Bien protéger son ordinateur
- B Vérifier les détails et le suivi de l'achat
- C Acheter uniquement sur des sites fiables
- D Faire attention à ses coordonnées personnelles

2. L'expression « Vous devez le protéger » (paragraphe 1) veut dire…
- A La protection est difficile.
- B La protection est nécessaire.
- C La protection est payante.
- D La protection est gratuite.

3. Lisez les phrases **A** à **E**. Choisissez les deux phrases qui sont vraies selon le texte.
- A Un pare-feu n'est pas nécessaire si vous avez d'autres protections.
- B Un certificat SSL et un petit cadenas sur la fenêtre du navigateur sont un bon signe pour la sécurité.
- C Ne donnez jamais vos coordonnées bancaires sur Internet.
- D Les transactions effectuées en ligne n'apparaîtront pas sur votre relevé bancaire.
- E Normalement, après une transaction, vous recevrez un e-mail de confirmation.

4. Recopiez et complétez la grille ci-dessous.

Dans l'expression…	

5. Imprimez-<u>le</u> et gardez-le. (para 4)

2 💬 Parlez

Les mots et expressions pour parler de la sécurité sur Internet sont-ils similaires dans votre langue ? Discutez.

Comment fera-t-on ses achats à l'avenir ?

Le shopping virtuel, c'est l'avenir !

▶ Bientôt, vous ne ferez plus vos courses à l'épicerie du coin, ni même en ligne sur votre ordinateur, ce sera démodé ! Vous verrez apparaître près de chez vous des supermarchés entièrement virtuels où des photos, collées sur les murs des gares, des stations de métro et d'autres lieux de passage, reproduiront toutes les marchandises d'un supermarché classique. Vous scannerez alors un code QR avec votre mobile, et quand votre panier virtuel sera rempli, vous passerez la commande qui sera livrée chez vous, et voilà, vite fait bien fait ! Cela existe déjà en Corée du Sud et en Chine.

▶ Finies les queues et les longues séances d'essayage dans les cabines : vous pourrez choisir la veste ou la robe de vos rêves parmi des centaines d'articles différents. Vous vous placerez devant un écran, dans un magasin ou sur un stand dans un lieu public, et vous pourrez vous voir avec le vêtement, dans différentes couleurs, sans avoir à l'essayer ! Vous préférez avoir l'avis de vos amis avant d'acheter ? C'est ce que vous pourrez faire avec le *Twitter mirror*, qui enverra votre image sur votre réseau social en un clic. S'ils approuvent, vous pourrez alors acheter l'article sur la tablette que le vendeur apportera. Plus tard, un livreur apportera l'article chez vous et attendra pendant que vous essaierez votre vêtement. Vous pourrez alors le garder ou le rendre immédiatement, ce qui vous évitera d'avoir à le renvoyer par la poste.

▶ Dans les magasins comme sur Internet, on pourra désormais obtenir des renseignements très précis sur un article grâce à des écrans interactifs tactiles ou bien des écrans contrôlables par des mouvements à distance installés dans les magasins. Vous voulez des chaussures de foot ? Un mur numérique interactif donnera des explications techniques sur les chaussures, indiquera quels footballeurs les portent, combien de buts ont été marqués avec tel ou tel modèle, etc. Vous pourrez manipuler les chaussures virtuellement et lire, sur les réseaux sociaux, l'opinion des clients qui les ont achetées.

1 Lisez

1 Faites correspondre les titres avec les paragraphes.

    A   S'habiller sans perdre son temps dans les magasins

    B   Obtenir des renseignements précis

    C   Faire ses courses rapidement

2 Recopiez et complétez la grille ci-dessous.

Dans l'expression…	le pronom…	se rapporte à…
Exemple : des supermarchés entièrement virtuels, où des photos (lignes 3–4)	« où »	des supermarchés entièrement virtuels
1 vous passerez la commande qui sera livrée (ligne 9)	« qui »	
2 C'est ce que vous pourrez faire avec le *Twitter mirror* (ligne 19)	« ce que »	
3 sur la tablette que le vendeur apportera (lignes 21–22)	« que »	
4 ce qui vous évitera d'avoir à le renvoyer (lignes 25–26)	« ce qui »	
5 quels footballeurs les portent (lignes 33–34)	« les »	

3 Répondez aux questions.

1 Où trouvera-t-on les supermarchés virtuels ?

2 Comment fera-t-on ses courses dans ces supermarchés ?

3 Où pourra-t-on essayer des vêtements virtuellement ?

4 Comment demandera-t-on l'avis de ses amis ?

5 Pourquoi n'aura-t-on plus à renvoyer les commandes qui ne conviennent pas par la poste ?

6 Qu'est-ce qu'on utilisera pour informer les gens sur les nouveaux produits ?

2 Écrivez

Vous participez à une discussion en ligne sur le shopping de demain. Écrivez un blog pour expliquer comment, à votre avis, on fera ses achats dans 20 ans. Utilisez des expressions du texte et des verbes au futur.

Exemple : À mon avis, dans 20 ans, on ne sortira plus pour faire ses achats. On pourra créer des vêtements en ligne. On choisira un modèle, une couleur, on donnera sa taille et le magasin fabriquera le vêtement et le livrera chez vous.

Révisions

Votre opinion sur le shopping.

> Dans 20 ans, il ne restera plus aucun magasin dans les centre-villes.
> — Yohan

> Avant, il y avait moins de choix dans les magasins mais la qualité des produits et du service était meilleure.
> — Hugo

> C'est essentiel de pouvoir voir et toucher un produit avant de l'acheter.
> — Halima

> Bientôt, on ne pourra plus faire d'achats sans son portable.
> — Lucie

> Tous les magasins devraient rester ouverts 24 heures sur 24.
> — Léa

1 Lisez

Lisez les commentaires de chaque jeune et notez votre opinion (0–3) :

3 = tout à fait d'accord
2 = assez d'accord
1 = pas vraiment d'accord
0 = pas du tout d'accord

2 Parlez

Discutez avec un(e) camarade et justifiez vos opinions.

Exemple : Je ne suis pas du tout d'accord avec Lucie parce qu'à mon avis, on pourra toujours faire des achats sans mobile. Il y aura toujours des magasins en ville parce que les gens voudront toujours voir et toucher les articles avant de les acheter.

3 Écrivez

Ajoutez des opinions à discuter en classe.

Exemple : Dans 20 ans, on retournera vers les magasins de proximité pour avoir le contact humain.

Savoir reconnaître les sentiments de l'adolescent

révolté

heureux

amoureux

désespéré

enthousiaste

complexé

© Éditions Cartes de France, Hélène Crochemore, www.cartesdefrance.fr

Aspects couverts
* Les jeunes dans la société
* Les droits et les devoirs
* Les amitiés
* Les préjugés et les stéréotypes

Grammaire
* Les expressions avec *avoir*
* Les verbes suivis d'un infinitif
* Les pronoms complément d'objet indirect (COI)
* La négation : *ne… personne*, *ne… que*
* La conjonction *si*

1 Mise en route

Regardez l'image. Avec quelle réaction êtes-vous d'accord ?

« Je trouve ça drôle parce que c'est l'image que les adultes ont des jeunes. »

« Je ne trouve pas ça marrant parce que je déteste les stéréotypes ! »

« C'est rigolo parce qu'on pense souvent que les ados ne montrent pas leurs sentiments. »

« Ce n'est pas très amusant parce que nous, les jeunes, on n'est pas comme ça. »

2 Recherchez

À deux : trouvez des adjectifs pour décrire les images positives et négatives des jeunes.

Exemple

positif : enthousiaste, passionné,…

négatif : paresseux, égoïste,…

3 Écrivez

Faites votre portrait avec les adjectifs de activité 2.

Exemple : Je suis toujours très enthousiaste mais de temps en temps, je suis un peu paresseux, quand j'ai beaucoup de devoirs !

Les droits et les devoirs des jeunes Français.

13 ans
On peut être arrêté et aller en prison.

On ne peut plus être adopté si on n'est pas d'accord.

14 ans
On a le droit de travailler pendant la moitié des vacances scolaires.

On a le droit de conduire un cyclomoteur.

15 ans
On peut pêcher et chasser.

On peut piloter un avion seul.

16 ans
On a le droit d'ouvrir un compte en banque sans la signature d'un parent.

On n'est plus obligé d'aller à l'école, même si ses parents ne sont pas d'accord.

On a le droit de travailler à plein temps.

On peut apprendre à conduire une voiture si on est accompagné.

17 ans
On peut s'engager dans l'armée.

On peut conduire un bateau à moteur.

18 ans : majorité civile, politique et pénale
On n'est plus sous l'autorité des parents.

On a le droit de se marier ou de se pacser.

On a le droit de voter.

On a le droit d'acheter du tabac et de l'alcool.

On a le droit de conduire seul une voiture, un camion ou une moto.

On peut acheter des billets de loterie.

21 ans
On n'a plus droit à la protection légale pour les jeunes majeurs.

23 ans
On peut se présenter comme candidat aux élections législatives et présidentielles.

Point info

La Journée Défense et Citoyenneté

Tous les Français doivent faire, avant 18 ans, une *Journée Défense et Citoyenneté* : elle remplace le service militaire, disparu en 1998. Les jeunes apprennent les droits et devoirs des citoyens, découvrent les métiers de défense nationale et font une initiation aux premiers secours et un test de lecture.

1 Compréhension

Lisez la liste de ce qu'on peut faire en France à chaque âge. Reliez chaque photo à un âge.

Exemple : **A** 18 ans. (On a le droit de se marier ou de se pacser.)

2 Lisez et parlez

Relisez la liste. À deux : l'élève A pose six questions sur les âges légaux en France, l'élève B répond. Ensuite, changez de rôle.

Exemple

Élève A : À quel âge est-ce qu'on peut pêcher en France ?

Élève B : À 15 ans.

3 Écrivez

Écrivez un e-mail à un(e) ami(e) français(e). Posez des questions et donnez votre opinion sur ce qu'on peut faire à différents âges en France (120–150 mots).

Exemple

Est-ce que c'est vrai qu'en France, on peut s'engager dans l'armée à l'âge de 17 ans ? À mon avis, c'est beaucoup trop jeune.

On peut travailler pendant les vacances à 14 ans en France. Tu as déjà travaillé, toi ?...

En France, on est majeur à 18 ans, c'est cool ! Ici, en Côte d'Ivoire, c'est à 21 ans. À mon avis, c'est trop tard parce qu'on est assez mûr à 18 ans. Je sais qu'en Iran, la majorité, c'est 15 ans. Ça, par contre, je trouve que c'est un peu trop jeune parce qu'on n'est pas prêt à participer à la vie du pays à cet âge-là. À 15 ans, on n'est pas encore un adulte.

Akissi, Côte d'Ivoire

Au Québec, il faut avoir 16 ans pour pouvoir se marier mais pour les mineurs – moins de 18 ans – les parents doivent donner leur accord. En France, on ne peut pas se marier avant 18 ans, par contre, on peut s'engager dans l'armée à 17 ans. Je ne trouve pas ça logique.

Sabine, Québec

En Tunisie, on peut maintenant passer son permis de conduire à partir de 18 ans. Avant, on pouvait le passer plus jeune, mais le ministre du Transport tunisien a élevé l'âge pour réduire le nombre d'accidents de la route. Je ne suis pas d'accord avec cette décision. Il n'y a pas de limite d'âge pour les vieux conducteurs et je suis sûr que certains sont plus dangereux que les jeunes. Je pense qu'on devrait plutôt baisser l'âge du permis. Après tout, en France, on a le droit de piloter un avion à 15 ans ! C'est fou !

Ali, Tunisie

En France, il faut avoir 18 ans pour pouvoir acheter du tabac. Ici, on peut acheter des cigarettes à 16 ans. À mon avis, chaque personne a le droit de décider si elle veut fumer ou pas. Personnellement, je ne veux pas fumer parce que c'est mauvais pour la santé. Il me semble qu'à 16 ans, on est assez mûr pour savoir si on veut fumer ou boire.

Noah, Belgique

4 Lisez

Lisez les bulles et répondez aux questions.

1. Quel est l'âge de la majorité en Côte d'Ivoire ?
2. Quel âge de majorité Akissi préfère-t-elle ?
3. En Tunisie, qu'est-ce qu'on a décidé de faire pour essayer de réduire le nombre d'accidents de la route ?
4. Selon Ali, les conducteurs âgés conduisent-ils mieux que les jeunes ? Pourquoi ?
5. À partir de quel âge peut-on se marier avec la permission de ses parents au Québec ?
6. Selon Sabine, attendre 18 ans pour se marier n'est pas forcément une bonne idée. Pourquoi ?
7. L'âge légal pour acheter des cigarettes est-il plus élevé en France ou en Belgique ?
8. Pourquoi Olivier trouve-t-il qu'on devrait avoir le droit d'acheter du tabac et de l'alcool à 16 ans ?

5 Parlez

Êtes-vous d'accord avec les opinions d'Akissi, Ali, Sabine et Noah ? Pourquoi ? Discutez en classe ou avec un(e) camarade.

Exemple : Je ne suis pas d'accord avec Noah : tout le monde n'est pas assez mûr à 16 ans pour prendre des décisions importantes comme commencer à fumer ou à boire,…

6 Recherchez et écrivez

Faites une liste des droits et des devoirs dans votre pays selon l'âge légal.

7 Écrivez et parlez

Comparez votre liste avec ce qu'on peut ou ce qu'on doit faire en France. Quelles sont les différences ? Écrivez un paragraphe et expliquez à la classe. Utilisez les verbes *pouvoir, devoir* et *vouloir*. (Pour les verbes *pouvoir, devoir, vouloir* au présent, voir page 125.)

Exemple : En France, si les jeunes <u>veulent</u> conduire, ils <u>peuvent</u> avoir un cyclomoteur à 14 ans mais ici, on <u>doit</u> attendre…

*La vie des jeunes n'est pas toujours facile.
Quels sont leurs problèmes ?*

Chère Danièle

Chère Danièle 1

Je ne m'entends plus avec mes parents. Cet été, je voudrais aller camper avec un groupe de copains en Italie et ils refusent de me laisser partir. Ils disent qu'ils ont peur parce que je pourrais avoir un accident ou être attaqué. En fait, j'ai l'impression qu'ils ne me font pas confiance. J'essaie de montrer que je suis responsable mais ils ne veulent pas discuter : je n'ai pas le droit de partir, point final. J'ai demandé à mon grand-père, qui me comprend, de parler avec eux, mais cela n'a rien changé. C'est horrible, ils me traitent comme un gamin ! Qu'est-ce que je peux faire ?

Lucas, 17 ans

Chère Danièle 2

Mon problème, c'est que je voudrais trouver un petit job pour gagner de l'argent, mais mon père ne veut pas. Il dit que je n'ai pas besoin d'argent et que je dois me concentrer sur mes études. Ma mère dit que j'ai de la chance d'avoir des parents riches et qu'elle me donnera de l'argent de poche mais ce n'est pas pareil : j'ai envie d'être plus autonome mais ils ne comprennent pas ça. Voyez-vous une solution ?

Romane, 17 ans

Chère Danièle 3

Moi, mon problème, c'est que maintenant, je fais des choses que je n'avais pas l'habitude de faire avant, comme fumer et boire, avec les copains de la bande. Le pire, c'est que j'ai horreur du tabac et de l'alcool mais je ne veux pas avoir l'air idiot. Quand ils me proposent de la drogue, je ne sais pas comment refuser. J'ai tort, je sais, mais ils se moqueront de moi si je dis non. Pouvez-vous m'aider ?

Gabriel, 18 ans

Chère Danièle 4

Moi, j'en ai marre du lycée, des examens et des études. Je n'entends parler que de ça. Les profs mettent la pression toute la journée, ils disent que si on ne réussit pas nos examens, on ne fera jamais rien de bien dans la vie. Mes notes sont assez bonnes, et pourtant mes parents ne sont jamais contents, ils disent que je pourrais faire mieux, que je dois travailler plus. Je n'arrive pas à discuter avec eux, ils ne m'écoutent pas et ne s'intéressent pas vraiment à mes problèmes. J'ai envie de tout laisser tomber ! Pouvez-vous me donner un conseil ?

Maëlys, 17 ans

Chère Danièle 5

Moi, j'ai très peur de ce qui va se passer après le lycée. Ça me paralyse complètement. Je crois que je vais trouver difficile de m'habituer à ma nouvelle vie à l'université sans ma famille à côté de moi. Ma mère m'encourage à être plus indépendant. Elle a sans doute raison quand elle dit que tout ira bien, que je réussirai mes études et que je pourrai faire ce que je veux, mais pour le moment, je ne sais pas comment être plus positif. Que faire ?

Mathis, 16 ans

---

1 💡 Compréhension

1. Quel type de texte est-ce ?
   - A Des messages au courrier des lecteurs
   - B Un article sur les problèmes des jeunes
   - C Le blog d'un jeune en difficulté
   - D Des extraits d'un journal intime
2. Reliez chaque jeune à un problème.

Exemple : Lucas C

   - A le manque d'indépendance
   - B l'influence des camarades
   - C des parents trop protecteurs
   - D la pression des études
   - E l'inquiétude pour l'avenir

Les expressions avec *avoir*

avoir besoin
avoir de la chance
avoir envie
avoir horreur
avoir l'air (+ *adjectif*)
avoir le courage
avoir le droit
avoir l'habitude
avoir l'impression
avoir peur
avoir raison / tort
en avoir marre
(Voir aussi page 137.)

Il n'a pas l'air cool.

J'ai peur de devenir alcoolique !

Il a envie d'avoir sa propre voiture.

Les jeunes qui boivent trop ont souvent besoin d'aide.

Lisez

...ez toutes les expressions avec *avoir* dans ...textes (page 156). Traduisez-les dans ...tre langue.

...emple : 1 ils ont peur, ...

Lisez

...rouvez l'équivalent des phrases suivantes ...ans les textes.

...xemple : Ils ne me donnent pas la ...ermission de partir. → Ils refusent de me ...aisser partir...

Texte 1

- je tente de montrer que je suis...
- je ne suis pas autorisé à...

Texte 3

- je n'étais pas habitué à faire...
- ils me ridiculiseront

Texte 4

- je ne réussis pas à parler avec eux
- ils restent indifférents à mes problèmes

Texte 5

- je vais avoir du mal à...
- qu'est-ce que je peux faire ?

Grammaire en contexte

Les verbes suivis d'un infinitif

1 Verbe + infinitif

Exemple : vouloir → Je voudrais partir.

2 Verbe + **de** + infinitif

Exemple : essayer de → J'essaie **de** montrer que je suis responsable.

3 Verbe + **à** + infinitif

Exemple : arriver à → Je n'arrive pas **à** discuter avec eux.

 Cahier d'exercices 13/2

4 Lisez et écrivez

Complétez le message de Chloé avec *à* ou *de / d'*. Si vous hésitez, cherchez le verbe dans le dictionnaire et vérifiez quelle préposition le suit.

> Chère Danièle,
>
> Je commence __[1]__ avoir très peur de certaines filles dans ma classe. Elles sont très cruelles avec moi. J'ai demandé à l'une d'entre elles __[2]__ arrêter mais elles continuent __[3]__ dire des choses qui me font mal. J'hésite __[4]__ parler avec quelqu'un au lycée parce qu'elles m'ont dit __[5]__ ne rien dire. Je ne sais plus quoi faire. J'ai décidé __[6]__ ne plus aller au lycée.
>
> Chloé, 16 ans

5 Parlez

Discutez en classe des solutions possibles aux problèmes de Chloé, Lucas, Romane, Gabriel, Maëlys et Mathis.

Exemple

Élève A : Je dirais à Chloé qu'elle devrait parler aux profs et à ses parents.

Élève B : Oui, je suis d'accord, mais à mon avis, elle devrait aussi demander à ses vraies amies de l'aider.

6 Imaginez

Écrivez un message au courrier des lecteurs pour expliquer le problème de votre ami(e) (voir les photos ci-dessous). Utilisez les expressions avec *avoir* et des verbes suivis de *à* ou *de*.

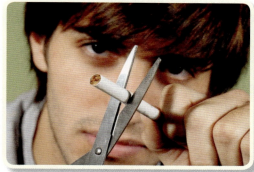

7 Parlez

Discutez en classe :

- Les problèmes de ces jeunes sont-ils typiques ?
- Est-ce que tous les jeunes du monde ont les mêmes problèmes ?
- Quels sont les problèmes principaux des jeunes dans votre pays ?

L'amitié : un besoin universel ?

Quiz : Vos amis – à quel point sont-ils importants pour vous ?

1 On vous dit que votre meilleur(e) ami(e) a eu un accident.

- Vous lui téléphonerez plus tard pour avoir des nouvelles.
- Vous lui achetez un cadeau et allez tout de suite le/la voir.
- Vous lui téléphonez tout de suite pour lui parler.

2 Une université française vous offre une bourse d'études.

- Vous acceptez tout de suite même si vous devez partir seul(e).
- Vous acceptez et expliquez à vos amis que vous leur raconterez tout.
- Vous refusez parce que vos amis vous manqueront trop.

3 Vous téléphonez à votre ami(e) pour aller au cinéma mais ses parents ne lui donnent pas la permission de sortir. Qu'est-ce que vous lui dites ?

- « Tant pis. On ira une autre fois, quand ils te permettront de sortir. »
- « Passe-moi ton père, je vais lui demander moi-même. »
- « Dommage. Je te raconterai le film demain ! »

4 Le portefeuille du prof de maths a disparu. On accuse votre ami(e) du vol.

- Vous lui faites confiance, vous ne l'imaginez pas capable de voler.
- Vous ne lui parlez plus, vous ne voulez pas être associé à ça.
- Vous lui posez la question et vous lui dites que vous le/la soutiendrez même s'il/elle a volé.

5 Votre oncle vous demande de faire du babysitting tous les samedis mais c'est le jour où vous retrouvez votre bande de copains.

- Vous lui proposez de venir un samedi sur deux pour l'aider.
- Vous lui dites non parce que le samedi avec les copains, c'est sacré !
- Vous acceptez parce que vous avez besoin d'argent de poche.

6 C'est l'anniversaire d'une de vos amies.

- Vous passez tout le week-end dans les magasins pour lui trouver le cadeau idéal.
- Vous lui souhaitez son anniversaire quand vous la voyez.
- Vous lui offrez une jolie boîte de chocolats.

7 Vos copains vous proposent d'aller faire du saut à l'élastique.

- Vous avez très peur mais vous leur dites oui pour faire comme les autres.
- Vous leur suggérez d'aller au bowling, c'est moins dangereux !
- Vous leur dites non parce que vous avez le vertige.

Lisez et écrivez

1 Trouvez les mots nouveaux dans le quiz. Faites trois listes :
- les mots similaires dans votre langue
- les mots que vous comprenez en contexte
- les mots que vous devez chercher dans le dictionnaire

2 Comparez avec un(e) partenaire.

Vocabulaire

Verbe + quelqu'un
accuser, soutenir, etc.

Verbe + à quelqu'un
offrir, parler, proposer, etc.

RÉSULTATS

Une majorité de ⊗

Les amis, c'est essentiel pour vous. Vous n'imaginez pas la vie sans eux. N'oubliez pas, vous avez le droit d'avoir vos opinions, même si elles sont différentes !

Une majorité de ⊗

Vos amis sont importants : vous appréciez leur présence mais vous savez aussi que vous ne pouvez pas toujours tout faire avec eux.

Une majorité de ⊗

Vos copains ne sont pas votre priorité. Être indépendant, c'est bien mais n'oubliez pas qu'ils ont peut-être besoin de vous !

Grammaire en contexte

Les pronoms complément d'objet indirect (COI)

1   Rappel : Les pronoms complément d'objet **direct** (COD) *le, la, l', les* remplacent le nom d'<u>une chose</u> ou d'<u>une personne</u> :

Tu as vu <u>le cadeau</u> ? → Tu **l'**as vu ?

Ils respecteront <u>nos opinions</u>. → Ils **les** respecteront.

Je soutiendrai <u>mon copain</u>. → Je **le** soutiendrai.

2   Les pronoms personnels complément d'objet **indirect** (COI) *lui, leur* remplacent le nom d'<u>une personne</u> reliée au verbe par la préposition à (parler **à** quelqu'un, raconter **à** quelqu'un, etc.).

Je parle <u>à mon ami</u>. → Je **lui** parle.

Tu raconteras tout <u>à ta mère</u> ? → Tu **lui** raconteras tout ?

Il a téléphoné <u>à ses parents</u>. → Il **leur** a téléphoné.

Les pronoms *me, te, nous, vous* sont les mêmes pour le COD et le COI :

Elle **me** regarde et elle **me** parle. Ils **nous** téléphonent.

Micro-trottoir : Qui sont les personnes les plus importantes dans votre vie ?

Fatou, 17 ans

« Je suis d'origine sénégalaise. Pour moi, mes parents sont les personnes les plus importantes : je dois les respecter et __[1]__ obéir. Je parle beaucoup à ma mère même si je ne __[2]__ dis pas tout. Je me confie plus à mes copines. Je __[3]__ dis tout et je peux __[4]__ faire confiance. Elles aussi __[5]__ parlent quand elles ont des problèmes. »

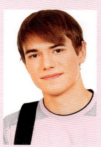

Arthur, 16 ans

« Vous voulez savoir qui est important pour moi ? Je peux __[6]__ dire que j'ai 928 amis sur ma page perso, que je __[7]__ réponds quand ils __[8]__ écrivent des messages mais que ce ne sont pas de « vrais » amis. La personne la plus importante pour moi, c'est mon cousin, Alex. C'est mon héros : je __[9]__ parle toujours quand j'ai un problème et il sait toujours __[10]__ donner de bons conseils. »

Lisez

Trouvez les pronoms (COD et COI) dans le quiz. Il y en a plus de 30 !

Recopiez et complétez la grille : écrivez une explication comme dans les exemples.

4 Lisez et écoutez

1   Complétez les textes de Fatou et Arthur avec les pronoms complément d'objet indirect.

2   Écoutez pour vérifier.

Cahier d'exercices 13/3

5 Écrivez et parlez

Écrivez six phrases « vrai / faux » sur les textes de Fatou et Arthur et lisez-les à un(e) camarade.

Exemple : Fatou se confie plus à ses parents qu'à ses copines. (FAUX)

3 Lisez et parlez

À deux : faites le quiz (page 158). L'élève A lit les questions, l'élève B répond.

Justifiez vos réponses. Puis changez de rôle.

6 Recherchez

Trouvez des mots ou expressions utiles pour parler de vos relations avec les gens importants dans votre vie.

Exemple : bien s'entendre, se disputer,…

Cahier d'exercices 13/4

7 Écrivez

Qui sont les personnes les plus importantes dans votre vie ? Répondez comme dans les textes de Fatou et Arthur. Utilisez quatre pronoms COI !

159

Les jeunes sont-ils victimes de préjugés ?

Les clichés et les stéréotypes sur les jeunes ne manquent pas. Est-ce un phénomène récent ? Voici des citations qui vont sans doute vous choquer.

A « Cette jeunesse est pourrie jusqu'au fond du cœur. Les jeunes gens sont malfaisants et paresseux. Ils ne seront jamais comme les jeunes d'autrefois… »

B « Ils ne pensent qu'à se retrouver en bande, sortir, faire la fête et boire, boire, boire. Ils prennent beaucoup trop de risques, ils ne réfléchissent pas. »

C « Notre jeunesse aime le luxe, elle est mal élevée, elle se moque de l'autorité et n'a aucune espèce de respect de ses aînés. … »

D « Les jeunes veulent tout et tout de suite. Ils ne savent plus l'importance du travail et la valeur de l'argent. »

E « Notre monde a atteint un stade critique. Les enfants n'écoutent plus leurs parents. La fin du monde ne peut être très loin… »

F « Les jeunes vivent en ligne : ils exposent les détails de leur vie intime sur Facebook ou Twitter. Par contre, si on leur parle, ils grognent ou ne répondent que par monosyllabes ! »

G « Les jeunes d'aujourd'hui ne pensent qu'à eux. Ils n'ont pas de respect pour les parents ou la vieillesse. Ils sont impatients et refusent toute contrainte… »

H « Je n'ai plus aucun espoir pour l'avenir de notre pays si la jeunesse d'aujourd'hui prend le commandement demain parce que cette jeunesse est insupportable, sans retenue, simplement terrible… »

1 Lisez et écrivez

Trouvez dans les citations **A** à **H** les mots et les expressions qui signifient :

Exemple : la jeunesse = les jeunes

1. méchants
2. qui ne veulent pas travailler
3. impolie
4. un moment dangereux
5. leurs expériences privées
6. les personnes âgées
7. toute pression
8. intolérable

2 Lisez et parlez

1. Résumez les citations dans votre langue.
2. À votre avis, quelles citations sont modernes ? Lesquelles sont anciennes ? (Voir Réponses, page 164.)
3. Êtes-vous d'accord avec les citations ?

Exemple

Élève A : Moi, ça me choque quand on dit que les jeunes sont méchants parce que ce n'est pas vrai.

Élève B : C'est vrai mais beaucoup de gens pensent que les jeunes sont méchants parce qu'ils ne pensent pas comme eux.

Élève C : Oui, être différents, ça ne veut pas dire être « méchants » ! etc.

3 Écrivez et parlez

1. En groupes : faites une liste de clichés négatifs sur les jeunes dans votre pays. Faites une deuxième liste avec toutes les qualités des jeunes selon vous.
2. Discutez en classe : les jeunes méritent-ils leur mauvaise réputation ?

Vocabulaire

Les connecteurs logiques

car, en effet, parce que

cependant, mais, par contre, pourtant

4 Écrivez

Résumez votre discussion dans un court article pour le site *Stop aux Clichés*. N'oubliez pas d'utiliser des connecteurs.

*Exemple : On dit souvent des jeunes qu'ils sont paresseux et qu'ils ne veulent pas travailler. Ce n'est pas vrai. Les jeunes cherchent activement du travail **mais** on leur dit souvent non **car** ils n'ont pas d'expérience.*

Nous Travaillons Ensemble

es stéréotypes sexistes existent-ils chez les ados ?

Des stéréotypes sexistes au Québec et en France

Au Québec, l'égalité des sexes existe dans les lois mais elle est loin d'exister dans les mentalités, même chez les jeunes qui se rebellent pourtant souvent contre les clichés !

Une étude a montré que la majorité des ados attachent beaucoup d'importance aux images et aux rôles stéréotypés de l'homme et de la femme qu'ils voient souvent à la maison ou à l'école et qui sont renforcés par les médias. Selon eux, l'homme est fort, n'exprime pas ses émotions, il est assez agressif et aime le sport et l'action. Il est indépendant, il n'a besoin de personne pour réussir et a les qualités nécessaires pour diriger. Par contre, on considère que la femme est émotive, douce et diplomatique, elle aime les arts et la mode. Elle est assez faible et dépend de l'homme pour son avenir.

Un sondage auprès des jeunes Français de 15–18 ans montre que le sexisme parmi les ados n'est pas réservé au Québec. En France, la situation des femmes s'est améliorée avec le droit de vote (1944) et la parité hommes–femmes au gouvernement (2000). Pourtant les femmes ne partagent pas à égalité les postes à responsabilité dans la vie politique et économique : il n'y a qu'une femme sur cinq parmi les élus à l'Assemblée Nationale. Les filles ont de meilleurs résultats scolaires que les garçons et cependant, elles ne représentent qu'un tiers des étudiants en classes préparatoires* scientifiques et seulement 27% de femmes ont un diplôme d'ingénieur. Pourquoi ? Les psychologues expliquent qu'en général, les filles sont moins carriéristes que les garçons et elles se dirigent vers des métiers plus flexibles, comme l'enseignement et la santé, sans doute parce qu'elles ont intégré inconsciemment le stéréotype de la femme qui s'occupe des enfants.

Alors, comment faire évoluer la société pour éviter les stéréotypes sexistes qui continuent à influencer les jeunes ?

*classes qui préparent les élèves au concours d'entrée dans les grandes écoles

1 Lisez et parlez

Répondez aux questions et justifiez vos réponses.

Exemple : 1 Oui. L'égalité des sexes est loin d'exister dans les mentalités, même chez les jeunes.

1. Les jeunes Québécois sont-ils sexistes ?
2. Comment explique-t-on leur attitude ?
3. Nommez trois différences entre l'image de l'homme et de la femme.
4. Citez deux mesures qui ont favorisé l'égalité entre les hommes et les femmes en France.
5. La parité existe-t-elle à l'Assemblée nationale en France ?
6. Qu'est-ce qui influence les filles dans leur choix d'études ?

2 Lisez

Choisissez dans chaque phrase l'option qui est vraie pour le texte.

1. Les femmes *sont / ne sont pas* égales aux hommes dans la constitution de ces deux pays.
2. Le comportement des parents *affecte / n'affecte jamais* l'image que les jeunes ont du rôle de chacun.
3. Les médias *influencent les jeunes / n'influencent personne*.
4. Les hommes *ne parlent que / ne parlent pas* de leurs émotions.
5. Selon le stéréotype, une femme *a besoin de quelqu'un / n'a besoin de personne* pour réussir sa vie.
6. *Il n'y a que des femmes / Il y a moins de femmes que d'hommes* dans le gouvernement français.
7. Les filles réussissent *mieux / moins bien* leur scolarité que les garçons.
8. Les filles acceptent leur rôle de mère *sans réaliser que / parce que* c'est un stéréotype.

Grammaire en contexte

La négation : *ne… personne, ne… que*

ne… personne

Il **n'**a besoin de **personne**.

ne… que / qu'

Il **n'**y a **que** 27% de femmes…

Elles **ne** représentent **qu'**un tiers des étudiants…

3 Parlez

Discutez en groupe. Avez-vous les mêmes préjugés que les jeunes Québécois ?

Réagissez-vous comme les Français par rapport aux études ?

4 Écrivez

Imaginez une réponse à la question finale de l'article.

Exemple : Pour éviter les stéréotypes, les jeunes doivent comprendre que les filles et les garçons sont différents mais égaux. Ils ont les mêmes droits, les mêmes devoirs,…

Ados aujourd'hui, adultes demain.

1 Lisez

1 Lisez l'article. Choisissez **A**, **B**, **C** ou **D**.

  A L'auteur est pour le vote à 16 ans.

  B L'auteur est contre le vote à 16 ans.

  C L'auteur ne donne pas son avis.

  D L'auteur propose une autre solution.

2 Trouvez des mots équivalents dans l'article.

*Exemple : **A** la plupart*

Paragraphe 1

  A la majorité

  B les jeunes

Paragraphe 2

  C chauffeur

  D réduire

Paragraphe 3

  E être vrai

  F un sondage

3 Faites correspondre la première partie de la phrase à gauche avec la fin de phrase appropriée parmi les propositions à droite. Attention : il y a plus de fins de phrases que de débuts de phrases.

*Exemple : **1 F***

Le vote à 16 ans ? Pourquoi pas ?

1 Dans la plupart des pays, on a le droit de voter à partir de 18 ans. On pense que les adolescents ne sont pas assez mûrs avant cet âge-là. Ils ne connaissent pas assez la politique et ils ne sauraient pas vraiment comment voter, ou bien ils voteraient comme leurs parents. Pourtant, la maturité d'une personne ne dépend pas forcément de son âge. Et avec le droit de vote, les ados s'intéresseraient peut-être plus à la politique.

2 Certains pays, comme le Brésil, ont opté pour le vote à 16 ans. En France et au Canada, on y* pense pour les élections municipales. Abaisser l'âge du droit de vote semble plutôt logique. À 16 ans, les jeunes peuvent commencer à apprendre à conduire. Conduire implique de nombreuses responsabilités : on a entre ses mains la responsabilité de sa propre vie, de la vie de ses passagers, des autres conducteurs et des piétons. Et pourtant, à 16 ans, on n'a pas le droit de se marier sans la permission de ses parents. Ces adolescents ne peuvent pas acheter de tabac, d'alcool, ni même un billet de loterie. Abaisser le droit de vote à 16 ans, cela voudrait-il aussi dire abaisser l'âge légal pour bénéficier de ces autres privilèges ?

3 Les jeunes de 16 ans ont-ils eux-mêmes envie d'aller voter ? Cela ne semble pas toujours être le cas. En Belgique, une enquête auprès des jeunes Belges francophones indique que seulement 15% d'entre eux sont d'accord avec l'idée.

4 Il semblerait donc que pour l'instant, dans un grand nombre de pays, les jeunes ne se sentent pas encore prêts à assumer leur devoir de citoyen à l'âge de 16 ans.

* y = à cela

1 **Dans un grand nombre de pays, les jeunes…**	F	A pour conduire une voiture.
		B veulent voter.
2 Certains pensent qu'à 16 ans…	☐	C de voter au Brésil.
3 Généralement, il faut avoir au moins 16 ans…	☐	D abaisser l'âge de consommation de tabac et d'alcool.
		E ne désirent pas voter.
4 À seize ans, on n'a pas le droit…	☐	F **peuvent voter à partir de 18 ans.**
		G d'acheter des cigarettes.
5 Si on abaisse l'âge du droit de vote, il faudra peut-être aussi…	☐	H pour acheter de l'alcool.
		I les jeunes ne savent pas comment voter.
6 La majorité des jeunes de 16 ans…	☐	J supprimer certains privilèges.
		K les jeunes s'intéressent beaucoup à la politique.

Emma	En ce moment, si on a 17 ans, on ne peut pas voter dans toutes les élections. À mon avis, il faut abaisser l'âge du droit de vote à 16 ans pour toutes les élections, pas seulement les élections municipales.
Cheng	Ah oui ? Pourquoi ?
Emma	Tout d'abord, parce que beaucoup de jeunes s'intéressent à la politique et sont aussi capables de voter que les adultes. Moi, par exemple, j'ai déjà des idées politiques précises et je veux pouvoir exprimer mon point de vue. Si à 16 ans on a le droit de se marier, il faut aussi avoir le droit de donner son avis politique, non ?
Cheng	Ah non, je ne suis pas du tout d'accord avec toi. Moi, je suis complètement contre cette idée. À 16 ans, je trouve qu'on n'a pas assez d'expérience. En ce qui me concerne, je ne connais rien aux différents partis politiques et franchement, je m'en fiche. Je ne pense pas être le seul. Avec mes amis, on ne parle jamais de politique.
Emma	Je comprends ton point de vue mais tu ne penses pas qu'avec le droit de vote, on se sentirait plus impliqué ? Et après tout, on n'est pas obligé de voter si on ne veut pas.
Cheng	Peut-être, mais on est encore trop influençable à 16 ans. Tu crois vraiment qu'à cet âge-là, on peut faire un choix différent de celui des copains et des parents ?
Emma	Oui, à mon avis, à 16 ans, on est capable de s'informer et de contribuer à la société.
Cheng	Je ne pense pas ! Moi je crois que si on abaisse le droit de vote, très peu de jeunes de 16 ans feront l'effort de s'intéresser à la politique et très peu iront voter. Tu as beaucoup de copains qui lisent le journal ou regardent les infos à la télé, toi ? Moi pas.
Emma	Tu es pessimiste, je crois qu'il faut faire confiance aux jeunes !
Cheng	Tu as sans doute raison ! Mais chacun est libre d'avoir son opinion…

2 Écoutez et lisez

Écoutez et lisez la conversation.

1 Qui est pour le droit de vote à 16 ans ? Qui est contre ?
2 Avec qui êtes-vous d'accord ?

3 Lisez

Trouvez dans la conversation des expressions équivalentes.

Exemple : pour commencer = tout d'abord (ligne 7)

1 donner mon opinion
2 ça m'est égal
3 concernés
4 choisir
5 l'opinion
6 se renseigner
7 tu n'es pas optimiste
8 peut penser ce qu'il veut

Grammaire en contexte

La conjonction *si*

proposition subordonnée	proposition principale
Si + présent de l'indicatif	présent de l'indicatif
Si tu veux,	*tu peux voter*
S'il a 18 ans,	*il a le droit de voter*
	futur simple
Si on leur donne le droit de vote,	*ils ne voteront pas.*
	présent de l'impératif
Si vous voulez voter,	*entrez !*

si = s' devant la lettre *i*

4 Lisez et parlez

À deux, adaptez les phrases soulignées dans la conversation en utilisant les expressions de l'encadré *Vocabulaire*. Ensuite, traduisez chaque phrase dans votre langue.

Exemple : Je suis d'accord. Je crois qu'il faut abaisser l'âge du droit de vote à 16 ans.

Cahier d'exercices 13/6

5 Écrivez

Choisissez un thème :

A Abaisser l'âge pour quitter l'école à 15 ans
B Relever l'âge pour acheter de l'alcool à 25 ans
C Abaisser l'âge pour conduire une voiture à 15 ans

Écrivez un argument pour ou contre dans votre blog. Utilisez les expressions de l'encadré *Vocabulaire*.

Vocabulaire

Présenter son point de vue

À mon avis…

Je crois que…

Je pense que…

Ce qui me paraît important, c'est…

S'expliquer et illustrer

C'est-à-dire…

Par exemple…

Exprimer son accord / désaccord

Je suis d'accord. / Je ne suis pas d'accord.

Je suis complètement contre…

Tu as tort. / Tu as raison.

Conclure

Finalement,…

Tout bien considéré,…

13 Nous, les jeunes

Révisions

Faire face au harcèlement.

1  Parlez

Regardez la photo. Répondez aux questions. Discutez en classe.

1. À votre avis, où et quand se passe la scène ?
2. Que font les jeunes ?
3. Qu'est-ce qu'ils tiennent ? Qu'est-ce qu'ils ont l'intention de faire ?
4. Décrivez un des jeunes sur la photo.
5. Quel sentiment vous donne cette photo ?
6. Quelle légende pourrait-on donner à cette photo ?
7. Le harcèlement est-il un gros problème dans votre lycée ?

Vocabulaire

Exprimer des probabilités sur une photo

J'imagine que l'action se passe à + *[endroit]*, parce que…

Je crois qu'on a pris cette photo + *[moment]*, car…

Le garçon avec la casquette a l'air + *[adjectif]*

Cette image me fait penser à…

2 Imaginez

Jeu de rôles. En groupe, chaque personne joue le rôle d'un jeune sur la photo. Imaginez la conversation.

Réponses, page 160

A inscription sur une poterie dans les ruines de Babylone datant de plus de 3 000 ans

C Socrate, grand philosophe de la Grèce ancienne

E un prêtre égyptien – 2 000 ans avant Jésus-Christ

G Pierre l'Hermitte, religieux français du XIème siècle

H Hésiode, poète grec, 720 ans avant Jésus-Christ

B, D, F : citations récentes anonymes

Aspects couverts

* L'historique de la francophonie
* La vie quotidienne des jeunes francophones

Grammaire

* Le pronom *en*

1 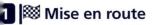 Mise en route

Lisez les fiches des jeunes sur un site de rencontres internationales. Qu'ont-ils en commun ?

Avec quelle personne aimeriez-vous prendre contact ? Décrivez-le/la oralement.

Exemple : *Elle s'appelle Malinka. Elle a l'air sympa. Elle a 17 ans…*

2 ✎ Écrivez

Écrivez votre profil pour le site de rencontres. Donnez des informations personnelles – nom, âge, domicile, langues, qualités, passions, et donnez votre description physique.

165

Pourquoi parle-t-on français un peu partout dans le monde ?

La francophonie en chiffres

- **220 millions** de personnes parlent français dans le monde.
- Le français est la **2ème** langue de communication présente sur cinq continents.
- Le français est la langue officielle de **57** états. Certains, comme la Belgique et la Suisse, sont proches de la France. D'autres, comme la province du Québec au Canada et la Guyane en Amérique du Sud, sont à des milliers de kilomètres de la métropole.
- Il y a **29** pays ou régions où le français est l'unique langue officielle. On y parle français dans les écoles, les médias et les administrations. C'est le cas dans un grand nombre de pays africains, comme la Côte d'Ivoire et le Burkina Faso.
- Dans d'autres pays ou régions, le français est une des langues officielles, mais ce n'est pas la seule. Par exemple, dans le territoire de Puducherry en Inde (autrefois : Pondicherry), le français est une des cinq langues officielles (avec l'anglais et trois langues indiennes).

APPRENANTS DU FRANÇAIS ET EN FRANÇAIS DANS LE MONDE

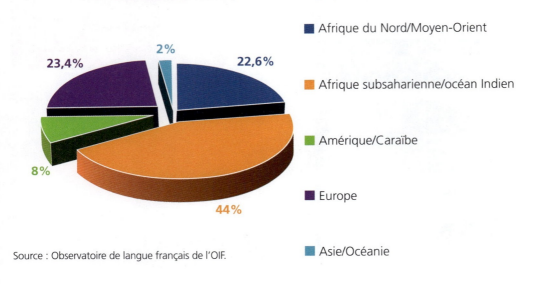

- Afrique du Nord/Moyen-Orient : 22,6 %
- Afrique subsaharienne/océan Indien : 44 %
- Amérique/Caraïbe : 8 %
- Europe : 23,4 %
- Asie/Océanie : 2 %

Source : Observatoire de langue français de l'OIF.

Comment expliquer la présence de communautés francophones dans le monde ?

La colonisation

La plupart des pays ou régions francophones sont d'anciennes colonies françaises. Du 16ème au 19ème siècle, la France a occupé des pays comme le Sénégal, Madagascar et Haïti. Elle y a imposé sa langue et sa culture. Après l'indépendance, certains de ces pays ont continué à enseigner le français dans les écoles et à l'utiliser dans les administrations.

Des frontières qui ont changé

Au cours de l'Histoire, les frontières de la France ont changé (suite à des guerres, etc.). Par exemple, autrefois, le sud de la Belgique faisait partie de la France. C'est pour cela que le français y est langue officielle. .

---

1 💡 Compréhension

Lisez les textes ci-contre. Quel sujet n'est pas mentionné ?

- **A** les pays où le français est la seule langue officielle
- **B** le pourcentage de francophones sur chaque continent
- **C** les territoires colonisés par les Français
- **D** l'inventeur du mot « francophonie »
- **E** des étapes importantes du monde francophone

2 📖 Lisez

Répondez aux questions. Justifiez vos réponses avec les informations des textes.

1. Pourquoi peut-on dire que la France existe en dehors de l'Europe ?
2. Quand le français est une langue officielle d'un pays, le parle-t-on uniquement dans les administrations ?
3. Est-ce que plus de personnes apprennent le français en Europe qu'en Afrique ?
4. Pourquoi a-t-on commencé à parler français au Sénégal ?
5. Peut-on dire que les origines du français sont les mêmes en Belgique et au Sénégal ?

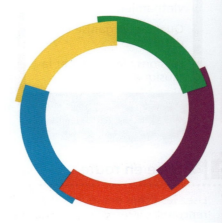

L'emblème de la Francophonie, créé en 1987. Les cinq couleurs rappellent les cinq continents et les couleurs des drapeaux des pays francophones.

Gros plan sur la Côte d'Ivoire

Carte d'identité de la Côte d'Ivoire

Superficie : 322 460 km².

Population : 22 400 835 habitants (estimation 2013) : les Ivoiriens.

Capitale : Yamoussoukro (capitale politique) ; la plus grande ville est Abidjan (capitale économique).

Langues : français, baoulé, bété, dioula, sénoufo.

Monnaie : franc CFA.

Espérance de vie : 57 ans.

Taux d'alphabétisation : 48,1%.

Sites inscrits au Patrimoine mondial de l'Unesco : la réserve naturelle intégrale du mont Nimba (1981) ; le parc national de Taï (1982) ; le parc national de la Comoé (1983) ; la ville historique de Grand-Bassam (2012).

Économie : l'agriculture (exportation de cacao et de café).

Ressources naturelles : pétrole, gaz naturel, or, cuivre, diamant, fer.

Climat : dans le nord : climat tropical ; dans le sud : climat équatorial humide.

La Côte d'Ivoire (nom officiel République de Côte d'Ivoire) est un pays important d'Afrique de l'Ouest. En 1893, le pays est devenu une colonie française. Louis-Gustave Binger, qui était le premier gouverneur français, a donné son nom à Bingerville, la première capitale ivoirienne.

Quand les négociants sont arrivés, ils ont trouvé des produits de valeur, comme l'or et le bois. Ils les ont exportés vers les pays d'Europe, où ces matières premières étaient nécessaires à l'industrie.

Le pays a obtenu son indépendance le 7 août 1960 et est devenu une république.

Les Africains francophones sont souvent bilingues ou plurilingues.

Aujourd'hui, la Côte d'Ivoire reste la première économie de l'Union économique et monétaire ouest africaine, et la seconde de l'Afrique de l'ouest (après le Nigéria). Le français y est encore la seule langue officielle.

Compréhension

sez l'article et la carte d'identité. Ensuite, choisissez la phrase qui est vraie.

- La Côte d'Ivoire est une colonie française où l'on parle français.
- La Côte d'Ivoire est un pays francophone qui a colonisé la France.
- La Côte d'Ivoire est une ancienne colonie française qui est maintenant un pays indépendant.
- La Côte d'Ivoire a été une colonie française et elle le reste encore.

4 Lisez

Relisez les textes. Reliez les débuts et les fins de phrases pour faire des phrases vraies.

Exemple : 1 C

1. Les habitants de la Côte d'Ivoire — **C**
2. La ville d'Abidjan
3. Le pays est situé
4. La Côte d'Ivoire est devenue une colonie française
5. Les colonisateurs ont exporté

A au 19ème siècle.
B ne parlent pas français.
C s'appellent les Ivoiriens.
D est la capitale politique.
E les matières premières du pays.
F est la plus grande ville du pays.
G en Europe.
H en 1960.
I des esclaves.
J en Afrique de l'ouest.

5 Lisez

1 Trouvez dans le texte sur la Côte d'Ivoire une ou deux phrases avec un verbe :
   1. au présent
   2. au passé composé
   3. à l'imparfait
2 Traduisez ces phrases dans votre langue.

Cahier d'exercices 14/1

6 Parlez

Avec un(e) camarade, jouez à « Ni oui ni non ». L'élève A pose une question sur la Côte d'Ivoire. L'élève B répond, sans dire les mots *oui* ou *non*.

Exemple

Élève A : Dans le nord du pays, est-ce qu'il y a un climat tropical ?

Élève B : Tu as raison, il y a un climat tropical dans le nord.

7 Recherchez, écrivez et parlez

Trouvez des renseignements sur une autre ancienne colonie française (l'Algérie, le Cambodge, l'île Maurice, la Louisiane, etc.). Écrivez sa carte d'identité. Faites une présentation à la classe.

Pourquoi est-il important d'appartenir à la francophonie ?

| Accueil | Aide | Rechercher |

Appartenir à la francophonie, c'est important pour vous ?

Clémence
Québec

posté le 6 septembre à 8h55
Appartenir à la francophonie est une chose importante pour moi parce que la langue française est une identité culturelle. Dans le monde moderne, beaucoup de pays se ressemblent et c'est dommage. Ici, au Canada, on parle surtout anglais, alors je pense qu'on doit protéger le français. Grâce à la francophonie, on peut garder notre identité culturelle.

Faria
Tunisie

posté le 6 septembre à 9h34
Ici, en Tunisie, le français n'est pas la langue officielle mais plus de 60% de la population le parlent. Pour moi, appartenir à la francophonie signifie qu'on peut communiquer avec d'autres pays. Par exemple, on fait beaucoup d'échanges sur les réseaux sociaux en français. Cela nous permet de nous informer sur la politique et les événements dans le monde.

Idriss
Tunisie

posté le 6 septembre à 10h21
Je suis bilingue arabe-français et content de l'être : en effet, je veux parler français parce que je vois ça comme un avantage. Pour moi, être francophone signifie que je pourrais peut-être plus tard trouver un emploi dans un autre pays, ce que je voudrais faire. Savez-vous que le français est parmi les dix langues les plus parlées dans le monde ? Une quarantaine de pays à l'ONU utilise le français dans leurs relations internationales et c'est aussi une langue officielle des Jeux Olympiques.

Abou
Côte d'Ivoire

posté le 6 septembre à 20h51
Personnellement, même si je parle français, je ne me sens pas francophone. Pour moi, le français est une langue imposée à l'école primaire. Nos langues maternelles, comme le sénoufo et le dioula, ne sont pas valorisées. Pourquoi pas ? Nous devrions les parler, ce sont les langues de nos ancêtres. Le français ne reflète pas la culture de ma famille. D'un côté, je sais que c'est utile, mais d'un autre côté, ça reste la langue d'une culture qui continue à nous coloniser puisqu'elle ne valorise pas nos traditions.

Dijmon
Bénin

posté le 6 septembre à 22h34
Au Bénin, le français est la seule langue officielle mais seulement 8% de la population le parlent. Il y a une vingtaine de langues ici et je pense que c'est vital d'avoir une langue en commun. Aussi, parler français c'est important, surtout pour nous, les jeunes. Nous ne voulons pas rester en marge. Avec la francophonie nous pouvons élargir notre vision des choses et faire progresser les mentalités de notre pays.

Cristina
Roumanie

posté le 7 septembre à 7h42
Je suis dans un lycée bilingue parce que je veux absolument parler français. Pour moi, la francophonie me donne l'occasion de voyager plus, de connaître d'autres jeunes francophones. Les relations personnelles avec ces jeunes francophones – que j'ai pu avoir par les échanges scolaires par exemple – sont très importantes. Pour moi, le français ouvre des perspectives nouvelles vers une culture riche, avec une littérature, un cinéma et une musique qui m'intéressent beaucoup.

1 Lisez

1 Lisez les arguments sur le forum. Sont-ils tous favorables à la francophonie ?
2 Reliez chaque personne à une opinion.

Exemple : 1 Djimon

Qui dit que la francophonie… ?

1 est un moyen de faire des progrès
2 permet de faire des rencontres et des découvertes culturelles
3 permet à une communauté de conserver son identité
4 ne respecte pas la culture de son pays
5 est un avantage pour trouver du travail
6 est un bon outil de communication

2 Parlez

Répondez aux questions.

1 Pourquoi le français est-il menacé au Canada ?
2 Pourquoi Faria apprécie-t-elle de pouvoir parler français ?
3 Nommez deux organisations où le français est l'une des langues officielles.
4 À votre avis, pourquoi est-ce que si peu de gens parlent le français au Bénin ?
5 Qu'est-ce qui motive Cristina à apprendre le français ?
6 Quels sont les arguments d'Abou contre l'usage du français ?

3 Lisez

1 Relisez les messages et trouvez les verbes *devoir*, *pouvoir* et *vouloir*.
2 À quelles formes et à quels temps sont-ils ?

4 Parlez

Discutez dans votre langue.

1 À votre avis, le but de la francophonie est-il de permettre à la France de conserver une certaine influence dans le monde ou est-ce tout simplement un espace de partage culturel ?
2 Votre pays a-t-il été colonisateur ou colonisé ? Selon vous, quel impact cela a-t-il eu sur votre pays ?

Quiz : Y a-t-il un petit coin de France près de chez vous ?

1 Y a-t-il un restaurant français près de chez toi ?
- A Non, il n'y en a pas.
- B Il y en a un mais on n'y mange jamais.
- C Il y en a plusieurs où nous allons manger assez souvent.

2 Vas-tu souvent voir des films français au cinéma ?
- A Non, je ne vais jamais en voir.
- B Non, mais j'en regarde de temps en temps à la télé.
- C Oui, je vais souvent en voir en version originale sous-titrée.

3 Entends-tu souvent des chansons en français à la radio ?
- A Non, on n'en entend jamais à la radio.
- B Non, mais j'en écoute sur YouTube de temps en temps.
- C Oui, on en entend assez souvent.

4 Trouves-tu des aliments français dans les magasins ?
- A Non, je n'en ai jamais remarqué.
- B Il y en a mais je n'en ai jamais acheté.
- C Oui, et j'en achète assez régulièrement, surtout des macarons. J'adore ça !

5 As-tu déjà lu beaucoup de livres français ou francophones ?
- A Je n'en ai pas encore lu.
- B J'en ai lu un. C'est une bande dessinée qui s'appelle Astérix.
- C J'en ai lu plusieurs de Marcel Pagnol, mais en traduction. Super !

6 Trouve-t-on des journaux français dans les kiosques dans ton pays ?
- A Non, je n'en ai jamais vu dans les kiosques.
- B J'en ai vu un ou deux mais je n'en ai jamais acheté.
- C J'en achète assez régulièrement à la maison de la presse près de chez moi.

7 Les produits français qui existent dans votre pays sont-ils essentiellement des produits de luxe ?
- A Des produits français ? On n'en trouve pas dans mon pays !
- B Il y en a et ils sont très chers alors je n'en achète jamais.
- C Il y en a beaucoup, comme les vêtements et les parfums, mais il y a aussi des produits de consommation courante moins chers.

Parlez

L'élève A interroge l'élève B sur ce qu'il/elle mange ou ne mange pas. L'élève B répond avec le pronom *en*. Puis changez de rôle.

Exemple

Élève A : Tu manges du poisson ?

Élève B : Oui, j'en mange. / Non, je n'en mange pas.

2 Lisez et parlez

À deux : faites le quiz. L'élève A pose les questions et l'élève B adapte les réponses pour lui/elle. Puis changez de rôle.

Exemple

Élève A : Trouves-tu des aliments français dans les magasins ?

Élève B : Oui et j'en achète assez régulièrement, surtout du fromage. J'adore ça !

3 Imaginez

Inventez d'autres questions pour le quiz. N'oubliez pas d'utiliser le pronom *en*.

Exemple

Tu trouves de l'eau minérale française dans ton pays ?

Cahier d'exercices 14/3

Grammaire en contexte

Le pronom *en*

1 *En* remplace l'article indéfini ou partitif + nom.

Vous avez regardé **des films français** ?

Oui, j'**en** ai regardé.

Il y a combien **de restaurants français** ?
Il y **en** a deux.

2 *En* remplace aussi la préposition *de* + nom :

Tu écoutes **de la musique** ?
Oui, j'**en** écoute souvent.

Négation :

Tu bois **du vin français** ?
Non, je n'**en** bois **pas** / **jamais**.

Verbe + **en** + infinitif

Tu aimes écouter **du jazz** ? Oui, j'aime **en** écouter.

169

Les Jeux de la Francophonie

Maxime, vous avez participé comme bénévole aux Jeux de la Francophonie, à Nice. Parlez-nous un peu des Jeux.

Alors, les premiers Jeux de la Francophonie ont eu lieu en 1989 au Maroc et depuis, c'est tous les quatre ans. Ils durent une semaine.

Qui peut participer aux Jeux ?

Il faut avoir entre 18 et 35 ans, mais certaines disciplines sont réservées au moins de 20 ans. Il faut être francophone et habiter dans un des pays membres de l'OIF, c'est-à-dire de l'Organisation Internationale de la Francophonie.

Et en quoi consistent les Jeux ?

Les organisateurs ont décidé qu'il y aurait non seulement des compétitions sportives comme aux Jeux Olympiques ou aux Jeux du Commonwealth mais aussi des compétitions culturelles, comme il y en avait aux Jeux Olympiques dans l'Antiquité et qui étaient des jeux pour le corps et l'esprit !

Quelles sont les disciplines sportives ?

Il y en a huit qui regroupent les sports collectifs et individuels. Il y a les disciplines traditionnelles comme l'athlétisme, le basket-ball, le football, le judo, le tennis de table et le cyclisme sur route mais aussi des disciplines moins connues comme la lutte libre et la lutte africaine. Il y a aussi le handisport : des sports avec des règles adaptées aux personnes handicapées.

Et quelles sont les disciplines culturelles en compétition ?

Eh bien, il y en a sept, qui sont la chanson, le conte, la danse, la littérature, la photographie, les arts plastiques et visuels et aussi les arts de la rue. À Nice, il y avait aussi deux autres disciplines en compétition, la création numérique et l'écologie.

Les Jeux de la Francophonie sont-ils un événement important ?

Bien sûr ! C'est l'occasion pour les jeunes sportifs de participer à une compétition internationale, souvent pour la première fois. Beaucoup aimeraient plus tard participer à de grandes compétitions mondiales, comme les JO. Des sportifs français comme le judoka David Douillet et l'athlète Marie-José Pérec ont participé aux Jeux de la Francophonie avant de devenir des champions olympiques.

Et pour beaucoup de jeunes artistes, c'est l'occasion de se faire connaître et de faire connaître l'art et la culture de leur pays. C'est un lieu où les jeunes, et surtout ceux qui viennent de pays où la vie est difficile, peuvent s'exprimer.

Quels sont, à votre avis, les objectifs principaux des Jeux de la Francophonie ?

Je pense que le premier objectif, c'est de faciliter les rencontres et les échanges entre les jeunes francophones du monde entier de façon à tisser des liens plus étroits entre les différents pays de la Francophonie.

Et le deuxième objectif, bien sûr, c'est de promouvoir la langue française, la langue que tous les participants ont en commun. C'est fascinant d'entendre beaucoup d'accents différents et des expressions différentes selon les pays.

Quelle est l'ambiance pendant les Jeux ?

L'ambiance est vraiment très sympa. Les Jeux réunissent plus de trois mille jeunes dans un esprit de fête et d'échange. Ici tout le monde se comprend, on parle tous la même langue ! Et puis, ce qui est vraiment sympa, c'est que les échanges ne se font pas uniquement entre les compétiteurs mais aussi avec le public. Tout le monde peut venir assister aux Jeux, les places sont gratuites. C'est super, ça, non ?

Selon les organisateurs, les Jeux peuvent permettre de promouvoir la paix et la solidarité internationale. Vous êtes d'accord ?

Oui, bien sûr, parce que plus on se parle, plus on se comprend, et plus on se comprend, plus on s'attache et on s'intéresse aux autres, même s'ils sont différents de nous.

Et pour terminer, comment les décririez-vous en deux mots ?

En deux mots ? Oh, ce n'est pas facile… mais je dirais « passionnants » et « enrichissants ». Passionnants à cause de ce grand mélange de compétitions, à la fois sportives et artistiques, et enrichissants parce qu'ils permettent de découvrir d'autres cultures et de rencontrer des gens extraordinaires venus de tous les continents.

Merci beaucoup, Maxime. C'était très intéressant.

A

B

C

1 Compréhension

1 Ce texte est…

   A un journal intime

   B une interview

   C une lettre

   D une brochure

2 L'opinion générale de Maxime sur les Jeux de la Francophonie est…

   A très positive

   B assez négative

   C neutre

   D assez positive

2 Lisez et écrivez

Lisez le texte et décidez si les phrases suivantes sont vraies ou fausses selon le texte. Justifiez votre réponse en utilisant les mots du texte.

Exemple : Les Jeux de la Francophonie ont commencé à la fin du XXᵉ siècle.

VRAI. Les premiers Jeux de la Francophonie ont eu lieu en 1989.

1. Il n'y a pas de limite d'âge pour participer aux compétitions. (lignes 1–13)
2. Les disciplines des Jeux de la Francophonie sont les mêmes qu'aux Jeux Olympiques ou aux Jeux du Commonwealth. (lignes 14–21)
3. Les sports en compétition sont uniquement des sports d'équipe. (lignes 22–31)
4. Les jeunes chanteurs, danseurs et écrivains francophones peuvent participer aux compétitions. (lignes 32–39)
5. Les compétitions sportives des Jeux de la Francophonie ont été le point de départ de la carrière de grands sportifs. (lignes 40–56)
6. L'atmosphère des Jeux est sérieuse et compétitive. (lignes 70–79)
7. Maxime est convaincu que les Jeux peuvent éviter les guerres et encourager l'amitié entre les pays. (lignes 80–87)

3 Lisez

Reliez une légende à chaque photo (page 170).

- Pendant une répétition de jonglerie, un moment de détente, d'échange et d'amitié entre jeunes francophones.
- La cérémonie d'ouverture rassemble des artistes venus du monde francophone.
- Un jeune sculpteur cambodgien fait connaître ses créations et l'art de son pays.
- L'épreuve de lutte africaine oppose le Niger au Cameroun.

À vous d'inventer des légendes pour la photo à droite en bas de la page. Utilisez des éléments du texte si possible.

4 Lisez

Répondez aux questions.

1. L'expression « tisser des liens » dans l'expression « tisser des liens plus étroits entre les différents pays » (ligne 62) veut dire :
   A. créer des problèmes
   B. fabriquer des tissus
   C. former des rapports
   D. trouver des solutions

2. Le mot « promouvoir » dans l'expression « promouvoir la langue française » (ligne 65) veut dire :
   A. encourager
   B. décourager
   C. enseigner
   D. apprendre

3. L'expression « venir assister aux Jeux » (ligne 78) veut dire :
   A. être bénévole
   B. être spectateur
   C. participer aux compétitions
   D. venir aider

5 Écrivez

Recopiez et complétez la grille.

Dans l'expression…	le mot…	se rapporte à…
Exemple : comme il y en avait (ligne 19)	« en »	des compétitions culturelles
1 qui étaient des jeux (ligne 20)	« qui »	
2 il y en a huit (ligne 23)	« en »	
3 il y en a sept (ligne 34)	« en »	
4 pays où la vie (ligne 55)	« où »	
5 ce qui est vraiment sympa (ligne 75)	« ce qui »	
6 comment les décririez-vous (ligne 88)	« les »	

6 Écrivez et parlez

Écrivez des questions sur le texte et posez-les à un(e) camarade.

Exemple : En quelle année ont eu lieu les premiers Jeux ?

7 Parlez

À deux : l'élève A joue le rôle du reporter et pose les questions de l'interview (page 170). L'élève B donne les réponses de mémoire, avec ses propres mots. Puis, changez de rôle.

Exemple

Élève A : Parlez-nous un peu des Jeux.

Élève B : Ils ont commencé au Maroc, en 1989.

8 Parlez

Discutez en classe.

1. À votre avis, est-ce une bonne d'idée d'avoir des Jeux de la Francophonie ? Pourquoi ?
2. Selon vous, quels sont les avantages à être bénévole pendant ce genre d'événement ?

9 Imaginez

Vous avez assisté aux derniers Jeux de la Francophonie. Écrivez la page de votre journal intime.

Exemple : Cher journal, Ce matin, je suis allé voir une compétition de lutte africaine. Je ne connaissais pas ce sport. C'était très intéressant…

La vie des adolescents aux Antilles.

Portraits d'ados

Étude menée auprès de jeunes de 15 ans aux Antilles-Guyane

A La grande majorité des adolescents antillais ont une famille traditionnelle : un père, une mère et des frères et sœurs. Le père est plus absent que la mère et il participe rarement à l'éducation des enfants. Dans quelques cas, grands-parents, oncles, tantes, cousins et cousines habitent tous ensemble.

B Plus de 66% des jeunes habitent dans une maison individuelle, en banlieue ou à la campagne. Moins de 20% vivent dans un village ou en centre-ville. Comme il y a peu d'habitants aux Antilles, il y a de la place et les maisons sont grandes (six ou sept pièces). Trois adolescents sur quatre ont leur propre chambre. La plupart des maisons sont bien équipées (eau courante, électricité, cuisine, salle de bains). La grande majorité des familles ont une télévision, un téléphone portable, un ordinateur et une voiture. Plus de la moitié d'entre elles ont un animal domestique.

C Les jeunes Antillais sont assez satisfaits de leur vie scolaire. En effet, les relations avec les camarades sont très bonnes, et en général les élèves s'entendent bien avec les professeurs. Par contre la majorité se plaint des repas à la cantine et de la qualité de l'enseignement. Ils passent environ huit heures par jour dans leur établissement, cinq jours sur sept. Ce qui est important pour les élèves, c'est d'abord la proximité de l'école, la qualité de la bibliothèque, les infrastructures sportives et la qualité des activités parascolaires. Un élève sur deux pense que les études sont utiles et pourtant les deux tiers ne veulent pas les continuer après le bac. Ils préfèrent trouver un travail.

D La majorité des adolescents dorment huit heures par nuit, entre 21h00 ou 22h00 et 05h00 ou 06h00. La moitié fait une sieste l'après-midi (un quart d'entre eux en font une de deux heures ou plus). Et pourtant, les deux tiers disent qu'ils sont fatigués dans la journée et qu'ils s'endorment en classe. Ceci s'explique peut-être par le fait qu'en grande majorité, ils ne prennent pas de petit déjeuner et ne mangent que deux repas par jour. Certains n'en mangent même qu'un seul. Neuf adolescents sur dix déjeunent à midi tous les jours : un sandwich dans la cour du collège, à la cantine ou dans des fast-foods. Certains prennent aussi un goûter. Très peu font un régime ou suivent des périodes de jeûne. Les trois-quarts dînent en famille le soir.

E En général, les jeunes Antillais sont assez sportifs. Ils pratiquent en moyenne trois heures de sport par semaine – notamment le football, la danse, le basket, la natation et le tennis. Comme partout dans le monde, ils passent beaucoup de temps devant un écran pour se distraire et s'informer. La moitié d'entre eux préfère regarder les informations télévisées et un quart d'entre eux favorisent les sources d'information en ligne.

Contrairement aux jeunes de certains pays, les jeunes Antillais ne s'investissent pas beaucoup dans la vie de leur communauté : seul un petit nombre s'occupe occasionnellement de personnes qui ont besoin d'aide. En revanche, ils s'investissent beaucoup plus dans la religion ; ils y consacrent en moyenne deux heures par semaine.

F Aux Antilles comme ailleurs, les jeunes sont touchés par les problèmes d'addiction, mais cela n'est pas le problème de société majeur. Un jeune Antillais sur dix consomme de l'herbe et de la cocaïne. Quant au tabac, deux adolescents sur dix fument (mais peu, moins de cinq cigarettes par jour) et seulement de temps en temps.

L'alcool est un vrai phénomène social. Les jeunes boivent pour « faire comme tout le monde ». Mais contrairement à la drogue, la consommation n'est pas cachée. La moitié des jeunes boit de l'alcool régulièrement et 80% d'entre eux boivent environ deux verres par jour en public. Une petite minorité d'entre eux en boivent plus de cinq verres par jour.

Les jeux d'argent sont très populaires aux Antilles et les jeunes ne les considèrent pas comme une addiction. Ils jouent en moyenne une fois par semaine, souvent encouragés par leur famille.

---

1 📖 Lisez

À partir de la liste ci-dessous, donnez un titre à chaque section du texte sur les jeunes Antillais. Attention : il y a plus de titres que de sections.

1 Leurs études
2 Leurs addictions
3 Leurs occupations
4 Leurs problèmes de santé
5 Leur maison
6 Leur famille
7 Leur routine quotidienne
8 Leurs projets d'avenir

2 📖✏️ Lisez et écrivez

Recopiez la grille. Chacun des mots suivants se réfère à quelqu'un ou à quelque chose du texte. Dites à qui ou à quoi chaque mot se réfère.

Dans l'expression...
Exemple : <u>il</u> participe rarement à l'éducation (ligne 4)
1 la moitié d'entre <u>elles</u> (ligne 19)
2 les relations avec les camarades sont très <u>bonnes</u> (ligne 22)
3 ne veulent pas <u>les</u> continuer (ligne 34)
4 Un quart d'entre eux <u>en</u> font une de deux heures ou plus. (ligne 39)
5 <u>Certains</u> prennent aussi un goûter (ligne 49)

Lisez

Les phrases suivantes sont-elles vraies ou fausses ? Justifiez vos réponses avec des phrases extraites des sections correspondantes.

Exemple

(Section A) La famille typique aux Antilles est la famille élargie.

FAUX, la majorité des adolescents antillais ont une famille traditionnelle.

1. (Section B) L'habitat typique des Antillais est une petite maison en ville.
2. (Section C) L'ambiance dans les collèges est en général assez bonne.
3. (Section C) Les études sont très importantes pour les jeunes Antillais parce qu'ils veulent en majorité aller à l'université.
4. (Section D) La plupart des ados ne dorment pas assez.
5. (Section D) En général, les jeunes Antillais ne déjeunent pas le matin.
6. (Section E) Les ados antillais sont pratiquants.
7. (Section F) La majorité des jeunes Antillais consomment de la drogue.
8. (Section F) Les parents ne savent pas que leurs enfants jouent aux jeux d'argent.

4 Lisez et parlez

1. Qu'est-ce qui vous a surpris dans cet article ? Est-ce qu'il y a des choses qui sont pareilles dans votre pays ?

   Exemple : Ce qui me surprend, c'est que les jeunes Antillais se lèvent si tôt le matin.

2. Imaginez : un jeune Antillais vient dans votre pays. À votre avis, qu'est-ce qui va le surprendre ? Discutez en classe.

   Exemple : Un jeune Antillais sera surpris de voir que je me couche vers minuit !

5 Parlez

Lisez les bulles et choisissez les bonnes options pour faire des phrases qui s'appliquent à votre classe.

> Nous avons *autant / plus / moins* d'heures de cours qu'aux Antilles.

> Ici, en général, nos maisons sont *plus / moins / aussi* grandes qu'aux Antilles.

> Il y a *plus / moins / autant* de jeunes qui boivent dans notre classe.

> Les Antillais ne veulent pas faire d'études après le bac. *C'est pareil / Ce n'est pas pareil* pour nous.

> En comparaison avec les Antillais, nous aimons *les mêmes sports / des sports différents*.

Vocabulaire

Pour comparer

C'est plus… / moins… / aussi… que…

Il y a plus / moins / autant de… que…

C'est pareil / Ce n'est pas pareil

Ce qui est similaire / différent, c'est…

contrairement à

comme

en comparaison

par contre

tandis que

 Cahier d'exercices 14/4

6 Parlez et écrivez

En groupes, choisissez trois des six thèmes de l'article et comparez la vie des jeunes antillais à la vôtre. En quoi est-elle similaire ou différente ? Utilisez les expressions de l'encadré *Vocabulaire*.

Point info

La Martinique et l'archipel de la Guadeloupe aux Antilles, ainsi que la Guyane en Amérique du sud, sont d'anciens territoires français devenus départements et régions d'outre-mer en 1946.

Ces DOM (ou DROM) sont à environ 7 000 km de Paris, avec un décalage horaire entre −4 et −6 heures selon les saisons.

La Guyane est célèbre pour le centre spatial de Kourou, la base de lancement des fusées Ariane.

Révisions

Le monde francophone.

1 💬 Parlez

Répondez aux questions sur la photo d'une affiche.

1. Selon vous, où se trouve cette affiche ? (genre d'établissement, pays)
2. À votre avis, pourquoi la devise est-elle en français ?
3. Expliquez le choix des mots de la devise.
4. Qui sont les personnes au premier plan ? Que font-elles ?
5. Quels vêtements portent-elles ?
6. Que peut-on voir à l'arrière-plan de l'affiche ?
7. Qui sont les personnes à droite et à gauche de l'affiche ? Décrivez-les.
8. À votre avis, pourquoi les vêtements sont-ils différents ?
9. En quoi ce lycée est-il similaire ou différent du vôtre ?
10. Que pensez-vous de cette affiche ?

2 💬 Parlez

Expliquez dans votre langue la citation de l'écrivain et poète marocain francophone, Tahar Ben Jelloun (1944–).

« La francophonie est une maison pas comme les autres, il y a plus de locataires que de propriétaires. »

3 ☁ Imaginez

Vous pouvez gagner un voyage dans un pays francophone en participant à un concours. Pour cela, il faut écrire un article (120 mots) en français sur ce que représente pour vous la francophonie.

Tahar Ben Jelloun

Remerciements

Pour leur autorisation de reproduction tous nos remerciements à :

IMAGES

Couverture: A.Sobczyk 2014, arieliona – Fotolia.com, pink candy – Fotolia.com, godfer – Fotolia.com, Galina Barskaya – Fotolia.com, Luisapuccini – Fotolia.com, illustrez-vous – Fotolia.com, zuchero – Fotolia.com, Olinchuk – Shutterstock.com – Odua Images – Fotolia.com

f123 – Dreamstime.com (p5), alain juillet – Fotolia.com (p5), ien Burger – Fotolia.com (p5), Simon Hack – Dreamstime.com p5), javier brosch – Fotolia.com (p5), Mariusz Blach – Fotolia.om (p5), Organisation Internationale de la Francophonie p6–7), snfotos – Fotolia.com (p8), M.studio – Fotolia.com (p8), hiyacat – Dreamstime.com (p8), Masson – Fotolia.com (p8), velichko – Fotolia.com (p8), Marion Cotillard – Creative ommons (p8), jcm – Fotolia.com (p9), Wendy Kaveney – otolia.com (p9), ileiry – Fotolia.com (p9), Moreno Novello – otolia.com (p9), seb – Fotolia.com (p9), BasseyHound – otolia.com (p9), 20mars.francophonie poster (p11), Mariusz lach – Fotolia.com (p11), javier brosch – Fotolia.com (p11), Monkey Business – Fotolia.com (p12), T. Michel – Fotolia.com p12), T. Michel – Fotolia.com (p12), imagedb.com – Fotolia.om (p13), Kurhan – Fotolia.com (p13), gekaskr – Fotolia.com p13), Poleze – Fotolia.com (p13), peshkova – Fotolia.com p13), T. Michel – Fotolia.com (p13), T. Michel – Fotolia.com p13), Aaron Amat – Fotolia.com (p14), Mauresmo – Creative ommons (p14), Alain Bernard – Creative Commons (p14), aura Flessel – Creative Commons (p14), Christian Karembeu Creative Commons (p14), Poleze – Fotolia.com (p15), ekaskr – Fotolia.com (p15), Brian Chase – Shutterstock.com p15), T. Michel – Fotolia.com (p15), T. Michel – Fotolia.com p15), Ambrophoto – Fotolia.com (p16), goodluz – Fotolia.com p16), Ivonne Wierink – Fotolia.com (p16), T. Michel – Fotolia.om (p16), Hellen – Fotolia.com (p16), Minerva Studio – otolia.com (p17), WavebreakmediaMicro – Fotolia.com (p17), dyta Pawlowska – Fotolia.com (p17), sassyphoto – Fotolia.om (p17), Fany Gardes (p17), Tyler Olsen – Fotolia.com (p17), 51001 – Shutterstock.com (p18), AAR Studio – Shutterstock.om (p18), Aletia – Shutterstock.com (p18), Alexander Raths Dreamstime.com (p18), Markus Gann – Shutterstock.com 18), Jeanette Dietl – Shutterstock.com (p18), Belinka – hutterstock.com (p18), LenaTru – Shutterstock.com (p18), ultarasenko – Dreamstime.com (p18), Mark Winfrey – hutterstock.com (p18), Andres Rodriguez – Fotolia.com (p18), ana Lopes – Shutterstock.com (p18), SergiyN – Shutterstock.om (p18), Accord – Shutterstock.com (p18), Kiselev Andrey lerevich – Shutterstock.com (p18), T. Michel – Fotolia.com 18), T. Michel – Fotolia.com (p18), Joana Lopes – hutterstock.com (p19), Kurhan – Fotolia.com (p19), South rica The Good News – Creative Commons (p19), ALDEGroup Creative Commons (p19), Chesi – Fotos – Creative Commons 19), Adogslifephoto – Dreamstime.com (p20), elena.rudyk – tolia.com (p20), Digitalpress – Fotolia.com (p20), Uros trovic – Fotolia.com (p20), Azaliya (Elya Vatel) – Fotolia.com 20), arnau2098 – Fotolia.com (p20), dimis – Fotolia.com 20), Tambako The Jaguar – Creative Commons (p21), Virginie EORGES – Fotolia.com (p21), liusa – Fotolia.com (p21), liusa Fotolia.com (p21), MelisendeVector.com – Fotolia.com (p21), adpixblue – Fotolia.com (p21), Spotmatik – Dreamstime.com 22), Spotmatik – Dreamstime.com (p22), Gage Skidmore Creative Commons (p23), Mariusz Blach – Fotolia.com (p23), vier brosch – Fotolia.com (p23), Vincent Roche – Creative ommons (p24), Mr Azed – Creative Commons (p24), G.6sou Creative Commons (p24), Sandro Campardo/AP/Press sociation Images (p24), T. Michel – Fotolia.com (p24), T. chel – Fotolia.com (p24), skarin – Fotolia.com (p24), Paul akimata – Fotolia.com (p25), viz4biz – Fotolia.com (p25), oli – Fotolia.com (p25), bilderzwerg – Fotolia.com (p25), annah Clarkson (p25), Liam Mendes – Creative Commons 26), Nivrae – Creative Commons (p26), Hannah Clarkson (p26), Mohamadou Diop (p27), Alliance Internationale – Creative Commons (p28), Yuganov Konstantin – Shutterstock.com (p29), robert – Fotolia.com (p29), Elnur – Fotolia.com (p29), Elnur – Fotolia.com (p29), Ariwasabi – Fotolia.com (p29), Alexandra Karamyshev – Fotolia.com (p29), Elnur – Fotolia.com (p29), picsfive – Fotolia.com (p29), Ruslan Kudrin – Fotolia.com (p29), Africa Studio – Fotolia.com (p29), Alexandra Karamyshev – Fotolia.com (p29), torsak – Fotolia.com (p29), chiyacat – Fotolia.com (p29), Roman Ivaschenko – Fotolia.com (p29), ID1974 – Fotolia.com (p29), mma23 – Fotolia.com (p29), Riccardo Meloni – Fotolia.com (p29), MyaBe – Dreamstime.com (p29), denis_pc – Fotolia.com (p30), Jeanne McRight – Shutterstock.com (p30), Yaromir – Shutterstock.com (p30), Volt Collection – Shutterstock.com (p31), Andres Rodriguez – Fotolia.com (p31), Eric Isselée – Fotolia.com (p31), Aleksandr Bedrin – Fotolia.com (p31), Mikhail Malyugin – Fotolia.com (p31), Africa Studio – Fotolia.com (p31), gavran333 – Fotolia.com (p31), Iosif Szasz-Fabian – Fotolia.com (p32), Steve Young – Fotolia.com (p32), virinaflora – Fotolia.com (p32), okalinichenko – Fotolia.com (p32), speedspoiler – Fotolia.com (p32), Jocky – Fotolia.com (p32), George Dolgikh – Shutterstock.com (p33), prudkov – Shutterstock.com (p33), zea_ lenanet – Fotolia.com (p33), by-studio – Fotolia.com (p33), viperagp – Fotolia.com (p33), Andrey Arkusha – Shutterstock.com (p34), Nagy–Bagoly Arpad – Shutterstock.com (p35), Mariusz Blach – Fotolia.com (p35), javier brosch – Fotolia.com (p35), Y. L. Photographies – Fotolia.com (p36), Elnur – Fotolia.com (p37), Hannah Clarkson (p37), Hannah Clarkson (p37), Regormark – Fotolia.com (p37), Regormark – Fotolia.com (p37), Hannah Clarkson (p38), Hannah Clarkson (p38), onurakgul – Fotolia.com (p38), viperagp – Fotolia.com (p39), gdvcom – Fotolia.com (p39), Hannah Clarkson (p39), Hannah Clarkson (p39), Hannah Clarkson (p39), viperagp – Fotolia.com (p39), Hannah Clarkson (p39), JM-Guyon – Fotolia.com (p39), auremar – Fotolia.com (p40), Magalice – Fotolia.com (p40), JackF – Fotolia.com (p40), Klaus Eppele – Fotolia.com (p40), auremar – Fotolia.com (p40), Jaren Wicklund – Fotolia.com (p40), Magalice – Fotolia.com (p40), Brooke Becker – Shutterstock.com (p40), mma23 – Fotolia.com (p40), Hector Conesa – Shutterstock.com (p41), gosphotodesign – Fotolia.com (p41), Hannah Clarkson (p42), Sam – Fotolia.com (p42), Sam – Fotolia.com (p42), redkoala – Fotolia.com (p42), redkoala – Fotolia.com (p42), rebellium – Fotolia.com (p42), Mariusz Blach – Fotolia.com (p42), Pavel Losevsky – Dreamstime.com (p42), Hannah Clarkson (p43), PT Images – Fotolia.com (p43), Rod Waddington – Creative Commons (p44), Flô – Fotolia.com (p45), Jamie Wilson – Fotolia.com (p46), Nataliya Yakovleva – Fotolia.com (p46), Semaine du Goût, www.legout.com (p47), Mariusz Blach – Fotolia.com (p47), javier brosch – Fotolia.com (p47), Viktor – Fotolia.com (p48), amenic181 – Shutterstock.com (p48), Africa Studio – Fotolia.com (p48), Jag_cz – Fotolia.com (p48), Sergio Martínez – Fotolia.com (p48), effe45 – Fotolia.com (p48), Jacek Chabraszewski – Fotolia.com (p48), oriori – Fotolia.com (p48), picsfive – Fotolia.com (p48), Monkey Business Images – Dreamstime.com (p48), Zoja – Fotolia.com (p48), Eugenio Marongiu – Fotolia.com (p48), Jocky – Fotolia.com (p48), liusa – Fotolia.com (p49), nazlisart – Fotolia.com (p49), Thomas Jansa – Fotolia.com (p49), Liv Friis–larsen – Fotolia.com (p49), Viktor – Fotolia.com (p49), Louella Folsom – Fotolia.com (p49), Juri Samsonov – Fotolia.com (p49), Jacek Chabraszewski – Fotolia.com (p49), ILYA AKINSHIN – Fotolia.com (p49), effe45 – Fotolia.com (p49), Ric Esplana Babor – Fotolia.com (p49), Juri Samsonov – Fotolia.com (p49), rufar – Fotolia.com (p49), Okea – Fotolia.com (p50), gunterkremer – Fotolia.com (p50), grafikplusphoto – Fotolia.com (p50), Viktor – Fotolia.com (p50), Markus Mainka – Fotolia.com (p50), He2 – Fotolia.com (p50), Marco Mayer – Fotolia.com (p51), Stefan Andronache – Fotolia.com (p51), CCat82 – Fotolia.com (p51), PerfectLazybones – Fotolia.com (p51), Viktorija – Fotolia.com (p51), Aaron Amat – Fotolia.com (p51), Africa Studio – Fotolia.com (p51), manuelsvay – Creative Commons (p51), Foto66 – Fotolia.com (p51), azurita – Fotolia.com (p52), spectrumblue – Fotolia.com (p52), travellight – Shutterstock.com (p52), pipil7385 – Fotolia.com (p52), Hannah Clarkson (p52), michaeljung – Fotolia.com (p52), SOMATUSCANI – Fotolia.com (p52), emmi – Fotolia.com (p53), martine wagner – Fotolia.com (p53), Joe Gough – Fotolia.com (p53), lamio – Fotolia.com (p54), djama – Fotolia.com (p54), adisa – Fotolia.com (p54), Veniamin Kraskov – Fotolia.com (p54), julianelliott – Fotolia.com (p54), Grand Frais Gestion – Creative Commons (p54), noodlepie – Creative Commons (p54), d13 – Shutterstock.com (p54), Tilio & Paolo – Fotolia.com (p54), Hannah Clarkson (p55), Andrey Burmakin – Fotolia.com (p55), © Groupe Danone (p56), Groupe Lactalis (p56), Bonduelle (p56), M. studio – Fotolia.com (p56), Viktor – Fotolia.com (p56), Vins Maurin Delmas (p56), Au petit riche (p57), kasyge – Fotolia.com (p57), rvlsoft – Fotolia.com (p57), Paulista – Fotolia.com (p57), ramoncin1978 – Fotolia.com (p57), Melpomene – Fotolia.com (p57), sergio37_120 – Fotolia.com (p57), viperagp – Fotolia.com (p58), yvon52 – Fotolia.com (p58), alain wacquier – Fotolia.com (p58), HLPhoto – Fotolia.com (p59), Marco Mayer – Fotolia.com (p59), MensMolemAgitat – Fotolia.com (p59), ilolab – Shutterstock.com (p60), Rrrainbow – Shutterstock.com (p60), jeancliclac – Fotolia.com (p60), Sam Spiro – Fotolia.com (p60), ParisPhoto – Fotolia.com (p60), © Ville de Marseille (p61), Mariusz Blach – Fotolia.com (p61), javier brosch – Fotolia.com (p61), determined – Fotolia.com (p61), pink candy – Fotolia.com (p62), Uroš Medved – Shutterstock.com (p62), Emmanuelle Combaud – Fotolia.com (p62), Stephan van Es – Creative Commons (p62), Natasha Art – Fotolia.com (p62), Kudryashka – Fotolia.com (p63), natalipopova2011 – Fotolia.com (p63), aroas – Fotolia.com (p63), liusa – Fotolia.com (p63), Leena Damle – Fotolia.com (p63), crlocklear – Fotolia.com (p63), Alex_Mac – Fotolia.com (p64), Krawczyk-Foto – Fotolia.com (p64), Photocreo Bednarek – Fotolia.com (p64), Andrey Kiselev – Fotolia.com (p64), Ben Burger – Fotolia.com (p64), Artem Furman – Fotolia.com (p64), Stan Dalone & Miran Rijavec – Creative Commons (p64), Kzenon – Fotolia.com (p64), Giuseppe Porzani – Fotolia.com (p64), Artem Merzlenko – Fotolia.com (p64), Pavel Losevsky – Fotolia.com (p64), Ludo29880 – Creative Commons (p64), ikonoklast_hh – Fotolia.com (p64), Stanko07 – Dreamstime.com (p64), ivanukh – Fotolia.com (p64), Wisconsinart – Dreamstime.com (p64), Hannah Clarkson (p65), allbylouise – Fotolia.com (p65), Bounford.com (p65), Jean-Louis Zimmermann – Creative Commons (p66), delcidr – Creative Commons (p66), Leandro's World Tour – Creative Commons (p66), SNCF Médiathèque – Christophe Recoura (p66), pixarno – Fotolia.com (p66), Velo libre – Jenny Ollerenshaw (p66), Jean-Louis Zimmermann – Creative Commons (p66), JPC24M – Creative Commons (p66), N53 – Creative Commons (p66), KDimages – Fotolia.com (p66), scaliger – Fotolia.com (p67), Sue Finnie (p67), Map data © 2014 Google (p68), Elena Elisseeva – Shutterstock.com (p68), Hannah Clarkson (p68), Dmitrijs Dmitrijevs – Shutterstock.com (p69), Danièle Bourdais (p69), Danièle Bourdais (p69), irantzuarb – Fotolia.com (p69), Aaron Kyle – Creative Commons (p69), incomible – Fotolia.com (p69), PackShot – Fotolia.com (p70), Igor Mojzes – Fotolia.com (p70), Jaredjpg – Creative Commons (p71), Waj – Shutterstock.com (p71), bertauxn – Fotolia.com (p72), GoLo – Fotolia.com (p72), Ikunl – Fotolia.com (p73), Africa Studio – Fotolia.com (p73), Serghei Velusceac – Fotolia.com (p73), Mark Fischer – Creative Commons (p73), rangizzz – Shutterstock.com (p73), Mariusz Blach – Fotolia.com (p73), javier brosch – Fotolia.com (p73), Sebastien Burel – Shutterstock.com (p74), Vojko Kavcic – Shutterstock.com (p74), aziz – Fotolia.com (p75), Speedfighter – Fotolia.com (p76), Mariusz Blach – Fotolia.com (p76), redkoala – Fotolia.com (p76), Oculo – Fotolia.com (p76), redkoala – Fotolia.com (p76), Barbara Helgason – Fotolia.com (p76), tigatelu – Fotolia.com (p77), Steve Young – Fotolia.com (p77), liusa – Fotolia.com (p77), Frog 974 – Fotolia.com (p77), morane – Fotolia.com (p77), Faizan Khan – Dreamstime.com (p78), © TQ-P. Villecourt (p78), Kara – Fotolia.com (p78), Lisa F. Young – Fotolia.com (p78), Kalexander2010 – Creative Commons (p78), Darrin Henry – Shutterstock.com (p79), Sielemann – Fotolia.com (p80), Gwenole Camus – Creative Commons (p80), pwollinga – Fotolia.com (p80), elen_studio – Fotolia.com (p80), T. Michel – Fotolia.com (p81), viperagp – Fotolia.com (p81), by-studio – Fotolia.com (p81), Maridav – Fotolia.com (p81), Beboy – Fotolia.com (p82), Stefanie F. – Fotolia.com (p82), Anton Gvozdikov – Fotolia.com (p82), rangizzz – Shutterstock.com (p82), Ikuni – Fotolia.com (p82), Serghei Velusceac – Fotolia.com (p82), Africa Studio – Fotolia.com (p82), Mark Fischer – Creative Commons (p82), © Création du Studio Kerozen pour Le Grand Cordel MJC (p83), Mariusz Blach – Fotolia.com (p83), javier brosch – Fotolia.com (p83), Landd09

– Dreamstime.com (p84), yanlev – Fotolia.com (p84), Michael Welsing – Creative Commons (p84), © Centre de Documentation CRIOC (p84), Florian – Creative Commons (p84), konradbak – Fotolia.com (p84), Masson – Fotolia.com (p84), vadymvdrobot – Fotolia.com (p85), Sashkin – Fotolia.com (p86), jrwasserman – Fotolia.com (p86), WavebreakMediaMicro – Fotolia.com (p86), adam121 – Fotolia.com (p86), AntonioDiaz – Fotolia.com (p86), TF1 (p87), france 2 (p87), france 3 (p87), france 5 (p87), Canal+ (p87), arte (p87), M6 (p87), Yeko Photo Studio – Fotolia.com (p88), Dmitry Vereshchagin – Fotolia.com (p88), Alexander Morozov – Fotolia.com (p88), Dmitry Vereshchagin – Fotolia.com (p88), Dmitry Vereshchagin – Fotolia.com (p88), Dmitry Vereshchagin – Fotolia.com (p88), Dmitry Vereshchagin – Fotolia.com (p88), Dmitry Vereshchagin – Fotolia.com (p88), Dmitry Vereshchagin – Fotolia.com (p88), Friday – Fotolia.com (p89), WavebreakMediaMicro – Fotolia.com (p89), Vividz Foto – Fotolia.com (p90), Alex Koch – Fotolia.com (p90), Vividz Foto – Fotolia.com (p90), whiteisthecolor – Fotolia.com (p90), Vividz Foto – Fotolia.com (p90), kovaricekpavel – Fotolia.com (p90), Blanca – Fotolia.com (p90), zdenka1967 – Fotolia.com (p90), borman818 – Creative Commons (p90), Rui Vale de Sousa – Fotolia.com (p91), Elenathewise – Fotolia.com (p91), Clara – Shutterstock.com (p91), auremar – Fotolia.com (p92), Subbotina Anna – Fotolia.com (p93), Subbotina Anna – Fotolia.com (p93), Rido – Fotolia.com (p93), Patryssia – Fotolia.com (p93), mashe – Fotolia.com (p93), Dusan Kostic – Fotolia.com (p94), Max Topchii – Fotolia.com (p94), Scott Griessel – Fotolia.com (p94), vlights – Fotolia.com (p94), Chlorophylle – Fotolia.com (p94), Igor Mojzes – Fotolia.com (p94), Boggy – Fotolia.com (p94), michaeljung – Fotolia.com (p94), pressmaster – Fotolia.com (p94), ylivdesign – Fotolia.com (p94), ylivdesign – Fotolia.com (p94), Drew Dies – Creative Commons (p94), Dudarev Mikhail – Fotolia.com (p95), Mariusz Blach – Fotolia.com (p95), javier brosch – Fotolia.com (p95), Jtzhendre – Dreamstime.com (p96), Jf123 – Dreamstime.com (p96), Minyun Zhou – Dreamstime.com (p96), Steve Allen – Dreamstime.com (p96), Marco Saracco – Fotolia.com (p96), Sophie James – Fotolia.com (p96), nicholashan – Fotolia.com (p96), anshar73 – Fotolia.com (p96), dmussman – Fotolia.com (p96), Jörg Hackemann – Fotolia.com (p96), Iakov Kalinin – Fotolia.com (p96), Sergii Figurnyi – Fotolia.com (p96), michaeljung – Shutterstock.com (p97), Do Ra – Fotolia.com (p97), Do Ra – Fotolia.com (p97), Do Ra – Fotolia.com (p97), Do Ra – Fotolia.com (p97), soleilc1 – Fotolia.com (p98), BrìYYZ – Creative Commons (p99), teptong – Fotolia.com (p100), Pekchar – Fotolia.com (p100), Flynt – Dreamstime.com (p100), guukaa – Fotolia.com (p100), Carson Liu – Fotolia.com (p100), toprural – Creative Commons (p100), Francesco83 – Fotolia.com (p100), T. Michel – Fotolia.com (p100), yulias07 – Fotolia.com (p100), T. Michel – Fotolia.com (p100), sharpnose – Fotolia.com (p100), Qstock – Fotolia.com (p100), Atlantis – Fotolia.com (p100), sharpnose – Fotolia.com (p100), Ion Popa – Fotolia.com (p100), Oleg Babich – Fotolia.com (p100), Sam – Fotolia.com (p100), Delphotostock – Fotolia.com (p101), Marie-Thérèse GUIHAL – Fotolia.com (p102), © Karting de Monteux (p103), © La Ferme aux Crocodiles à Pierrelatte (p103), © Croisières Mireio, Avignon (p103), Fabrice Maitre (p103), © Musée de la Lavande (p103), © Alpha Bateaux, www.canoë-france.com (p103), © Pierre Cardin (p103), © Indian Forest (p103), michaeljung – Shutterstock.com (p104), puckillustrations – Fotolia.com (p105), pgm – Fotolia.com (p105), Conseil Général de Vaucluse & TransVaucluse (p106), Hannah Clarkson (p106), Cinéma Forum, Orange (p106), Bounford.com (p106), Théâtre antique : crédit photo Grégoire Saint Martin © Office de Tourisme Orange, Marché à Orange (p106), Marché à Orange : crédit photo : Jean-Louis Zimmermann (p106), Jean-Louis Zimmermann (p106), Hannah Clarkson (p107), Mariusz Blach – Fotolia.com (p107), javier brosch – Fotolia.com (p107), photolars – Fotolia.com (p108), beermedia.de – Fotolia.com (p108), Albachiaraa – Fotolia.com (p108), Anatoly Maslennikov – Fotolia.com (p108), photolars – Fotolia.com (p108), Oleksiy Mark – Fotolia.com (p108), Naeblys – Fotolia.com (p108), Tatiana – Fotolia.com (p108), storm – Fotolia.com (p108), freshidea – Fotolia.com (p108), AMATHIEU – Fotolia.com (p108), victorpr – Fotolia.com (p109), Sabphoto – Fotolia.com (p109), Hugo Félix – Fotolia.com (p109), Peter Atkins – Fotolia.

com (p109), Marina Rodrigues – Shutterstock.com (p110), nanettegrebe – Fotolia.com (p110), Kaesler Media – Fotolia.com (p110), KerdaZz – Shutterstock.com (p111), auremar – Fotolia.com (p111), Jean-Louis Zimmermann – Creative Commons (p112), michaeljung – Fotolia.com (p112), mertcan – Fotolia.com (p112), Annie Bruynooghe (p112), Jean-Louis Zimmermann – Creative Commons (p112), jubarrier – Creative Commons (p112), Frédéric Bisson – Creative Commons (p112), paulo Jorge cruz – Fotolia.com (p113), Samuel Borges – Fotolia.com (p113), stefanolunardi – Fotolia.com (p113), michaeljung – Fotolia.com (p114), Dan Race – Fotolia.com (p114), 2xSamara.com – Fotolia.com (p114), Angel – Fotolia.com (p114), prudkov – Fotolia.com (p114), dennisjacobsen – Fotolia.com (p114), Monkey Business – Fotolia.com (p115), pixelrobot – Fotolia.com (p115), Heike Brauer – Shutterstock.com (p116), peshkova – Fotolia.com (p116), michaeljung – Fotolia.com (p116), Bounford.com (p117), Faungg – Creative Commons (p117), Jean-Louis Zimmermann – Creative Commons (p118), kotoyamagami – Fotolia.com (p119), Mariusz Blach – Fotolia.com (p119), javier brosch – Fotolia.com (p119), M.studio – Fotolia.com (p120), soniaC – Fotolia.com (p120), bonchan – Shutterstock.com (p120), bokan – Shutterstock.com (p120), images.fix – Fotolia.com (p120), Patryssia – Fotolia.com (p120), Luis Louro – Fotolia.com (p120), Christian Schwier – Fotolia.com (p120), ekar313 – Fotolia.com (p121), Morten Normann Almeland – Shutterstock.com (p121), floral_set – Fotolia.com (p121), goodluz – Fotolia.com (p121), Studioportosabbia – Dreamstime.com (p121), Milles Studio – Fotolia.com (p.121), Laurent Espitallier – Creative Commons (p122), EMprize – Shutterstock.com (p123), verkoka – Fotolia.com (p124), Antonioguillem – Fotolia.com (p124), warnerbroers – Fotolia.com (p124), Picture-Factory – Fotolia.com (p124), Andres Rodriguez – Fotolia.com (p124), stockyimages – Fotolia.com (p124), Manoir de la Boirie – Creative Commons (p124), Carlos Caetano – Fotolia.com (p124), Kiev.Victor – Shutterstock.com (p124), FikMik – Fotolia.com (p124), JMDZ – Fotolia.com (p124), eyewave – Fotolia.com (p124), Durluby – Fotolia.com (p125), Sébastien Garcia – Fotolia.com (p126), nazlisart – Fotolia.com (p127), pedrolieb – Fotolia.com (p127), Steve Young – Fotolia.com (p127), kennykiernan – Fotolia.com (p127), fischer-cg.de – Fotolia.com (p127), madpixblue – Fotolia.com (p127), Apples Eyes Studio – Shutterstock.com (p128), JBOY – Shutterstock.com (p128), Jean-Louis Zimmermann – Creative Commons (p128), lifeofriley – Fotolia.com (p129), Smileus – Fotolia.com (p130), Christian Jung – Fotolia.com (p130), Delphotostock – Fotolia.com (p130), auremar – Fotolia.com (p130), alain wacquier – Fotolia.com (p130), iMAGINE – Fotolia.com (p130), lakareutangranser – Creative Commons (p131), Mariusz Blach – Fotolia.com (p131), javier brosch – Fotolia.com (p131), pixelcaos – Fotolia.com (p132), Scrignari – Creative Commons (p132), Nicola Vigilanti, with special thanks to Mirlanda and Delia Dammacco (p132), US Army Africa – Creative Commons (p133), Tom Skrinar – Creative Commons (p133), T. Michel – Fotolia.com (p134), T. Michel – Fotolia.com (p134), US Army Africa – Creative Commons (p134), eurobanks – Fotolia.com (p134), Mohamadou Diop (p135), Monkey Business Images – Shutterstock.com (p136), stable – Shutterstock.com (p137), Thodoris Tibilis – Fotolia.com (p137), kmiragaya – Fotolia.com (p138), absolute-india – Shutterstock.com (p138), Andrew Burns – Shutterstock.com (p138), ehabeljean – Fotolia.com (p138), Tilo – Dreamstime.com (p138), Thomas Jansa – Fotolia.com (p138), Tilo – Dreamstime.com (p138), VectorShots – Fotolia.com (p138), Ksin333 – Dreamstime.com (p138), dudura – Fotolia.com (p139), JIANG HONGYAN – Shutterstock.com (p139), freshidea – Fotolia.com (p140), ursule – Fotolia.com (p141), Julie Remy (p142), © Poulpeo.com (p143), Mariusz Blach – Fotolia.com (p143), javier brosch – Fotolia.com (p143), Antonioguillem – Fotolia.com (p144), Milamber's – Creative Commons (p144), evp82 – Fotolia.com (p144), Janina Dierks – Fotolia.com (p145), jeanphilippe delisle – Fotolia.com (p145), Brad Pict – Fotolia.com (p145), JackF – Fotolia.com (p145), Ariwasabi – Fotolia.com (p146), Kadmy – Fotolia.com (p146), Peter Atkins – Fotolia.com (p146), Monkey Business – Fotolia.com (p146), photo-nuke – Shutterstock.com (p146), Ammentorp – Fotolia.com (p148), stormy – Fotolia.com (148), © Poulpeo.com (p149), Pixelmania – Fotolia.com (p150), kritiya – Fotolia.com (p151), Jürgen Fälchle – Fotolia.com (p152), © Éditions Cartes de France, Hélène Crochemore, www.

cartesdefrance.fr (p153), Mariusz Blach – Fotolia.com (p153), javier brosch – Fotolia.com (p153), TL_Studio – Fotolia.com (p154), Jean-Michel LECLERCQ – Fotolia.com (p154), Pink Badger – Fotolia.com (p154), philippe Devanne – Fotolia.com (p154), zhangsan – Fotolia.com (p154), Agence DER – Fotolia.com (p154), warnerbroers – Fotolia.com (p155), Piotr Marcinski – Fotolia.com (p155), PathDoc – Shutterstock.com (p155), Andres Rodriguez – Fotolia.com (p155), sabphoto – Shutterstock.com (p156), WavebreakMediaMicro – Fotolia.com (p157), Igor Mojzes – Fotolia.com (p157), MediablitzImages – Fotolia.com (p157), lassedesignen – Fotolia.com (p157), william87 – Fotolia.com (p158), Monkey Business – Fotolia.com (p158), Hugo Félix – Fotolia.com (p159), Andrey Kiselev – Fotolia.com (p159), © Nous travaillons ensemble (p160), matthias21 – Fotolia.com (p161), kotoyamagami – Fotolia.com (p161), Paty Wingrove – Fotolia.com (p162), Nicholas Piccillo – Fotolia.com (p163), Monkey Business – Fotolia.com (p164), olly – Fotolia.com (p165), JPC-PROD – Fotolia.com (p165), Shuen Ho Wang – Dreamstime.com (p165), Ashwin – Fotolia.com (p165), Mariusz Blach – Fotolia.com (p165), javier brosch – Fotolia.com (p165), Regomark – Fotolia.com (p165), Emma Bonshor (p166), Regomark – Fotolia.com (p166), Partnership for Transition in Côte d'Ivoire by European Commission DG ECHO – Creative Commons (p167), Kurhan – Fotolia.com (p168), Poleze – Fotolia.com (p168), Rob Byron – Fotolia.com (p168), imagedb.com – Fotolia.com (p168), chagin – Fotolia.com (p168), Kurhan – Fotolia.com (p168), kotoyamagami – Fotolia.com (p169), photocrew – Fotolia.com (p169), Monkey Business – Fotolia.com (p170), Comité international des Jeux de la Francophonie & Organisation internationale de la Francophonie/Patrick Lazic (p170), Comité international des Jeux de la Francophonie & Organisation internationale de la Francophonie/Ruszniewski – jeux.francophonie.org (p170), Comité international des Jeux de la Francophonie & Organisation internationale de la Francophonie/Patrick Lazic – jeux.francophonie.org (p170), Comité international des Jeux de la Francophonie & Organisation internationale de la Francophonie /Patrick Lazic – jeux.francophonie.org (p170), Comité international des Jeux de la Francophonie & Organisation internationale de la Francophonie /Patrick Lazic – jeux.francophonie.org (p171), DURIS Guillaume – Fotolia.com (p172), Amskad – Dreamstime.com (p173), Carlos Reis – Creative Commons (p174), Magharebia – Creative Commons (p174).

TEXTES

"LA MADRAGUE", lyrics by Jean-Max Rivière, music by Gérard Bourgeois à Warner Chappell Music France – 1962 (p105), Office de Tourisme, Orange (p106), Médecins Sans Frontières (p132).

Nous avons fait notre possible pour obtenir les autorisations de reproduction photographiques publiés dans cet ouvrage. Dans le cas où des omissions ou des erreurs se seraient glissées dans nos références, nous y remédierons dans les éditions à venir.

The authors and publishers acknowledge the aforementioned sources of copyright material and are grateful for the permissions granted. While every effort has been made, it has not always been possible to identify the sources of all the material used, or to trace all copyright holders. If any omission are brought to our notice we will be happy to include the appropriate acknowledgements on reprinting.